Georges Sorel

1847-1922

« Serviteur désintéressé du prolétariat »

Du même auteur

Georges Valois, *Erasme, 2e éd. 1990*
La pensée politique, *Armand Colin, « Cursus », 1992*
Histoire constitutionnelle de la France *(1785-1974)*
Economica, 3e éd. 1993
La Ve République, *Economica, 3e éd. 1994*
Les systèmes politiques des pays de l'Union européenne, *A. Colin, 1994*
Histoire des idées politiques, *t. 1. A. Colin, 1995*
Histoire des idées politiques *II., en collaboration avec J.M. Demaldent, A. Colin, 1996*
Droit parlementaire, *Economica 1996*

A paraître:
Littérature et politique, *A. Colin, 2000*

Yves GUCHET

Georges Sorel

1847-1922

« Serviteur désintéressé du prolétariat »

L'Harmattan
5-7, rue de l'École-Polytechnique
75005 Paris
FRANCE

L'Harmattan Inc.
55, rue Saint-Jacques
Montréal (Qc) CANADA
H2Y 1K9

L'Harmattan Hongrie
Hargita u. 3
1026 Budapest
HONGRIE

L'Harmattan Italia
Via Bava, 37
10214 Torino
ITALIE

ISBN : 2-7475-0204-X

A la mémoire de mon grand-père,
Jean Guchet, cheminot

Introduction

Mon propos n'est pas d'écrire une biographie. Une telle tentative manquerait d'intérêt. L'existence de Georges Sorel, petit-bourgeois vivant de rentes modestes,[1] est dépourvue de faits saillants. Lui-même écrira dans la lettre qui sert de préface au *Georges Sorel* d'Agostino Lanzillo: « Ma biographie tient en quelques lignes ». Il ne s'agit ici que de tenter - ce qui n'est pas pour autant une mince affaire - de comprendre une pensée multiforme à travers son cheminement à première vue erratique, source d'inépuisables interprétations hâtives

L'œuvre de Sorel n'est pas d'un abord aisé. Sous l'angle intellectuel sans aucun doute, mais encore plus sûrement sur le plan matériel. Articles et compte-rendus issus de sa plume occupent de très nombreuses pages de bibliographie. Certains ont été rassemblés en volume, au titre célèbre: *Réflexions sur la violence*,

---

[1] Daniel Halévy dans le numéro de novembre 1947 de la revue *Fédération* souligne le paradoxe d'un Sorel révolutionnaire, acheteur de fonds russes comme les bourgeois de son époque. Pour sa part Pierre Andreu signale que dans une lettre à Hubert Lagardelle datée du 7 janvier 1909, il presse celui-ci de lui régler une dette parce que l'emprunt russe est proche...! [l'édition effectuée par R. Ragghianti des *Lettere de Sorel a Lagardelle*, in *Considerazioni politiche e filosofiche*, Pise, 1983, ne contient que des extraits de la lettre du 7 janvier 1909, qui ne font aucune allusion à cette question]. A maintes reprises dans les lettres qu'il adresse à Mario Missiroli, il insiste sur l'importance de sa contribution au *Resto del Carlino* pour ses ressources. Fréquemment, il réclame en raison de leur retard le réglement de ses articles. Il lui arrive même après la guerre de souligner combien la situation est dure pour les petits rentiers. Sorel a vécu pauvre.

Matériaux d'une théorie du prolétariat ou encore *Les Illusions du progrès, Da Proudhon a Lenin, L'Europa sotto la tormenta.* La plupart se trouvent dispersés dans des revues françaises - *l'Ere nouvelle, Le Devenir social, Le Mouvement socialiste* - ou italiennes comme *Avanguardia socialista* dirigée par Arturo Labriola, *La Rivista critica del socialismo* de Saverio Merlino, *Il divenire sociale* d'Enrico Leone; plus rarement allemandes, comme les *Sozia-listische Monatshefte,* animés par J. Bloch. A l'occasion, Sorel a relativisé - sans la nier pour autant - l'importance de ces innombrables textes écrits « à la bonne franquette », surtout dans *Le Devenir social* où il publiait parfois sous des pseudonymes. Dans la *Préface pour une oeuvre nouvelle* écrite en 1910, il attribue à l'indifférence des politiciens pour sa prose la possibilité qui lui a été donnée de publier aussi librement. « Je traitais - écrit-il - les questions qui m'intéressaient, alors même qu'elles n'avaient aucun rapport avec les programmes; je présentais les observations qui me venaient à l'esprit sans avoir à craindre de compromettre des personnages officiels; j'exprimais mes idées à la bonne franquette. Si je relisais aujourd'hui les nombreux articles et comptes rendus que j'ai publiés autrefois, je suis certain que je serais choqué d'y rencontrer beaucoup d'hypothèses hasardées, de contradictions, ou de propositions que je regarde maintenant comme fausses; mais je crois que personne n'a fait, de mon temps, un travail ayant été aussi utile pour l'éclaicissement des doctrines socialistes, et il me semble qu'un lecteur ne perdrait pas encore sa peine, à l'heure actuelle en parcourant mes anciennes improvisations. »[2]

Pour le lecteur contemporain, ces « improvisations », indispensables à la compréhension de la formation des idées soréliennes, sont d'accès malaisé. La difficulté relative au rassemblement des sources s'accroît encore en raison du fait que Sorel était un épistolier abondant et que sa pensée s'est exprimée souvent de manière détaillée dans ses lettres. Si certaines correspondances sont définitivement perdues (c'est le cas de la plupart des lettres adressées à Sorel qui ont été détruites), d'autres ont fait l'objet

---

[2] *Georges Sorel,* Ed. de l'Herne, 1986, p. 306.

d'une publication plus ou moins récente (comme les lettres à Hubert Lagardelle publiées en italien, celles à Benedetto Croce, à Mario Missiroli, ou encore celles échangées avec Agostino Lanzillo).[3]

Celui qui aborde la pensée de Sorel ne se heurte pas pour autant uniquement à des obstacles matériels. Certaines difficultés tiennent à son évolution. Sans doute ne faut-il pas excessivement se laisser guider par l'idée de discontinuités radicales,[4] ni surtout par celle, tout à fait absurde, d'une substitution dans sa pensée de la Nation au Prolétariat comme source d'énergie révolutionnaire. Néanmoins, entre le marxiste « convaincu », et le « révisionniste » qui engage le fer avec Antonio Labriola parce celui-ci nie radicalement l'existence d'une « crise » du marxisme il y a davantage que des nuances. De même qu'existe une grande distance entre le socialiste démocrate (on a l'impression en lisant ses écrits ultérieurs qu'il ne se pardonnera jamais cette illusion) qui, aux temps de l'Affaire Dreyfus, voit dans Jaurès l'incarnation de l'éthique socialiste, et le théoricien du syndicalisme révolutionnaire pour qui la « scission » entre les classes constitue le principe même de la lutte ouvrière. Et quels points communs en apparence entre « ce » Sorel et celui qui en 1910 déclare ne plus vouloir écrire sur le syndicalisme, après en avoir dressé l'acte de décès deux ans plus tôt et qui bientôt collabore à *L'Indépendance*, revue d'inspiration monarchiste; en attendant le *Plaidoyer pour Lénine* et l'approbation de la révolution bolchevique. Derrière ces volte-face, une continuité néanmoins existe. Sorel demeurera toute sa vie un homme soucieux de l'existence dans la société, de sentiments élevés susceptibles d'animer des forces collectives, mais aussi, comme il se définira lui même, « un serviteur désintéressé du prolétariat », continuant d'affirmer, bien après des désillusions à l'égard du syndicalisme révolutionnaire, ne pas voir d'autres méthodes que

---

[3] *« Cher camarade... », Georges Sorel ad Agostino Lanzillo (1909-1921)*, texte établi par F. Germinario, Annali della fondazione Luigi Micheletti n°7, Brescia, 1994.

[4] Sorel a cependant parlé lui même des variations de sa pensée (Avant-propos des *Matériaux d'une théorie du prolétariat*, Paris, Rivière, 1929, p. 3). L'Avant-propos a été rédigé en juillet 1914.

celles employées par Marx pour aborder l'étude des problèmes sociaux. Il restera, de même, un adversaire inébranlable de la démocratie représentative bourgeoise et ploutocratique.

Sorel est né à Cherbourg, le 2 novembre 1847, d'une famille normande « de petits bourgeois travailleurs et aisés ».[5] Mais l'aisance fut difficile à maintenir et s'il n'existe pas trace de la déconfiture de son père dans le registre des faillites du tribunal de commerce de Cherbourg où il exercait son activité, il est certain que des mauvaises affaires contraignirent la famille à des privations, ne serait-ce qu'afin de désintéresser les créanciers. La situation familiale n'a pas été sans retentissement sur le caractère de Sorel. E. Berth, dans une lettre à Agostino Lanzillo, le laisse clairement entendre. « Il ne faut pas oublier que Sorel appartient à une de ces anciennes familles bourgeoises, chez qui s'était conservé une forte discipline de mœurs et le sentiment des valeurs supérieures; un de ses frères est officier; un autre qui était chimiste, je crois, est mort, m'a-t-il dit lui même, *en saint*. »[6]

Les études - excellentes - de Georges se déroulent jusqu'au baccalauréat dans un collège de Cherbourg, à l'exception d'une année passée au collège Rollin[7]. Doué pour les mathématiques[8], ainsi qu'en témoignent les prix qu'il remporte à plusieurs reprises, il

---

[5] Pierre Andreu, *Notre maître M. Sorel,* Paris, Grasset, 1953. Cet ouvrage réédité en 1982, Paris, Syros, contient des indications biographiques plus détaillées que celles indiquées ici.

[6] Lettre de E.Berth à A.Lanzillo, 18 février 1910, in « *Cher camarade...* » *op. cit.*, p. 282.

[7] cf la lettre à Lanzillo du 20 février 1910, *op. cit.*, p. 109.

[8] Albert Sorel, le célèbre historien, cousin germain de Georges, a évoqué au moment du décès de ce dernier ce talent qu'il partageait avec ses frères: « En été les cousins se retrouvaient à Touques chez leur grand-mère [...] Par les journées de pluie, Georges et ses frères résolvaient des problèmes devant un tableau noir. Muet et saisi d'admiration pour cette science, leur cousin les écoutait sans comprendre » (*Echo de Paris* du 8 septembre 1922, reproduit dans le *Georges Sorel* des Ed. de l'Herne, p. 355-356).

prépare le concours de Polytechnique auquel il est reçu (comme le seront d'ailleurs ses deux frères) en bon rang (16e) en 1865 avec d'excellentes notes dans toutes les matières, sauf en composition française. Son rang de sortie en 1867 est encore meilleur (10e sur 133) et il est admis aux Ponts et Chaussées avec le numéro 7. On sait peu de choses de sa vie pendant sa scolarité à l'Ecole Polytechnique. Tout au plus a-t-il confié à Jean Variot, qui le rapporte dans ses *Propos de Georges* Sorel, qu'il allait régulièrement à l'Opéra et qu'avec un officier partageant sur ce point ses sentiments, il était éberlué de la niaiserie de l'art lyrique et tout particulièrement de celle des œuvres de Meyerbeer.

En 1870, quelques jours avant la déclaration de guerre, il est nommé ingénieur à Corte. L'année suivante on le trouve à Albi, puis au hasard des affectations successives il exerce son activité professionnelle à Draguignan, à Gap, en Algérie à Mostaganem, puis enfin, à partir de 1879, à Perpignan. Pendant ce séjour il participe aux séances de la Société agricole scientifique et littéraire des Pyrénées orientales. Il publie sous divers pseudonymes plusieurs articles dans la revue *Le Roussillon*, sept en 1888, quatre en 1889 et six en 1890, et signe des compte- rendus dans la *Revue générale de bibliographie française*. Il cesse sa collaboration à la première revue en 1890, ce qui donne à penser à P. Andreu qu'un événement s'est produit, d'autant plus vraisemblable que la revue en question ne signalera pas son départ de Perpignan. En 1891, il publie une étude consacrée aux Girondins du Roussillon et une autre intitulée *François Ducruix, Contribution à la psychologie des Maratistes*, dont il ressort - première manifestation de son hostilité aux révolutionnaires - qu'ils ressemblent « à tous ceux du reste de la France » et que « c'est leur rendre un mauvais service que de vouloir en faire de grands hommes. »

Pierre Andreu qualifie la carrière de Sorel de brillante. En 1892, à 45 ans, il est nommé ingénieur en chef de première classe, après avoir l'année précédente été décoré de la Légion d'Honneur[9].

---

[9] « La Croix étant le brevet de loyaux services pour tous les fonctionnaires d'un certain rang », in «*Cher Camarade...*», *op. cit.*, p. 110.

C'est alors qu'il quitte l'administration. « En 1892 - écrit Sorel - j'ai quitté les services des Ponts et Chaussées, dès que j'ai pu le faire honorablement, c'est à dire quand j'ai été décoré et quand j'ai été nommé ingénieur en chef. J'aurais pu demander la faveur [...] de rester en congé illimité, ce qui m'aurait permis de conserver mes droits à la retraite, mais j'ai préféré ne pas demander de faveur d'aucune sorte et j'ai donné ma démission. »[10] Ce portrait de fonctionnaire modèle comporte peut-être des ombres. En raison de son caractère entier, Sorel a vraisemblablement entretenu des relations difficiles avec son administration. Il a avoué lui-même ne jamais avoir bien supporté la pratique des pots de vin qu'il estimait courante dans l'administration à laquelle il appartenait. « Ayant été 22 ans fonctionnaire d'un grade assez élevé pour pouvoir observer les vrais rouages de l'administration, j'ai une grande expérience des choses dont je parle. J'ai été durant toute ma vie écœuré par les bassesses et les ignominies que je voyais commettre sans le moindre scrupule pour ne pas avoir en dégoût les personnages politiques. »[11] Sa démission est probablement due à une incompatibilité d'humeur prononcée avec son milieu professionnel. Quoi qu'il en soit, il se retire à Boulogne sur Seine où il vivra jusqu'à sa mort en août 1922 dans une petite maison entourée d'un jardinet, avec des neveux de sa femme, intraitables semble-t-il avec lui à la fin de sa vie, et incapables de comprendre le sens de son travail...[12]

La vie de Sorel sera profondément marquée par sa rencontre avec Marie David, qui deviendra sa compagne. Née en 1845 dans

---

[10] Lettre-préface au *Giorgo Sorel* d'A. Lanzillo, reproduite par René Johannet dans *Itinéraires d'intellectuels*, Paris, Nouvelle Librairie Nationale, 1921, p. 227. «Si j'avais été maintenu en congé illimité j'aurais, en versant 300 frs par an, de 1892 à 1907, obtenu à cette époque une retraite de 4000F par an » (« *Cher camarade* », *op. cit.*, p. 110).

[11] « Dove va il marxismo? », *Rivista critica del socialismo*, janvier 1899, p.18, cité par M. Prat, in *Cahiers Sorel*, I, 1983, p. 130.

[12] P. Andreu tenait de Leona Delesalle qu'à la fin de sa vie, ils l'empêchaient de sortir. Sorel aurait confié: « Après ma mort, on m'enterrera comme un chien » (« Cinquante ans avec Sorel », in *Cahiers Sorel*, I, p. 62).

une famille de paysans pauvres d'un petit village du Jura, celle-ci commence par travailler en usine puis devient employée dans un hôtel de Lyon. Le hasard de la rencontre sera provoqué par la maladie, Sorel rejoignant son poste à Draguignan ayant été contraint de prolonger son séjour dans l'hôtel où travaillait Marie-Euphrasie David. Elle le soigna. Peut-être, comme le suggère Pierre Andreu, « touché par son dévouement, sa bonté et sa pureté, sa grâce simple, son cœur droit et fier », une fois guéri, il l'emmena avec lui. Il avait vingt ans et elle trente. Vraisemblablement scandalisés par le déclassement social que constituait à leurs yeux cette union, ses parents refusèrent de consentir au mariage.[13] Bien que cela surprenne, Sorel ne passa jamais outre à l'interdit familial. On peut évidemment s'interroger sur les raisons d'une telle attitude chez un esprit aussi indépendant. P. Andreu pense qu'elle est due à son éducation. En réalité, peut-être estima-t-il devoir ne pas contrarier sa famille déjà très fortement éprouvée par les revers de fortune, l'important n'étant pas la consécration de l'union par un acte officiel mais l'amour et la fidélité réciproques. Une confirmation s'en trouve dans un passage de *L'Avenir socialiste des syndicats*, publié dans *L'Humanité Nouvelle* en 1898. Insistant sur la nécessité pour le prolétariat de produire son propre droit, Sorel cite un ouvrage de Georges d'Avenel dans lequel il est question des statuts d'une mutuelle plaçant concubins et couples mariés sur un pied d'égalité quant aux prestations servies. Soulignant l'importance de ces dispositions, il écrit: «Voilà bien un droit nouveau proclamé et appliqué en opposition avec le droit ancien, et en opposition avec des parties de ce droit que l'on considère généralement comme fondamentales. »[14] P. Andreu rapporte que la femme

---

[13] Dans les milieux syndicalistes on a cru que Sorel ne pouvait se marier parce que sa compagne l'était déjà et que son mari avait refusé le divorce (cf *Cahiers Sorel*, n°4, p. 144).

[14] G. Sorel, *Matériaux d'une théorie du prolétariat*, Paris, Rivière éd,. 1929, p. 115. Dans son compte rendu du livre de Saverio Merlino, *Pro e contro il socialismo*, Sorel écrit: « La famille telle que la comprennent encore aujourd'hui beaucoup de socialistes n'est plus une famille que de nom: débarrassée du ménage, de l'éducation des enfants, réduite à une union sexuelle qui se rompt dès que l'ennui naît de l'uniformité. Le vrai

d'Edouard Berth, son plus fidèle disciple, et peut-être son plus proche ami, croyait à l'existence d'un mariage religieux, tout en reconnaissant ne disposer d'aucun élément permettant de confirmer cette hypothèse. D'une discrétion totale à l'égard de sa vie personnelle,[15] Sorel confia néanmoins à Mme Delesalle que son union interrompue en 1897 par la mort de Marie David avait été parfaitement heureuse. Quoi qu'il en soit le souvenir de celle-ci laissa des traces profonde, comme en témoigne la dédicace des *Réflexions sur la violence*: « A la mémoire de la compagne de ma jeunesse je dédie ce livre tout inspiré par son esprit », et la note qui achève le même ouvrage: « Pour clore les *Réflexions sur la violence* j'adresse un dernier hommage à la mémoire de celle à laquelle ce livre a été dédié; c'est en pensant à un passé tout de labeur que j'ai écrit: "heureux l'homme qui a rencontré la femme dévouée, énergique et fière de son amour, qui lui rendra toujours présente sa jeunesse, qui empêchera son âme de jamais se contenter, qui saura lui rappeler sans cesse les obligations de sa tâche et qui parfois même lui revélera son génie". »[16] Dans le même sens, Sorel écrit dans les

---

contenu de la famille est tout autre chose qu'un lien instinctif et temporaire: c'est un ensemble de relations destinées à l'amélioration morale des êtres groupés, fondées sur la réciprocité des sacrifices joyeusement accomplis, ayant d'autant plus de stabilité qu'elles restent davantage ce qu'elles sont spécifiquement et qu'elles sont moins altérées par les influences sociales extérieures. La famille telle que je la conçois n'a besoin d'aucun lien légal et elle est la base de notre moralité. » (*Le Devenir Social*, oct. 1897, p. 881). On trouve aussi dans son « Etude sur Vico » un passage qui va dans le même sens: « On peut déjà prévoir que l'union libre ne tardera pas à exercer sur la législation une influence considérable et à transformer tous les rapports juridiques de la famille» (*Le Devenir social*, oct. 1896, p. 924-925). De même dans « Osservazioni intorno alla concezione materialista della storia » in *Saggi di critica del marxismo*, Sandron, Palerme, 1903, Sorel écrit: « Une philosophie qui ignore la famille ignore les moyens de réfléchir sur la morale (*di ragionar di morale*). » (p. 34)

[15] Dans une lettre à A. Lanzillo du 18 février 1910, Berth écrit: «..à peu près rien à dire de la vie de Sorel. » («*Cher camarade....*», *op. cit.*, p. 282).

[16] Sorel écrit à Benedetto Croce le 2 juin 1897: « Dans la dernière lettre que vous m'écriviez vous me disiez que vous étiez malade. Depuis j'ai perdu ma chère et dévouée femme qui avait été la compagne de 22 ans de travaux et à qui j'étais lié par la *forza del primo amor*. Son souvenir je

Cahiers de la Quinzaine en février 1902 : « Malheur à celui qui, trompé par une amourette, n'a pas rencontré la femme forte qui aurait dû lui révéler sa destinée et lui donner du cœur dans les jours de faiblesse. C'est dans l'amour d'une telle compagne que s'engendre l'âme des hommes qui triompheront de tous les obstacles. »[17]

Il est certain - de telles formules, ainsi que des témoignages rapportés par Pierre Andreu le montrent à l'évidence - que Marie David, par une attitude activement compatissante à l'égard des humbles, a joué un rôle, sinon dans l'élaboration théorique de la pensée de Sorel, du moins dans la rupture de celui-ci à l'égard de la bourgeoisie et des conduites sociales qu'elle impose à ceux qui lui

l'espère restera la meilleure partie de moi-même et la vraie âme de ma vie » (*in* la *Critique Sociale*, Mars 1931, p. 10). Dans l'article qu'il a consacré à J.-J. Rousseau (*Mouvement socialiste*, juin 1907, p. 513 et 515) il a assimilé d'une certaine manière - implicite et surprenante - sa relation avec Marie David et celle de Rousseau avec Thérèse. « Sa liaison [celle de J.-J. Rousseau] avec Thérèse doit être invoquée [pour comprendre le caractère de Rousseau]... Je crois qu'il faut tenir grand compte des sentiments qu'il avait de sa nature purement plébéienne pour comprendre son profond attachement avec cette lingère... Le choix de la compagne est un des actes dans lesquels se manifeste le mieux la psychologie profonde de l'homme. » Quelques pages plus haut il avait écrit : « Notre vie intellectuelle dépend en grande partie du hasard d'une rencontre. » La rencontre avec Marie David avait été un hasard. Ce passage faisant référence à d'anciennes publications est cité par Sorel dans la lettre à A. Lanzillo du 28 mars 1910 qui contient quelques indications biographiques.

[17] *In* P. Andreu, *op. cit.* p. 40. Sorel a maintes fois insisté sur le rôle de la femme dans la moralisation de l'homme. En témoigne ce texte: « La femme est la grande éducatrice du genre humain, moins encore peut-être des enfants que de l'homme; l'amour transforme l'homme et discipline ses instincts; c'est la femme qui nous moralise; aussi le respect de la femme est-il un élément très essentiel de la marche vers le socialisme. » (« L'éthique du socialisme », in *Revue de métaphysique et de morale*, 1899, p. 293). Sorel s'est en outre montré constamment hostile à l'avortement (voir sur ce point G. Pirou, « A propos du syndicalisme révolutionnaire; théoriciens et militants », *Revue politique et parlementaire*, oct. 1911).

appartiennent.[18] Issu de la bourgeoisie, il ne se livrera cependant jamais à des palinodies - si fréquentes chez les intellectuels petit-bourgeois - destinées à faire croire à son appartenance au prolétariat, réalité objective et non affaire de choix. N'étant pas un travailleur manuel, ne partageant pas le mode de vie des prolétaires de son époque, il se définira comme un serviteur désintéressé du prolétariat, exprimant ainsi tout à la fois son choix éthique, l'impossibilité pour lui d'être un prolétaire, et son refus de s'engager dans des organisations politiques pour tenter comme tant d'autres d'y faire carrière le plus souvent au détriment du prolétariat lui même. Dans l'ouvrage suggestif qu'il lui a consacré G. Goisis[19] fait observer avec finesse que Sorel est le contraire de l'intellectuel organique de type gramscien. Issu de milieux bourgeois, refusant incontestablement cette appartenance pour des raisons qui ne peuvent être élucidées (il ne participera jamais aux dîners d'anciens élèves de l'Ecole Polytechnique) tout en gardant les signes extérieurs de la respectabilité bourgeoise (la Légion d'honneur à la boutonnière), il demeure un observateur du monde politique et social tout à la fois engagé et extérieur, ce qui a contribué à entretenir les confusions. Comment admettre par exemple qu'un écrivain « au service du prolétariat » ne tienne pas pour quantité négligeable Joseph de Maistre[20] ou Le Play et qu'il ait apprécié le talent de Charles Maurras? Par la complexité et les changements de perspective - ainsi la théorie du mythe est-elle absente de ses premières études consacrées à Marx - d'une pensée construite

---

[18] Dans une lettre adressé à son ami Paul Delesalle, Sorel écrit que ce livre [les *Réflexions*] a été écrit près de 10 ans après la mort de [sa] femme, mais [qu'] elle en aurait approuvé les idées. R. Louzon, le préfacier des *Lettres à Delesalle* (Paris, Grasset, 1947, p. 45) écrit pour sa part qu'il a connu Sorel alors qu'il était déjà veuf et il ajoute: « Le peu que nous savons suffit pour qu'on puisse avancer, sans trop s'aventurer, que sans sa femme prolétaire, Sorel, philosophe du mouvement ouvrier, n'aurait pas existé. » (p. 45).

[19] *Sorel e i soreliani*, Venise, Ed. Helvetia, 1983.

[20] Il n'est pas impossible que l'intérêt porté par Sorel à Joseph de Maistre soit dû au « mythe » de la providentialisation de la Révolution française que l'on trouve dans les *Considérations sur la France.*

lentement à partir du réel, marquée par le refus de tout *idéalisme* et de tout dogmatisme, Sorel a favorisé les incompréhensions de ceux qui s'arrêtent de manière arbitraire sur ce qui ne constitue qu'un *moment.*

*

La vie d'écrivain politique de Georges Sorel ne commence qu'en 1894 avec sa participation à *l'Ere Nouvelle* (première revue marxiste française, selon E. Berth). Son intérêt pour les problèmes politiques et sociaux est cependant antérieur. Dans la lettre à Daniel Halévy servant de préface aux *Réflexions sur la violence*, il insiste sur l'originalité de sa formation d'autodidacte en sciences sociales et sur le fait qu'il a promené sa curiosité à travers les livres, moins pour apprendre que pour débarrasser sa mémoire des idées reçues.[21] La liste des ouvrages empruntés à la bibliothèque de Perpignan témoigne de l'étendue de sa curiosité intellectuelle et explique au moins en partie que ses travaux aient souvent pris la

---

21 Sorel cite souvent de deuxième main. Il s'en est expliqué très sereinement et de manière convaincante. Prezzolini avait écrit dans *La teoria sindacalista* que Sorel ne se préoccupait pas de vérifier les sources et il ajoutait brutalement : « L'histoire ne se fait pas à partir de manuels de littérature. Trop souvent les concepts de Sorel sont pris dans les encyclopédies et les dictionnaires. » (*in* «*Cher camarade...*», *op. cit.*, p. 102). Dans une lettre à A. Lanzillo du 16 janvier 1910, Sorel écrit au sujet des *Illusions du progrès*: « J'ai expliqué [...] pourquoi je me suis si souvent référé à Rocquain; c'est qu'on peut trouver tout ce qu'on veut dans les mémoires du XVIIIe siècle; j'ai pensé que le public aurait plus confiance dans l'autorité d'un membre de l'Institut que dans la mienne. J'aurais pu faire comme les 9/l0 des érudits et remplacer les références à Rocquain par des références aux auteurs qu'il a utilisés; bien des fois, en effet, les savants citent les auteurs grecs d'après d'autres savants et je crois bien qu'Aristote est cité, par exemple, à contresens une fois sur deux. Ces procédés de l'érudition charlatanesque ne me conviennent pas. » La solution n'est sans doute pas satisfaisante. Elle à du moins le mérite de la lucidité et de l'honnêteté.

forme de commentaires consacrés à d'autres ouvrages. Cette démarche permet aussi de comprendre que le style de Sorel manque parfois d'élégance[22] et qu'il se soit peu soucié des règles de l'art relatives à une exposition ordonnée des idées. Admettant lui-même que le lecteur éprouve pour cette raison des difficultés à suivre sa pensée, il se justifie en dénonçant les méfaits de la vulgarisation intellectuelle.[23] Le défaut présenté par ses ouvrages sous cet angle

---

[22] « Sorel est pénible à lire. Non pas précisément qu'il écrive mal. Sa diction a de la netteté, de la force, de la saveur. Mais il écrit sans ordre ni continuité. Et cela, sur des matières qui demanderaient plus que d'autres un enchaînement rationnel et une suite sensible entre les idées. C'est pourquoi son œuvre n'a pas atteint le public et ne sera jamais appréciée que d'un petit nombre. » (P. Lasserre, *Georges Sorel, théoricien de l'impérialisme*, Paris, L'Artisan du Livre, 1928, p. 14). Lasserre parlera aussi des « terribles aspérités de sa manière d'écrire ». Toutefois le style de Sorel a trouvé sinon des défenseurs du moins des procureurs moins âpres. Ainsi Edouard Rod qui écrit : « M. Georges Sorel me paraît tenir parmi les écrivains sociaux un rang a peu près équivalent à celui de Stendhal dans le romantisme... [Il n'est jamais victime], ni de la sonorité des mots, ni de la duperie des métaphores, ni du balancement des phrases, ni de l'arrangement artificiel des matières. Sa langue n'a aucune qualité d'art. Il ne sait pas composer ses volumes; le seul aspect de sa table en témoigne. C'est un esprit dur et direct sans grâce d'aucune sorte: il ne cherche ni à plaire, ni à amuser; son seul objet sera de bien voir les choses telles qu'elles sont, pour les montrer telles exactement qu'ils les a vues... Quels que soient les sujets qu'il a traités il l'a fait avec une netteté dont il est difficile de braver l'ascendant. » (« Sur la violence », Revue hebdomadaire, VII, 18 juillet 1908, p.349-367, cité par G. Busino, *in Cahiers Sorel*, I, 1983, p. 81 en note). Sorel enverra quelques lignes de remerciements à Rod qui en outre avait trouvé que les *Réflexions* étaient « une contribution considérable aux discussions sur le socialisme ».

[23] « Les règles de l'art ne se sont imposées d'une manière vraiment impérative qu'assez récemment; les auteurs contemporains paraissent les avoir acceptées sans trop de peine parce qu'ils désirent plaire à un public pressé, souvent distrait et parfois désireux avant tout de s'éviter toute recherche personnelle. Ces règles ont d'abord été appliquées par les fabricants de livres scolaires. Depuis qu'on a voulu faire absorber aux élèves une somme énorme de connaissances, il a fallu mettre entre leurs mains des manuels appropriés à cette instruction ultra rapide; tout a dû être exposé sous une forme si claire, si bien enchaînée et si propre à

lui semble plutôt être une qualité, car les règles de l'art liées aux exigences de l'exposition scolaire et du travail de vulgarisation comportent à ses yeux le risque d'une simplification abusive de la réflexion.[24]

Consacrée à l'écriture la vie de Sorel a été aussi dédiée à la conversation[25]. Lui-même avoue à Jean Variot préférer parler parce que l'écriture lui donne un mal fou. Il se passionne pour « les parlotes » animées de la boutique des *Cahiers*, ainsi que pour les conversa-tions engagées (après la brouille avec Péguy) dans la petite librairie de Paul Delessalle, rue Monsieur le Prince. Parleur

---

écarter le doute, que le débutant en arrive à croire que la science est chose beaucoup plus simple que ne pensaient nos pères. L'esprit se trouve meublé très richement en peu de temps, mais il n'est point pourvu d'un outillage propre à faciliter le travail personnel. Ces procédés ont été imités par les vulgarisateurs et les publicistes politiques [...]. Je ne suis ni professeur, ni vulgarisateur, ni aspirant chef de parti; je suis un auto-didacte qui présente à quelques personnes les cahiers qui ont servi pour sa propre instruction. C'est pourquoi les règles de l'art ne m'ont jamais beaucoup intéressé. » (*Réflexions sur la violence*, Paris, Rivière, 11e éd., 1950, p. 7).

24 Lui-même le dira explicitement dans la préface à l'édition italienne de *l'Avenir socialiste des syndicats* en soulignant la complexité de la réalité et l'impossibilité de la décrire avec précision et clarté. Parfois même - ajoute-t-il - « il faut redouter d'apporter une trop grande rigueur dans le langage [il reprochera pourtant à Marx de ne pas l'avoir fait!] parce qu'elle serait en contradiction avec le caractère fluent de la réalité et qu'ainsi le langage serait trompeur. On doit procéder par tâtonnements, se contenter d'approximations provisoires de manière à toujours laisser la porte ouverte à des corrections progressives. Cette impuissance relative doit paraître bien méprisable aux grands seigneurs de la sociologie qui fabriquent sans la moindre fatigue de vastes synthèses embrassant une pseudo-histoire du passé et un futur chimérique; mais le socialisme est plus modeste que la sociologie. » (« Le syndicalisme révolutionnaire », in *Le mouvement socialiste*, nov. 1905, p. 266).

25 « Comme beaucoup de grands esprits - comme Socrate qu'il abomine - c'est par la parole que M. Sorel a exercé le plus d'influence [...] Oui c'est par la conversation qu'il faut aborder M. Sorel: il faut pour le comprendre, l'avoir vu à l'œuvre et son œuvre c'est de parler; c'est de parler de tout, de mathématiques, d'exégèse, de la C.G.T., des épicuriens, de Dreyfus, du sweating system, de Bergson, de Byron. » (R. Johannet, *Itinéraires d'intellectuels*, Paris, N.L.N, 1921, p. 179).

écouté, Sorel a été aussi un épistolier abondant. Il a entretenu des corres-pondances avec de grands intellectuels italiens, Benedetto Croce, Antonio Labriola, Vilfredo Pareto, Agostino Lanzillo, mais aussi avec « le révisionniste » allemand Eduard Bernstein et des syndicalistes français et italiens, Hubert Lagardelle, Arturo Labriola et Enrico Leone, ou des journalistes comme Mario Missiroli. Une partie de ces correspondances a été perdue, une autre publiée,[26] notamment les lettres de Sorel à Croce et celles échangées avec E. Berth, M. Missiroli, P. Delesalle et A. Lanzillo. Ces échanges épistolaires témoignent de la place occupée par lui dans le débat intellectuel de son époque et aussi de l'originalité de ses jugements politiques ou culturels.

Georges Sorel était un personnage difficile à vivre en raison d'une rigidité de caractère liée sans doute au refus de toute compromission, lui-même lié à une grande intransigeance morale. Berth parlera de la « physionomie morale et spirituelle de Sorel [...] empreinte [d'] une noblesse incomparable et souveraine. »[27] Gramsci, qui a porté beaucoup d'intérêt à la pensée de Sorel, s'est montré sceptique sur ce point: «...Il convient de ne pas oublier qu'on a considérablement exagéré à propos de "l'austérité" et du "sérieux" moral et intellectuel de Sorel; sa correspondance avec Croce révèle qu'il ne dominait pas toujours les mouvements de

---

26 Lorsque *La critique sociale* publiera en 1931 un certain nombre de lettres à B. Croce, elle fera précéder cette publication d'un « chapeau » indiquant que Sorel était opposé à leur publication après sa mort et qu'il avait pris soin de détruire les originaux des lettres de ses correspondants et les copies des siennes. Il s'en serait ouvert à Delesalle et à son éditeur Rivière. L'auteur du chapeau se demande s'il avait pris la même précaution auprès de Croce sans évidemment apporter de réponse. Assez fréquemment c'est la famille de Sorel qui est accusée d'avoir détruit les lettres de ses correspondants (cf par exemple Pierre Andreu, *Notre maître M. Sorel* et T. Giacalone-Monaco, *Pareto e Sorel*, Pise, 1960, I, p. 15).

27 E. Berth, *Guerre des Etats et guerre des classes*, Paris, Rivière, 1924, p. 45. Berth ajoutera, ce qui est somme toute pertinent, que le mépris dans lequel Sorel tient la bourgeoisie, prudhommesque, cléricale, bonapartiste et ploutocratique, rappelle Flaubert (*Id. Ibid.*).

vanité.[...] De plus il y avait beaucoup de dillettantisme. »[28] Vanité ou exigence morale, Sorel considérait les compromis exigés par des situations complexes ou simplement liés aux subtilités de l'intelligence comme des acommodements inadmissibles. Cela explique que Jean Variot (comme Marcel Péguy plus tard) attribue sa brouille avec Charles Péguy - peut-être à tort mais l'explication est plausible - au regret de voir celui-ci ne pas s'engager à fond dans le catholicisme et continuer pour la survie des *Cahiers de la Quinzaine* à compter sur le lectorat dreyfusard (l'affaire Benda sur laquelle nous reviendrons n'apparaissant plus dès lors que comme une sorte d'épiphénomène).[29] Ses relations avec Antonio Labriola ne sont pas moins significatives. Après avoir porté aux nues ses travaux, Sorel « persécutera » le philosophe romain pour lui faire reconnaître l'existence - qu'il ne voulait pas admettre - d'une crise du marxisme, lui qui pourtant avait été en Italie, sous l'influence du «dernier » Engels, à l'origine de l'interprétation moins dogmatique de Marx et pour tout dire l'artisan de la prise en compte dans ce pays du marxisme théorique, comme le reconnaîtra B. Croce. Les critiques âpres et répétées de Sorel mettront en fureur Labriola qui finira par écrire à B. Croce qu'il le considérait comme fou (*E un caso, mi pare, psichiatrico*).[30] Daniel Halévy révèle dans la Préface qu'il a donné à la biographie consacrée à Sorel par Pierre Andreu qu'à partir de 1914 ce caractère abrupt - mais aussi le déclin de sa santé - conduisirent Sorel à se replier sur lui même et que cette solitude dans les derniers temps n'avait pas été sans conséquence sur sa vivacité intellectuelle (ce que l'on peut contester, même si Sorel dans sa correspondance reconnaît fréquemment avoir beaucoup de mal à travailler).

Quoi qu'il en soit, le contexte dans lequel sa mort intervient le 27 août 1922 apparaît l'accomplissement logique d'un orgueil assumé et non dénué de grandeur - janséniste? - aboutissant à une solitude toujours plus profonde. Le récit fait par Halévy de sa visite

---

28 A. Gramsci, *Il materialismo storico e la filosofia di Benedetto Croce*, Milan, Einaudi, 1948, p. 110.

29 Voir le chapitre consacré aux relations Sorel/Péguy.

30 A. Labriola, *Epistolario (1896-1904)*, Roma, Ed. Riuniti, p. 861.

mortuaire est éloquent: « Un homme silencieux me reçut, muet il me guida au long d'un couloir, puis me laissa seul dans une chambre étroite aux persiennes closes, où j'aperçus une bière posée sur deux escabeaux, couverte d'un drap noir. Sur le drap, un bougeoir de laiton comme on en voit chez les antiquaires; parallèlement au cercueil un lit de fer et rien autre. Pas un livre, pas une image; rien pour l'esprit, rien pour les sens, rien pour le cœur, et éclairant ce dénûment, la flamme de la bougie agitée par le vent de la porte ouverte devant moi, et qui recouvrait lentement sa rectitude aiguë. Jamais la mort ne m'avait paru correspondre plus exactement à son nom, plus exactement être la mort. »[31]

*

Depuis 1922 Sorel a fait l'objet de rejets sans appel et de marques d'intérêt très réelles. Les rejets? Commençons avec une certaine amertume, parce qu'il a été lui-même traité de manière abominable par Paul Nizan. L'auteur d'*Antoine Bloyé*, ce roman dominé par un personnage d'origine populaire devenu ingénieur, désespéré de sa situation médiocre de petit-bourgeois étranger désormais à sa classe, a écrit dans le numéro de mars 1929 de la *Revue marxiste* à l'occasion d'une recension de l'ouvrage (passablement médiocre) consacré à Sorel par Lasserre: « Il décrit assez justement la démarche fondamentale de Sorel et la rapproche de Bernstein. S'il est d'avis de cultiver avec la plus grande intensité possible l'esprit révolutionnaire chez les ouvriers, ce n'est pas du tout pour qu'ils fassent la révolution... Révolution, communisme, il les a tout au moins données comme de beaux rêves.... Une fois encore voici des raisons de rejeter les songes de Sorel, ingénieur infecté de bergsonisme, de proudhonisme, de littérature, homme abstrait, anarchiste lyrique, sage de bibliothèque. Sa descendance fait de l'œil au fascisme et à toute réaction [Nizan n'ose cependant pas dire *Sorel lui-même*, comme le feront après lui des intellectuels

[31] Préface à P. Andreu, *op. cit.*, p. 18-19.

malhonnêtes]. Il est un mort qu'il faut abandonner: sans prendre la peine d'un grand appareil funéraire. » Nizan sera lui aussi un mort longtemps abandonné avec un appareil funéraire lourd à porter. Les communistes ont de leur côté suivi Lénine, qui, dans *Matérialisme et empiriocriticisme* avait traité Sorel de « brouillon bien connu ».[32] Ils ont même chargé la barque, notamment G. Lukacs dans sa période stalinienne. Consacrant un ouvrage à la dénonciation de l'irrationalisme moderne, celui-ci écrit: « Une place particulière revient à Georges Sorel, que Lénine a un jour baptisé "ce fameux professeur de confusion" (en quoi il avait raison; car ne voit-on pas mêlés chez Sorel les postulats et les déductions les plus contradictoires?) [...] Avec toutes ces composantes bourgeoises, idéalistes et réactionnaires, Sorel, par un saut périlleux typiquement irrationaliste développe une théorie de la révolution prolétarienne "pure", le mythe de la grève générale, le mythe de la violence au service du prolétariat. »[33]

En France, mises à part les réactions des amis de Sorel (Daniel Halévy, E. Berth, notamment) les marques d'intérêt ont été peu nombreuses. Signalons cependant ce jugement d'A. Dandieu[34] en raison de son originalité. « Dans l'ombre de Jaurès, le grand public des vingt dernières années ne distinguait pas mieux Sorel que les contemporains de Baudelaire dans celle de Victor Hugo. Plus encore pourtant que l'influence de Baudelaire parmi les poètes, celle de Sorel s'avère aujourd'hui dominante chez bien des penseurs qui veulent ou ne veulent pas l'avouer. Jaurès et Sorel font d'ailleurs un parfait contraste. Chez l'un l'optimisme nébuleux est dissimulé dans la clarté oratoire du verbe; chez l'autre, le pessimisme dur et lucide dans l'expression touffue et parfois incohérente d'une pensée qui cherche sans cesse à se dépasser elle même. » Les marques d'intérêt sont surtout venues d'Italie, ce qui

---

[32] Ceci a été rappelé par A. Maletsky dans son article «Georges Sorel», in *l'Internationale communiste*, mars 1923, n°24, p. 87.

[33] *La destruction de la raison*, Paris, L'Arche, 1958, I, p. 30. Finalement Lukacs fait de Sorel un petit-bourgeois fasciste.

[34] *Anthologie des philosophes français contemporains*, Ed. du Sagittaire, 1931, p. 32.

s'explique par l'influence de Sorel, réelle sur les syndicalistes révolutionnaires italiens et sur Gramsci, présumée sur Mussolini (quoiqu'affirmée par lui), et enfin par la place qu'il a tenue dans le débat intellectuel avant 1914.[35] Agostino Lanzillo, La Ferla, lui consacreront des ouvrages. En France, on trouve quelques travaux brefs et plus réservés pendant l'entre deux guerres, si l'on excepte ceux d'E. Berth - *Du Capital aux Réflexions sur la violence* notamment - qui constituent une glose de son œuvre. Il faudra atten-dre la biographie publiée par Pierre Andreu (1953) et l'ouvrage datant de 1962 dû à la plume de l'universitaire belge Georges Goriely[36] pour avoir en langue française des études soréliennes dignes de ce nom. Cela ne signifie nullement que le mépris a-critique à l'égard de Sorel ait cessé. Dans les années soixante, Louis Althusser déplorant la faiblesse théorique du socialisme français écrivait: « Hormis les utopistes Saint-Simon et Fourier que Marx aime tant à évoquer, hormis Proudhon qui n'était pas marxiste et Jaurès qui l'était peu où sont nos théoriciens? L'Allemagne a eu Marx et Engels et le premier Kautsky; la Pologne Rosa Luxemburg; la Russie Plekhanov, Lénine; l'Italie Labriola qui (quand nous avions Sorel) correspondait d'égal à égal avec Engels, puis Gramsci. »[37] Depuis, plusieurs ouvrages lui ont été consacrés:

---

[35] Curieusement E. Berth attribuait cette notoriété au fait que l'Italie avait connu une tradition hégélienne dont étaient privés les intellectuels français en raison de leur formation universitaire qui faisait d'eux des amateurs d'abstrations aux goûts « salonnards » (voir Avant-propos à Max. Ascoli, *Georges Sorel*, Librairie Paul Delessalle, Paris 1921, p. 11).

[36] Georges Goriely a intitulé son ouvrage *Le pluralisme dramatique de Georges Sorel* d'une manière qui peut à première vue surprendre. Le terme pluralisme est en lui même peu explicite. Sans doute a-t-il été suggéré à l'auteur par une phrase de Sorel que l'on trouve dans l'Avertissement placé au début de *l'Avenir socialiste des syndicats* réédité dans les *Matériaux d'une théorie du prolétariat* : « En 1910, en ajoutant un appendice à ma deuxième édition des éditions des *Réflexions sur la violence,* je m'aperçus que pour bien comprendre l'histoire du prolétariat moderne, il faut de placer à un point de vue **pluraliste** » (*op. cit.*, p. 55-56).

[37] *Pour Marx*, Paris, Maspero, 1966, p. 13-14. Le propos d'Althusser est mal venu. Si le mérite de Labriola est lié à sa correspondance avec

ceux de Michel Charzat et de Shlomo Sand notamment. Des traductions d'œuvres étrangères ont été offertes au lecteur français, notamment *Naissance de l'idéologie fasciste* de Zeev Sternhell, qui renferme un long chapitre sur Sorel et dont l'orientation essentielle consiste à faire de celui-ci un précurseur du fascisme à travers Mussolini et quelques autres. Sans être nouvelle[38] cette thèse qui aboutit à l'anathème, mérite au moins l'examen. Sans entrer dans davantage de détails pour l'instant on peut toutefois rappeler que Mussolini (malgré l'allusion que l'on trouve dans l'*Encyclopédia fascista* de 1932) ne s'est vraiment réclamé de Sorel que lorsqu'il était lui même syndicaliste révolutionnaire, et qu'il trouvait dans l'œuvre de celui-ci[39] une théorisation de ses propres idées sur la lutte des classes, l'action prolétarienne et le mépris des politiciens socialistes réformistes. Au contraire, lorsque Sorel prendra position en faveur de la neutralité italienne dans la première guerre mondiale, Mussolini le traitera avec le dernier des mépris de petit bourgeois décoré de la Légion d'honneur et pensionné de l'Etat (ce qui est inexact pour le second point). De même, le rapprochement avec l'Action Française n'a pas le sens qu'on lui prête généralement. Sorel a seulement considéré après 1910 que « le nationalisme intégral » constituait une réflexion sérieuse, plus sérieuse en tout cas que les plates idéologies humanitaristes et parlementaires. S'il a accordé quelque crédit à Maurras, il n'a évidemment jamais cru au succès d'une restauration monarchique, ni à celui du maurrassisme, comme le montre la réponse faite à l'enquête sur la monarchie et la classe ouvrière lancée par Georges Valois.[40] Certes sa collaboration - imprudente - à des revues dont le statut idéologique est ambigu peut nourrir les incompréhensions ou les interpétations délibéré-

---

Engels, celui de Sorel qui a correspondu avec Croce, Pareto et bien d'autres ne devrait pas être mince. De surcroît cela revient à occulter l'intérêt - même s'il est assorti de réserves - porté par Gramsci à Sorel.

[38] La solide réputation de précurseur du fascisme accrochée à Sorel est qualifiée d'imbécile par D. Lindenberg (cf «Herr, Andler, Sorel? Trois intellectuels décomposent le marxisme », *Georges Sorel,* in Edition de l'Herne, 1986, p. 193).

[39] G. B. Furiozzi, *Sorel e l'Italia,* Florence, 1975.

[40] Y. Guchet , *Georges Valois*, Paris, Ed. Erasme, 2e éd., 1990.

ment malveillantes. Mais une analyse minutieuse permet d'écarter l'existence d'une prétendue adhésion à des idéologies hostiles au prolétariat, et notamment au nationalisme.

Au début des années 1980 une « mode Sorel » a été alimentée par des représentants de courants idéologiques qui lui sont le moins proches. Pourquoi des intellectuels se réclamant peu ou prou du socialisme réformiste, dont certains illustrent parfaitement ce que Sorel détestait se sont ils interessés à lui? Souci de récupération? On voit mal à qui Sorel pourrait servir. Annexion d'un champ intellectuel peu exploré? Plus sûrement. Dans une assez large mesure, l'intérêt n'a été qu'un feu de paille mais a donné lieu à plusieurs numéros des *Cahiers Sorel*, riches de substance (en raison de la collaboration de spécialistes de talent comme S. Sand, C. Prochasson, S. Romano, etc.), puis à deux publications d'importance: celle des travaux d'un colloque tenu en 1982 à Paris et un numéro des *Cahiers de l'Herne*. Le débat s'est ensuite quelque peu assoupi. A la fin des années 80 Zeev Sternhell l'a relancé en accusant de nouveau Sorel du péché mortel d'être l'un des pères intellectuels du fascisme. De tels contresens sont préférables, parce que réfutables, aux insidieuses annexions intellectuelles effectuées par les « professionnels de la pensée » mêlés à la politique.

Pour conduire cette étude j'ai hésité entre une analyse thématique et une construction chronologique. L'histoire est par essence chronologique et si la pensée est le fruit d'une réflexion individuelle, son expression est un acte social. Sorel a vécu les événements et participé aux débats de son temps: l'affaire Dreyfus, la crise révisionniste liée aux discussions des travaux de Saverio Merlino et d'Edouard Bernstein, le *ministérialisme*, avec cette particularité que, davantage connu et apprécié en Italie qu'en France, il a surtout été mêlé aux controverses italiennes. Ses conceptions ont été confrontées à l'échec du syndicalisme révolutionnaire. Il a montré alors de l'intérêt pour l'Action Française, puis rapidement pris ses distances. Sans vraiment la voir venir, il a craint la guerre dans une Europe estimée par lui vouée aux conflits et aux massacres périodiques. Il a connu la révolution bolchevique, qui lui a redonné l'espoir du triomphe du prolétariat. Evénements et cheminement de la pensée vont de pair chez Sorel. Je n'ignore pas que l'approche génétique d'une œeuvre constitue une démarche décriée, qu'il n'est pas de surcroît toujours possible de la maintenir pure de toute incursion diachronique, mais je considère malgré tout, comme le fait de son côté Valentino Petrucci[41] qu'elle présente l'avantage de fournir des garanties contre les audaces reconstruc-tives et les rapprochements thématiques abusifs, d'autant plus aisés que la pensée de Sorel par sa complexité s'y prête. C'est la raison pour laquelle je me suis efforcé autant que possible de m'y tenir.

*

*   *

[41] *Un socialismo aristocratico*, Florence, 1984, p. 12.

I

A la rencontre de Marx

Les premiers écrits de Sorel parus ailleurs que dans des revues locales ont été accueillis dans la *Revue philosophique*. En 1886, il y publie un article sur « les applications de la psychophysique », et en janvier 1887, un autre intitulé « le calcul des probabilités et l'expérience ». L'année suivante, il donne à la même revue deux articles, le premier encore consacré à la psychophysique, le second à « la cause en physique ». Il est malaisé de s'engager dans le commentaire critique d'articles de cette nature lorsqu'on ne possède pas soi même de connaissances bien précises dans les domaines qu'ils abordent. Certains s'y sont pourtant hasardés, ainsi Larry Portis dans l'ouvrage issu du colloque consacré à Sorel en 1982.[42] Il n'est pas évident qu'il ait réussi à donner à la pensée contenue dans ces premières notes un tour les rendant accessibles au profane. En revanche, on peut en trouver une analyse plus convaincante dans le travail d'Erica Boffi[43] qui, adoptant une perspective générale refusant de voir en lui un penseur anti-rationaliste, montre que le rejet sorélien du positivisme est lié à l'exigence d'une véritable épistémologie scientifique. Dans les dernières années du siècle, le positivisme est devenu une sorte de plat matérialisme contre lequel Sorel juge nécessaire de réagir, sans pour autant négliger le risque de voir une telle démarche

---

42 « La cinématique marxiste de Georges Sorel », in *Georges Sorel en son temps*, Paris, 1986.

43 « Dalla polemica antipositivistica al socialismo », in *Georges Sorel, Studi e ricerche,* Florence, 1974.

engager la science sur le chemin de constructions intellectuelles hasardeuses. Selon Sorel, le mérite de la loi de Fechner qu'il étudie est de lier les phénomènes physiques externes aux sensations auditives sans faire appel à la physiologie, mais sans tomber pour autant dans les fantasmagories d'une pseudo-science. Les réserves qu'il exprime à l'encontre de la psycho-physiologie tiennent seulement à sa crainte de voir errer celle-ci dans le champ des constructions arbitraires. Ce ne sont pas les principes mais les aspects encore trop peu scientifiques de cette nouvelle science qu'il déplore. Ces notes - déroutantes pour un profane- attirent l'attention du lecteur sur une conception de la science voisine de celle de Max Weber. « La science - écrit-Sorel - ne travaille pas sur les phénomènes et sur les quantités que l'expérimentation mesure, elle opère sur tout autre chose, sur des schèmes. Son champ d'action est en dehors de toute réalisation matérielle possible. Les mécanismes de la mécanique rationnelle sont de pures constructions schématiques. »[44] Une telle observation permet de comprendre que lorsqu'il s'interrogera sur la possibilité théorique d'une science de la société, il affirmera d'emblée que la « découverte » éventuelle de « lois sociologiques » ne peut déboucher sur la perspective d'actions engagées sur le réel avec toute certitude relative aux effets escomptés. Dans sa relation au réel, la loi « scientifique » est assimilable à une simple carte géographique par rapport à la topographie réelle du terrain.

En 1889, il publie deux ouvrages, le premier intitulé *Contribution à l'étude profane de la Bible,* le second *Le procès de Socrate.* Si Pierre Andreu observe à juste titre qu'avec ces deux textes Sorel ne va décidément pas dans le sens du courant, en cette année de commémoration de la Révolution française, il est sans

---

[44] *Revue philosophique*, 1888, vol. XXVI, p. 470. Sorel reviendra fréquemment sur la question de l'étude scientifique. « Jamais dans les sciences sociales on ne trouve des phénomènes qui répondent parfaitement à une définition; de là dérivent presque tous les sophismes sociologiques; un raisonnement déductif ne peut qu'engendrer des erreurs quand il n'y a pas un parallélisme rigoureux entre la suite des faits et la suite des pensées.» (« Qu'est ce qu'un syndicat », in *Pages Libres*, 1903, cité par Larry Portis, *op. cit.*, p. 221).

doute excessif d'affirmer comme il le fait que sa philosophie sociale s'y trouve déja toute entière.[45] Dans sa correspondance avec B. Croce, il émettra en effet des doutes sur leur intérêt: « Missiroli m'a dit qu'il voulait traduire mon *Procès de* Socrate, c'est un livre que j'ai écrit il y a 27 ans, en province, sans beaucoup de renseignements, et *alors que mes idées n'étaient pas fixées sur beaucoup de points.* Je doute que cela se vende. »[46] On y découvre néanmoins déjà des remarques qui annoncent des analyses plus amples, ne serait-ce que celle relative au lien entre pessimisme et moralité, accompagnée du souhait de voir « le réveil des idées pessimistes dans certains milieux » annoncer en France celui de la moralité. Sorel insiste aussi sur les inconvénients du suffrage universel, favorable aux déclassés au détriment des « capacités », et sur les liens entre les réalités socio-économiques et l'éthique. Voyant l'une des lacunes les plus importantes de la pensée socratique dans l'indifférence du philosophe grec à la question du travail,[47] Sorel se montre inquiet au sujet de l'avenir de la société en raison du mépris dans lequel sont tenus la morale et le droit, du

---

45 Pierre Andreu, « La préparation morale à l'absolu marxiste », in *Sorel en son temps*, Paris, Seuil, 1985, p. 159. Berth écrira que l'on trouve déjà dans ce livre la préoccupation essentielle de Sorel: « maintenir dans la morale le sens des valeurs héroïques » (in « *Cher camarade..., Sorel à Lanzillo, 1909-1921* », Annali della Fondazione Luigi Michelleti, n°7, 1995, p. 282).

46 Lettre à B.Croce, 14 mars 1915, *La critique sociale*, juil. 1931, p. 60.

47 Il écrit à propos de Socrate: « Nous pouvons cependant conclure de l'ensemble de son système qu'il ne comprenait pas la question du travail; il n'en n'avait pas saisi l'importance éthique. C'est une des lacunes les plus regrettables de sa doctrine; par suite il était incapable de rien dire de juste et de rationnel en politique. » (*Le Procès de Socrate*, Paris, Alcan, 1889, p. 12). Sorel apprécie peu Socrate pour une autre raison. Lui qui estime que rien de très haut ne s'est fait dans le monde sans le pessimisme, le trouve optimiste, parfois « à un degré insupportable » (*Réflexions...*, Paris, Rivière, 11e éd., 1950, p. 13). E. Berth écrit à ce sujet: « il y défend en somme Aristophane contre Socrate, c'est-à-dire la tradition d'une démocratie paysanne héroïque et guerrière contre la sophistique d'un décadent urbain, d'un intellectualiste... » (in « *Cher camarade...* », p. 283).

développement de l'utilitarisme, ainsi que du refus de l'héroïsme. Dans la *Contribution...*, il encourage la lecture de la Bible non dans une optique religieuse, ce qui serait absurde, mais afin d'instruire le peuple, de l'initier à la vie héroïque et de lui permettre d'écarter l'utilitarisme qui « ronge la bourgeoisie autant que la plèbe ». « L'instruction du peuple - écrit Sorel - est la grande préoccupation de notre société contemporaine. On a voulu que le peuple sût lire: on ne lui a pas donné de livre. Le livre du peuple existe, c'est la Bible. » Il suggère même de la faire étudier à l'Université; idée sans doute saugrenue, comme l'admettra plus tard son ami D. Halévy,[48] mais qui éclaire certains aspects des développements ultérieurs de sa pensée.

Au cours des deux années suivantes, Sorel ne publie que quelques articles dans la *Revue scientifique* et la *Revue philosophique*. L'un d'eux intitulé « Contribution psychophysique à l'étude esthétique », contient des remarques péremptoires sur l'étroitesse du lien entre la vivacité de l'intelligence et la maîtrise de l'instinct sexuel. « Tout engourdissement de l'intelligence tend à se traduire par une singulière surexcitation des instincts sexuels; on retrouve de nombreuses preuves de cette loi dans les récits impartiaux que l'on possède sur les extases des gnostiques, des ensorcelés et des méthodistes modernes dans les revivals d'Amérique. »[49] Sorel, qui n'hésite pas à affirmer que dans la société fin de siècle « le goût, la mode, le caprice tiennent lieu de principes esthétiques » et que la valeur morale des choses y est considérée comme négligeable, souligne que l'intelligence sollicitée de manière vibrionnante est contrainte d'user « d'intermèdes sédatifs », la musique qualifiée par lui de « médicament sensoriel » étant l'un d'eux.[50] Ces considérations sur le « monde moderne » n'auraient qu'un intérêt limité si ne s'y mêlaient des préoccupations qui traverseront les futurs ouvrages de Sorel, en particulier l'exigence de moralisation de la vie sexuelle, nécessité vitale d'une grande

---

48 Cf Pierre Andreu, *Notre maître Monsieur Sorel*, *op. cit.*, p. 48.

49 *Revue philosophique,* 1890, Vol. XXIX, p. 576.

50 Ce qui n'empêchera pas Sorel d'admirer le génie de Richard Wagner.

civilisation, le signe infaillible de la décadence étant le relâchement des mœurs.

En 1892, Sorel publie deux articles consacrés à Proudhon, qui n'apportent guère la preuve d'une parfaite maîtrise méthodologique, ni d'une bonne connaissance de la pensée du philosophe franc-comtois. Une chose pourtant attire l'attention: sa préoccupation d'une connaissance scientifique des faits économiques. L'ingénieur lassé de construire des ponts semble se demander si l'agencement de la société répond à des logiques aussi rigoureuses que celui des matériaux. Peu avancé à l'époque dans ses études économiques, il éprouve néanmoins déjà des doutes au sujet du sérieux des thèses libérales classiques. « Les économistes classiques - écrit-il - sont persuadés qu'A. Smith, Ricardo, Say, ont créé une science, fondée sur des principes et aboutissant à des conclusions certaines. Il faut avouer que cette prétention paraît bien peu démontrée. »[51] Mais les arguments avancés dans ce sens ne convainquent guère: « L'école de Ricardo avait soutenu que les produits de l'industrie avaient pour valeur rationnelle les frais de production; mais cette idée n'avait été ramenée à aucune conception philosophique. »[52] Ainsi, selon Sorel, les conceptions économiques ne valent qu'étayées par une « juste » philosophie, propos qui ne comporte pas nécessairement un sens bien clair, puisque le lecteur est laissé dans l'ignorance du contenu de cette philosophie. Sorel se montre toutefois plus rigoureux et plus convaincant lorsqu'il attribue à Proudhon le mérite d'avoir saisi l'essence même de l'économie politique considérée comme science, en faisant de la valeur sa catégorie dominante, à la différence des économistes antérieurs qui ont certes distingué valeur d'usage, valeur d'échange et valeur propre des choses, mais se sont montrés incapables de s'accorder sur le sens de ces formules et les ont utilisées de manière imprécise, commode sans doute pour la polémique, mais inutile pour la science. Que serait une science - affirme Sorel - qui prétendrait raisonner sur la production sans être capable d'effectuer le moindre

---

51 *Revue philosophique*, 1892, vol. XXXIII, p. 623.

52 *Ibid.*, p. 625.

calcul? Pour que l'économie accède au statut de science, la valeur doit pouvoir être mesurée. Si le travail en constitue la mesure, comme il revêt de multiples aspects: l'effort musculaire, la production intellectuelle, l'invention géniale, les transformations effectuées par l'intermédiaire de la machine, une conceptualisation stricte doit être effectuée. C'est pourquoi le temps de travail - donnée mesurable - lui semble être le moyen de déterminer quantitativement la valeur, ce qui lui paraît d'autant plus scientifique que les travailleurs, à peu près identiques, effectuent la même tâche dans un temps moyen. Faisant du temps de travail le fondement de la valeur, Sorel adopte une idée qui le rapprochera bientôt de Marx. Lorsqu'il entreprendra l'étude du philosophe allemand, nul doute qu'une telle « intuition » favorisera son adhésion à la pensée de celui-ci.

Ce ne sont pas cependant les analyses relatives aux conditions d'une science économique, au demeurant encore incertaines dans ce long article, qui suscitent l'intérêt, mais les observations sur le droit et la force. Dans l'œuvre de Proudhon, Sorel a découvert une problématique originale, empreinte d'hégélianisme diffus. Réduisant la Révolution à l'expression de la force attachée à l'idée des droits de l'homme, l'auteur de *la Guerre et la Paix* assimile le régime parlementaire à un procédé permettant de confier pacifiquement le pouvoir au parti détenteur de la force. Autrement dit, le succès du vainqueur n'est pas dû à ses bonnes « raisons », mais à sa force, « rationalisée » par la suite. Au passage, Sorel souligne le malentendu à la source des attaques contre Taine. Les *Origines de la France contemporaine* proposent un portrait psychologique particulièrement noir des révolutionnaires: médiocrité intellectuelle, ambition mesquine, etc... Or Sorel, qui ne faillira jamais dans son hostilité au jacobinisme, explique celle dont Taine fait l'objet par l'idée - selon lui - absurde, mais très répandue que la reconnaissance de la légitimité de la victoire est étroitement liée à la supériorité morale des vainqueurs, ce que justement les récits de l'historien contribuaient à battre en brËche implicitement. En réalité, les vainqueurs l'emportent non en raison de la supériorité de leurs arguments mais parce qu'ils possèdent la force.

Cettte réflexion sera aussi l'occasion pour Sorel de commenter les idées proudhoniennes sur l'enseignement professionnel: à quoi bon dispenser un long enseignement théorique à des hommes cantonnés ensuite, leur vie entière, dans le champ limité d'une activité manuelle? S'engager dans cette voie revient à fabriquer « des déclassés qui iront ensuite gonfler la bureaucratie », où ils vivront en parasites. Approuvant Proudhon sur ce point, Sorel ajoute, de manière quelque peu inattendue (et obscure), que ce type d'ensei-gnement favorise le développement de la société anonyme au détriment des formes anciennes de propriété familiale et l'apparition de nouvelles méthodes de gestion moins rationnelles, moins honnêtes, et moins efficaces. On découvre ainsi, à travers ces articles, un Sorel tout à la fois favorable au progrès technique et hostile à certaines formes modernes d'organisation économique, mais surtout préoccupé d'aborder concrètement les problèmes: quel type d'enseignement requiert le bon fonctionnement de l'économie? Sur quels fondements une véritable science économique peut-elle être établie? Sur la valeur, sans doute, mais alors comment mesurer celle-ci? Et tout en s'efforçant de donner des commencements de réponse à ces questions, il ne néglige pas le paramètre de la dignité du travailleur en soulignant que « le travail ne paraitraît plus une déchéance, mais serait une occasion de perfectionner et d'agrandir l'intelligence », s'il était lié à une éducation permanente. La dignité ouvrière étroitement liée à la morale du « bon » travail exige la possibilité pour le travailleur d'accomplir des progrès dans le savoir.

L'année suivante, Sorel publie des comptes rendus consacrés aux travaux de Lombroso, premier contact avec la production intellectuelle italienne. A la fin des années 1880, les idées de Lombroso sont âprement commentées, tant dans les revues que dans les congrès internationaux de criminologie. Dans le premier de ses compte-rendus,[53] Sorel insiste sur l'importance des travaux du criminologue italien, et surtout sur le fait que sa conception du criminel-né pourrait permettre non seulement d'accomplir des

---

53 « La position du problème de M. Lombroso », *Revue scientifique*, LI, 1893, p. 206-210.

progrès en matière de criminologie, mais aussi sur le plan philosophique. Jugeant plus utile pour la connaissance de l'homme l'étude des individus particulièrement anormaux que celle des délinquants ordinaires, il approuve Lombroso de s'être engagé dans cette voie et considère les critiques qui lui sont opposées dûes à des malentendus et d'autant plus mal venues, selon lui, que les voies ouvertes par le criminologue italien ont pour elles la tradition philosophique des Anciens(!?), l'histoire du droit et l'observation correctement interprétée. Malgré les réserves assez générales des milieux scientifiques à l'égard de Lombroso, Sorel ne modifiera pas ultérieurement ses appréciations élogieuses ainsi qu'en témoigne son commentaire de la traduction française d'*Il delitto politico e le revoluzioni*.[54] Il insiste sur l'intérêt du réexamen - proposé par Lombroso - de certains événements historiques, en particulier les massacres de septembre 1793, à la lumière de ses conceptions criminologiques.[55] Enfin, dans une troisième recension concernant *La donna déliquente* publié par le même, en collaboration cette fois avec Guglielmo Ferrero, Sorel estime sans crainte de faire sourire qu'avec ce dernier ouvrage un pas considérable a été franchi dans la connaissance scientifique de l'homme. La même année il donne son premier article, consacré à la psychologie du juge, à une revue italienne : *Archivio di psichiatria, scienze penali ed antropologia criminale.*

La première réflexion de Sorel consacrée au socialisme se trouve dans une lettre adressée au directeur de la *Revue philosophique*,[56] à l'occasion de la publication d'un ouvrage relatif au socialisme allemand et dans laquelle il s'insurge contre la légéreté avec laquelle les travaux de Marx sont traités en France. Si « les détenteurs de chaires officielles » - écrit-il - ne produisent contre « la métaphysique réelle de Marx » que des arguments « folâtres »,

---

[54] *Ibid.*

[55] Sorel avait lui-même publié dans une revue de Perpignan un travail sur François Ducruix, un septembriseur local, sous-titré: « Contribution à la psychologie des maratistes ».

[56] 1893, Vol. XXXV, p. 509-511.

ils ne convaincront personne. S'en prenant à Tarde pour qui la pensée de Marx était un «tunnel tortueux de déductions énigmatiques, étroitement et obscurément enchaînées, entrecoupées ça et là d'éclairs », Sorel insiste sur la complexité des problèmes sociaux, tout en ajoutant avec une ironie que l'on retrouve constamment dans ses recensions d'ouvrages, que sans doute la lecture du *Capital* n'est pas distrayante - pas plus, d'ailleurs, que celle des *Politiques* d'Aristote - mais que des lectures plus confortables - celles de J.-B. Say et de Bastiat, par exemple - ne peuvent rien nous apprendre. Surtout, dans ce texte bref, Sorel avance deux idées dont la première, mais non la seconde, se retrouve tout au long de son œuvre: le refus de confondre jacobinisme et socialisme; la coïncidence entre le socialisme et l'exigence du fonctionnement de l'Etat selon le mode de la rationalité. « Que demande donc le socialisme? Que la force publique agisse conformément aux règles d'un Etat rationnel. Il me semble difficile de condamner une pareille prétention en France: nos pères n'ont pas eu de repos qu'ils n'eussent fait entrer dans la législation ce qu'ils regardaient comme les principes rationnels de toute société [...]. Le socialisme prétend aujourd'hui établir une science économique; si sa prétention est fondée, il a le droit de réclamer une refonte législative de l'Etat; ses théorèmes doivent être appliqués; ce qui est rationnel et démontré doit devenir réel. » Sorel récuse l'assimilation de la science économique et de l'utopie, conduisant les savants à renoncer à la direction des esprits et à laisser le champ libre aux « agitateurs » et aux charlatans. Désormais, grâce à la pensée de Marx, les problèmes peuvent être posés de manière nouvelle alors que les anciens « inventeurs de réformes » se bornaient à imaginer « des recettes sociales destinées à faire le bonheur de l'humanité ». Sans doute dans leurs écrits était-il question de lois sociologiques, mais dans un sens étranger à celui donné au mot « loi » dans les sciences de la nature. Marx, en revanche, s'est posé le problème d'une véritable science des sociétés fondée sur une connaissance, elle-même scientifique, de l'économie. « Est il vrai - écrit Sorel - que l'échange renferme un élément susceptible d'entrer dans une science rationnelle comme le soutient K. Marx, ou bien n'est-il qu'un phénomène échappant à toutes les catégories scientifiques possibles comme semble le croire Aristote? Si le Stagyrite a raison, toutes les thèses socialistes s'écroulent; Marx le savait bien, et il s'est donné beaucoup de mal pour justifier sa manière de voir. Les raisons données par les économistes ne m'ont pas convaincu; ces littérateurs du genre ennuyeux n'ont même pas compris de quoi parlaient leur adversaire. Le problème est d'ordre philosophique, il n'y a que des philosophes habitués à étudier les principes qui puissent sérieusement l'aborder. Voilà longtemps que je cherche, en vain, la solution de cette question capitale, et je n'ai encore trouvé de réponse nulle part. »[57] Cette dernière phrase montre bien que si Sorel repousse les critiques des économistes libéraux concernant Marx, il ne le crédite que d'une démarche épistémologique correcte, sans lui reconnaître pour l'instant le mérite d'avoir véritablement établi les fondements d'une authentique science de l'économie

Quelques mois plus tard, Sorel entame sa collaboration à une revue d'inspiration marxiste, *L'Ere Nouvelle*, fondée par un étudiant d'origine roumaine, Diamandy, et il y donne une série d'articles intitulés *L'Ancienne et la nouvelle* métaphysique, publiés en volume par Edouard Berth en 1935 sous le titre *D'Aristote à Marx*.[58] Dans le même temps il publie aussi des textes consacrés à « la fin du paganisme » réunis en 1902 en volume sous le titre *La ruine du monde antique.*

Cette série d'articles est clairement d'inspiration marxienne. C'est à partir de Marx, selon lui, que s'opère une véritable révolution copernicienne de l'économie. Dans *l'Ancienne et la Nouvelle Métaphysique*, d'emblée Sorel affirme que la théorie de Marx est la plus grande innovation introduite dans la philosophie depuis

---

[57] *Ibid.*, p. 511.

[58] Le changement d'intitulé s'explique par un passage du texte dans lequel Sorel affirme qu'Aristote, tout en cherchant à traiter les problèmes de manière scientifique, à été contraint de ne retenir que des solutions mythiques en raison de l'insuffisance des moyens épistémologiques propres à son époque.

plusieurs siècles et qu'elle constitue le point de départ d'une transformation féconde de la pensée. « Bien que cette opinion puisse paraître scandaleuse aux libraires - écrit-il - je tiens la théorie de Marx pour la plus grande innovation introduite dans la philosophie depuis plusieurs siècles... toutes nos idées doivent s'agréger autour de principes nouveaux puisés par le socialisme scientifique. »[59] A partir de là, son objectif est clairement fixé: dénoncer, en employant les méthodes de la nouvelle philosophie, les coque-cigrues métaphysiques, découvrir l'origine des délires spiritualistes - le mot est de Sorel - afin d'élaborer une connaissance rationnelle de l'homme en recherchant les rapports entre la science et le milieu économique. Pour ce faire, il établit une distinction entre ce qu'il nomme **la systématique**, considérée comme un savoir empirique, suffisant pour la poursuite efficace de fins pratiques et **la science,** parfaitement rigoureuse et sans finalité pratique. Sorel illustre son propos par un exemple très concret. Condamner la concentration du capital, chercher des recettes pour l'entraver, ou encore, comme le font les industriels, tenter à l'aide de certains procédés empiriques d'en limiter les effets négatifs,[60] n'a rien à voir avec la science. En revanche, tirer la conclusion logique d'une évolution dont le caractère est parfaitement déterminé ressortit à la démarche scientifique, celle de Marx précisément. A une appréciation vague, à demi sentimentale, celui-ci substitue l'étude des phénomènes en fonction de leurs lois structurales et de leurs causes fondamentales, faisant ainsi oeuvre de science et de logique.[61] Chercher des recettes pour orienter la pratique sociale est étranger à la science. En revanche, la science est étroitement dépendante de la pratique industrielle. « Les physiciens - écrit Sorel - sont bien loin de pouvoir fournir aux constructeurs les données qui leur seraient nécessaires pour se rendre compte des

---

59 *L'Ere nouvelle*, mars 1894, p. 329.

60 Il y a dans *l'Ancienne et la nouvelle métaphysique* un passage ironique dénonçant la politique « sociale » destinée à permettre les ajustements du système afin d'éviter l'explosion. Il montre que dès 1894 Sorel était hostile à toute idée de paix sociale.

61 *L'Ere Nouvelle*, mars 1894, p. 341.

phénomènes qui se passent dans l'équilibre des corps réels. » L'empirisme a été la conduite tenue par les ingénieurs dans la plupart de leurs réalisations techniques. Ils se sont fréquemment bornés à mesurer les constructions ayant abouti à de bons résultats et à formuler des règles permettant d'établir des dimensions au moyen d'un petit nombre de données. Ils ont ainsi élaboré des ordonnances d'architecture, permettant de se guider sur les modèles réputés bons et approuvés par la tradition. « Pendant des siècles, on n'a pas eu d'autres procédés pour déterminer les épaisseurs à donner aux diverses parties des voûtes. Au Moyen-Age on ne possédait aucune doctrine mécanique permettant de raisonner sur la stabilité des édifices. » Jusqu'au XVIIIe siècle, les constructeurs de ponts ont utilisé des méthodes identiques. Sorel rappelle que l'un d'entre eux, Peronnet, en a construit de remarquables en suivant les pratiques utilisées pour la construction des ouvrages antérieurs. Ce raisonnement pourrait amener à conclure que la science est superflue. En fait il n'en est rien. Sans avoir par elle même d'application pratique, elle permet de discerner les limites du possible, et donc de l'action, dans la mesure où on la combine avec le sens pratique.

Pour intéressantes qu'elles soient, ces observations dictées à coup sûr par l'expérience de l'ingénieur, rendent mal compte de l'originalité des conceptions soréliennes, notamment au sujet du rôle des machines dans la formation des théories scientifiques. Incontestablement, les lectures marxistes faites par Sorel et assimilées pour l'instant sans beaucoup d'esprit critique, ont influencé sa pensée. Il considère que profondément soumise aux articulations du milieu économique, la démarche scientifique contraint le savant à utiliser, pour rendre compte de ses découvertes, les « supports expressifs » à sa disposition, tout en s'efforçant de les dépasser: « Le savant, l'inventeur, le philosophe, ne sont jamais solitaires à la manière des génies transcendants; ils opèrent en effet sur une matière préparée de longue main par l'empirisme raisonné et la travaillent en utilisant l'outillage que leur fournit la science de leur époque. » La notion de « support expressif » est malaisée à cerner. Sorel désigne par là les figures géométriques, les mécanismes, les êtres vivants et les corps collectifs nécessaires à l'établissement d'un raisonnement. C'est ainsi qu'il écrit, ce qui ne contribue pas à donner davantage de clarté à sa pensée, « qu'il est impossible de rien comprendre à la philosophie grecque lorsqu'on ne cherche pas à reproduire les modèles mécaniques qui servaient à raisonner. »[62] Une science « se caractérise par le système de supports qu'elle emploie »[63] de sorte que la scientificité d'un système de connaissance repose sur la fiabilité de ses supports expressifs. C'est pourquoi le peu de rigueur de ceux que les « prétendues » sciences sociales emploient permet de douter raisonnablement de leur sérieux.

Sur ce point, Sorel ne peut s'empêcher de donner un coup de patte - très pertinent - aux philosophes qui utilisent les mots dans un sens « plus indéterminé que celui de l'usage courant » et qui, loin de « chercher à perfectionner les constructions pour les rendre scientifiques, en arrivent à imaginer toute sorte de moyens pour embrouiller les problèmes. »[64] Si la science, sociale par nature, a besoin de supports expressifs, ce n'est pas l'usage d'un vocabulaire employé arbitrairement qui en fournira le modèle mais les machines, parce qu'elles sont le produit par excellence du social, davantage que le langage lui-même.[65] Ces machines dont les mouvements ne reproduisent pas ceux de nos organes - la machine à coudre ne reproduit pas la couture à main, pas plus que le moulin ne reproduit le broyage avec les dents - mettent la nature *en expérience* et rendent concrètes de manière artificielle les lois de celle-ci, ce qui conduit à reconnaître que « le monde industriel est un immense cabinet de physique ou l'on fait agir des énergies

---

62 *L'Ere Nouvelle*, mars 1894, p. 347. Jeremy Jennings reconnaît que jamais Sorel n'est parvenu à définir de façon précise ce concept. « Sorel cherchait par là - écrit-il - à clarifier les diverses méthodes utilisées par les diverses formes d'activité intellectuelle. Réduits à leur expression la plus simple, les supports expressifs n'étaient pas les conclusions tirées d'une démonstration, mais les modèles et les analogies utilisés dans toutes les démonstrations. » (« La philosophie de la science », in *Sorel*, *Cahiers de l'Herne*, 1986, p. 18).

63 *Ere nouvelle*, p. 349.

64 *Ibid.*, p. 349.

65 *Ibid.*, mai 1894, p. 72.

naturelles suivant des modes artificiels. »[66] La tâche du savant consiste à « lire » les principes abstraits dont les praticiens se servent sans toutefois les connaître. Pour illustrer cela, Sorel écrit: « inventer un mécanisme c'est découvrir un théorème que l'on représente au moyen de grandeurs sensibles. »[67] Cette démarche ne concerne pas seulement les mécanismes que l'on pourrait qualifier de « matériels » mais toutes les sortes de « combinaisons mettant en oeuvre les énergies naturelles ». Le terme *machine* devrait pouvoir être utilisé pour caractériser les formes industrielles prises par la chimie, bien en avance sur leurs formes abstraites, théoriques.[68] Sorel est ainsi conduit à présenter une hypothèse de recherche en vue d'établir une histoire de l'esprit humain, étrangère aux divisions de la philosophie comtienne et reposant sur l'évolution des « ateliers industriels ». C'est en découvrant la loi selon laquelle les dispositions mécaniques évoluent (découverte à ses yeux bien avancée, grâce aux travaux d'un scientifique allemand, Reuleaux) que le problème du statut de la science sera résolu, puisque celle-ci repose justement sur les supports mécaniques. Finalement, seule la connaissance de l'industrie permet de comprendre l'histoire humaine.

A ce stade de la réflexion, Sorel emprunte une démarche intellectuelle le conduisant logiquement à écarter tout dogmatisme, tout déterminisme. Essentiellement engendrées par les exigences économiques, les transformations mécaniques sont liées aux évolutions des besoins de la consommation (peut-être écrivant cela a-t-il songé aux grandes découvertes du XVIIIe siècle: machine à tisser et à filer). Dès lors, comme nous sommes incapables de prévoir la nature des besoins humains à venir et donc le devenir des techniques industrielles mises en oeuvre pour les satisfaire, il serait vain de prétendre imaginer l'état futur de la science et le rythme de ses progrès. Hasard de l'argumentation? Profonde logique dont il est malaisé de saisir l'articulation de manière absolument claire?

---

66 *Ibid.*, p. 75.
67 *Ibid.*, p. 77.
68 *Ibid.*, p. 79.

Quoi qu'il en soit, Sorel montre ici une prudence remarquable si on le compare à la plupart de ceux qui se sont préoccupés de problèmes sociaux à son époque et se sont lancés sans hésiter dans la voie de chimériques constructions sur la société de l'avenir, que le temps a transformées en autant d'absurdités.

Malgré la prudence et la lucidité intellectuelles de Sorel, la pertinence du rapport théorique établi entre science et technique - ou, pour employer son vocabulaire, entre science et pratique industrielle - est douteuse. Est il certain que tout progrès scientifique ait été historiquement conditionné par l'existence d'un « support expressif » constitué par une organisation mécanique? N'est-ce pas au contraire la science elle-même qui, pour ses propres besoins, a exigé des « appareils » de plus en plus sophistiqués? Sorel rejetait vigoureusement l'emploi du terme *dialectique.* On peut néanmoins s'interroger sur l'existence d'une dialectique entre science et technique et se demander si, les yeux fixés sur le passé, lui-même ne s'est pas illusionné en plaçant trop directement la première dans le sillage de la seconde. D'autant plus que la rigueur de son raisonnement n'est pas sans faille dans la mesure où il néglige le fait qu'en matière d'astronomie les observations favorisées par les progrès de l'optique et le recours aux mathématiques se sont combinés pour permettre son développement.[69].

L'Ancienne et la nouvelle métaphysique éclaire l'hostilité de Sorel à l'égard de toute prévision de l'avenir, ainsi que son refus du fatalisme historique affirmé par les marxistes « orthodoxes ».[70]

---

[69] On trouve au détour d'un raisonnement une formule - à mon sens peu claire, mais qui semble bien témoigner de l'embarras de Sorel. Il affirme en effet que l'origine de l'astronomie n'est pas « machinale », que celle-ci a profité au XVIIIe siècle du large développement des mathématiques, et il la considère comme définitivement hypothétique: « l'astronomie n'est pas une science d'observation, aussi faut-il renoncer probablement à avoir jamais sur le ciel des idées nettes et précises; on ne pourra que faire des constructions possibles par analogie avec les constructions réelles de la physique terrestre. » (*L'Ere Nouvelle*, *Ibid.*, p. 82)

[70] Sorel donnera une interprétation de la philosophie de l'histoire de Marx excluant tout déterminisme.«Il y a une grande indétermination dans le système historique de Marx; le mouvement dépend de la culture sociale;

Rien ne le montre mieux que sa « nouvelle métaphysique ». Que seront devenues les machines dans, dix, quinze ou vingt ans? Il est impossible de le savoir puisque les besoins sociaux ne sont pas eux-mêmes prévisibles. Certes, on peut être tenté de considérer que Sorel s'est fourvoyé, que la machine elle même a en quelque sorte programmé ses propres progrès, engendrant des besoins qui la contraignent à en effectuer de nouveaux. Sans doute aussi, contrairement à son analyse, la machine a-t-elle conquis sa propre autonomie et suscite-t-elle davantage les besoins qu'elle n'en dépend. Mais le résultat n'est il pas en fin de compte le même? Le progrès mécanique, au sens général du terme, n'est pas devenu davantage prévisible, tout au moins si l'on considère son rythme. Et les amateurs de « futuribles » et autres ratiocineurs de « civilisations de l'avenir » ont dû, sauf à accepter d'être considérés comme des charlatans, renoncer à leur prospective dérisoirement hasardeuse. Sorel n'a pas vraiment compris que technique et besoins se dynamisaient mutuellement. En revanche, il a vu juste en affirmant l'impossibilité de penser l'avenir avec certitude en raison de l'impossibilité d'en connaître ni les besoins, ni par conséquent les instruments techniques.

L'anti-naturalisme

Au delà de cette conception, originale à son époque, et tout a fait stimulante, des rapports entre science et technique, Sorel - s'inspirant de Vico dont l'influence sur lui a été importante - établit un rapport spécifique entre le monde mécanique et la place de l'homme dans la civilisation. Alors que Descartes voit dans la perception d'une idée claire et distincte le fondement de la connaissance, Vico - suivi en cela par Sorel - affirme le lien entre le

---

mais on ne sait pas comment il en dépend; il n'existe aucun moyen de définir cette dépendance de manière générale si on reste fidèle au matérialisme historique; il n'y a aucune loi pouvant nous faire suivre les effets du mécanisme social, ses transformations dans tous les pays et pour une durée un peu longue. »

savoir et le *faber*: les modèles mathématiques, constructions rationnelles de l'esprit humain, sont pour cette raison l'archétype d'une connaissance parfaite, assimilable au savoir divin. Sorel révèle ici clairement son anti-naturalisme.[71] C'est en faisant reculer l'opacité de la nature et en la maîtrisant que l'homme conquiert sa liberté puisqu'il met ainsi de l'ordre dans le chaos en remplacant « la nature naturelle » par ses propres constructions rationnelles donc intelligibles. Curieusement, il ne s'est pas demandé si les progrès de ce « monde artificiel » ne le rendraient pas aussi complexe et peu intelligible à l'homme que le milieu naturel. Il est vrai qu'il aurait trouvé cette interrogation sans véritable signification puisque selon lui le sens de l'activité humaine ne doit pas être cherché au niveau individuel mais à celui de l'espèce, ce qui revient à écarter la difficulté. « C'est l'existence du milieu artificiel - écrit-il - qui est la condition de notre liberté; les anciens métaphysiciens se proposaient sur le libre arbitre un problème inintelligible de mécanique; ils voulaient que des machines puissent produire des effets indéterminés; souvent même on ne savait pas exactement ce qu'ils prétendaient demontrer. Nous sommes libres en ce sens que nous pouvons construire des appareils qui n'ont aucun modèle dans le milieu cosmique; nous ne changeons rien aux lois de la nature, mais nous sommes maitres de créer des séquences ayant une ordonnance qui nous est propre. »[72] Toute innovation passe donc par le développement du monde artificiel. Le refus de toute métaphysique idéaliste, de tout positivisme bientôt dévoyé en

---

[71] Bien que ceci soit accessoire, et à proprement parler n'ait pas de rapport avec l'anti-naturalisme philosophique de Sorel, il est frappant que dans son oeuvre on ne trouve aucun propos témoignant d'un goût quelconque pour la nature, même si, dans les *Réflexions sur la violence*, il exalte le travail minutieux du vigneron et souligne, dans l'*Introduction à l'économie moderne*, l'importace du comportement des agriculteurs pour la compréhension des rapports de travail au sein de l'atelier. Sorel, ingénieur, mathématicien, homme des villes, ennemi de l'éducation à la manière de *l'Emile*, est l'anti-Rousseau par excellence, ce qui n'empêche pas G. Goisis *(ouv. cité)* d'en faire (abusivement) son disciple - via Proudhon, ce qui consitue d'ailleurs un contre-sens supplémentaire.

[72] *L'Ere Nouvelle*, juin 1894, p. 204.

mysticisme grotesque, de l'étude d'objets inaccessibles,[73] exige en contrepartie l'attention portée aux aspects sociaux de nos actes entraînant des transformations matérielles, ainsi qu'aux nouvelles machines. « Etendez donc - écrit Sorel - l'activité de l'homme, inventez de nouvelles machines et vous gagnerez quelque chose sur le domaine de l'inconnu en agrandissant le champ de la coopération de l'homme et des énergies naturelles dans le milieu artificiel. Voilà un idéal qui ce me semble en vaut bien un autre; mais il a l'inconvénient d'être social et nos mystiques veulent des fruits auxquels peuvent seuls toucher les demi-dieux. Plus modestes, nous ne prétendons point à prendre rang dans une noblesse intellectuelle; nous demandons à collaborer pour notre part au travail de production de la science. Ouvriers anonymes comme furent les grands constructeurs de tant de chefs d'œuvre artistiques, les philosophes socialistes n'ont point l'ambition de s'élever au dessus des conditions normales. »[74] Telle est la conclusion de *l'Ancienne et la nouvelle métaphysique.*

Les premières analyses historiques

Les articles consacrés, toujours dans *l'Ere nouvelle*, à « la fin du paganisme » (titre d'un ouvrage de G. Boissier qui constitue la « matière première » de la réflexion de Sorel), présentent pour comprendre sa démarche intellectuelle et la formation de sa pensée socialiste un intérêt majeur. Il est vraisemblable qu'un historien de l'Antiquité romaine éprouverait à l'heure actuelle quelque doute sur la validité de l'argumentation développée. D'ailleurs, certains critiques de l'époque ne manquèrent pas de lui reprocher une tendance à la généralisation à partir d'une érudition lacunaire et d'exemples partiels. Mais ce n'est pas ce qui importe ici, puisque Sorel ne

---

73 Sorel considère que les processus personnels de caractère psychologiques sont insusceptibles de connaissance scientifique.

74 *L'Ere Nouvelle*, juin 1894, p. 204-205.

cherche pas à faire une histoire des rapports entre le développement du christianisme et la crise de l'Empire romain, mais à identifier la place occupée par les idées religieuses dans les bouleversements sociaux à travers l'exemple de la Rome antique. Sans postuler la nécessité philosophique d'un lien entre le devenir historique et la lutte de classes, Sorel s'applique à montrer que le *succès* du christianisme (non le christianisme lui-même) est dû aux rapports de classes dans l'Empire romain. Selon lui, les historiens qui se sont interrogés sur les raisons de la conquête du monde romain par le christianisme se sont fourvoyés puisqu'ils « se sont demandés quelles raisons les convertis avaient pu avoir *individuellement* pour adopter la nouvelle religion. »[75] Pour emprunter une meilleure voie, Sorel applique à son étude la méthode dont il avait dégagé les principes dans *L'Ancienne et la nouvelle métaphysique*. Puisque la psychologie n'est d'aucun secours et que nos activités individuelles ne sont pas susceptibles de connaissance rationnelle, rechercher l'existence de motivations à ce niveau constitue une démarche vaine. Les hommes ne sont pas sortis du paganisme pour des motifs individuels, comme on abandonne une Eglise pour en choisir une autre. Leurs motivations ont été *sociales*. Les paysans égyptiens ont choisi le christianisme par haine de Dioclétien qui, à la fin du IIe siècle, réprime durement leur révolte. En Asie mineure, selon Sorel, les choses se sont déroulées de manière identique. Il y existait une puissante industrie textile et de grandes corporations ouvrières - la formule lui appartient - qui ont sans doute connu des conflits avec les autorités et les classes riches, de sorte que « contre le paganisme officiel, les artisans devenaient chrétiens, parce que le christianisme consolidait dans leurs associations l'esprit de résistance. »[76] S'efforçant d'expliquer les fréquentes conversions au christianisme dans l'aristocratie romaine, Sorel écarte aussi les raisons tenant à la psychologie individuelle, pour affirmer que les esclaves vouaient à leurs maîtres une véritable

---

75 *La fin du paganisme*, publié dans *l'Ere Nouvelle* a été réuni en volume sous le titre *La ruine du monde antique*, chez l'éditeur Rivière. Les citations sont tirées de la seconde édition de cet ouvrage. Ici p. 14.

76 *op. cit.*, p. 17.

haine sociale et que l'adhésion de ceux-ci au christianisme prêchant la fraternité, était un moyen habile de se préserver des conséquences d'une telle haine. Il ne s'agit donc pas là d'aspiration individuelle vers une nouvelle théologie, mais d'un processus social lié à la stratégie de défense d'une classe. Quant au christianisme des derniers temps de l'Empire romain, il a brisé la structure du monde antique « à la manière d'une force mécanique agissant de l'extérieur ». La nouvelle religion « a coupé les liens qui existaient entre l'esprit et la vie sociale; elle a semé partout des germes de quiétisme, de désespérance et de mort ». Sans être imputable au dogme chrétien lui-même, cette situation est considérée par Sorel comme la conséquence accompagnant toute fantasmagorie idéologique, ce qui lui permet d'épingler le socialisme utopique qui, cherchant (selon lui) à imiter en tout le christianisme, aurait été aussi désastreux que lui s'il n'avait été balayé par le capitalisme.

A la différence du christianisme et du socialisme utopique, idéologies profondément néfastes, la pensée de Marx lui apparaît une doctrine de vie, bonne pour les peuples forts, parce qu'elle trouve dans les progrès économiques la condition d'une nouvelle société et cherche à convaincre les hommes de la nécessité d'une nouvelle organisation juridique. Sorel tente ainsi de montrer dans des développements menés comme au fil de la pensée, qu'au christianisme correspond l'établissement d'une économie « idéaliste », défavorable au progrès, et que l'individualisme chrétien détruit l'idée de Cité.

Bien qu'il considère que la responsabilité principale de la ruine économique de l'Italie incombe à l'aristocratie romaine, et non à l'implantation du christianisme, il rend celui-ci responsable de la perpétuation de cette situation, dont le signe le plus tangible lui paraît être la décoration des édifices religieux - Sainte-Sophie, Saint-Pierre - manifestation la plus stupide à ses yeux du luxe des parvenus. « A deux pas de la vieille campagne latine, où avaient vécu les héros de la conquête et qu'on laisse honteusement dépérir, on ne cesse de bâtir des édifices de luxe et on dépense des sommes énormes pour amuser et nourrir une populace de fainéants [...].

C'est ce système que l'Eglise va conserver durant tout le Moyen Age et qu'elle nous transmettra. »[77] En outre, si l'économie chrétienne est une économie de gaspillage, l'individualisme chrétien contribue politiquement à supprimer les obligations des propriétaires liées à leur appartenance à la Cité. « Désormais le droit de propriété fut vraiment et réellement le droit d'user, sans aucune restriction du revenu net suivant son libre arbitre; la volonté de chacun remplaça le droit politique. »[78] Sorel fait montre d'une ironie féroce à l'égard de l'Eglise: « Tous les usages de la richesse - écrit-il - ne sont pas bons mais il y en a un qui est excellent, c'est celui qui a pour fin la gloire de Dieu: les hommes sages doivent employer leur fortune à montrer comment l'emploi ecclésiastique des biens est plus noble que l'emploi profane.[79] [...] L'économie idéaliste se développe en même temps que l'ascétisme monacal et que la foi aux rapports sociaux purement mystiques. Tout cela est fort inutile pour le progrès et ne renferme aucun élément pour assurer le passage à des formes supérieures. »[80] Le christianisme détruit donc la logique de l'économie romaine déja entamée par le comportement de l'aristocratie, de même qu'il sape les fondements de la Cité. Tertullien ruine toute l'organisation sociale antique en proclamant n'avoir qu'une république: le monde (en fait Sorel oublie que Tertullien se montre, notamment dans *l'Apologétique*, extrêmement respectueux du pouvoir temporel romain pourvu que celui-ci n'exige pas des chrétiens qu'ils sacrifient aux dieux païens). Finalement, lorsqu'on suit ligne à ligne l'exposé de Sorel et que l'on prête attention à ses citations - notamment celles tirées des œuvres de Renan - on comprend immédiatement la nature de ses reproches au christianisme: les Romains avaient fondé une organisation politique, étrangère à l'individualisme, ne se résumant pas en « une simple combinaison de volontés individuelles poursuivant des intérêts particuliers », et fait de l'Etat une réalité pétrie d'héroïsme.

---

[77] *op. cit*, p. 94.
[78] *op. cit.*, p. 102.
[79] *op. cit.*, p. 102-103.
[80] *op. cit.*, p. 105.

Les chrétiens en revanche ont dénié toute portée aux valeurs héroïques liées à la Cité. Ainsi en va-t-il d'Augustin - accusé par Sorel de scepticisme bourgeois - pour qui peu importe « sous quel maître vit l'homme qui doit mourir, pourvu que ce maître ne l'oblige à rien qui soit contraire à la pitié et à la justice. »
Le triomphe de l'Eglise consacre la fin des valeurs romaines, les empereurs ayant cessé d'être conquérants depuis que le christianisme les a pénétrés de « sagesse bourgeoise ». Les premiers Pères de l'Eglise en apportent la preuve en se prononçant contre le service des armes (sur le plan historique ce jugement suscite des réserves). Sorel affirme qu'Augustin est sur ce point moins intransigeant, mais qu'il recommande néanmoins au soldat de déprécier l'Etat, en considérant celui-ci non comme le vecteur de l'héroïsme, mais comme un « fournisseur de paix » dont il convient de s'accommoder comme de n'importe quel boulanger pourvu qu'il nous « fournisse du bon pain, bien cuit et de bon poids ». Dans cette situation, l'Etat n'est plus que le serviteur de l'Eglise, ce que déplore Sorel, profondément hostile au pouvoir clérical.

Il maintiendra longtemps une telle attitude. En 1901, dans une série d'articles intitulés « L'Eglise et l'Etat »,[81] Sorel explique sans ambiguïté que la lutte en faveur de Dreyfus n'a nullement consisté dans la défense d'un quelconque droit naturel plus ou moins intemporel - auquel Sorel n'a jamais adhéré - mais dans la lutte contre la tyrannie cléricale (et aussi le militarisme). Sa préoccupation n'est pas alors de savoir si les relations Eglise/Etat sont possibles (l'exemple romain le montre) mais « si la reconstitution théocratique rêvée par les bourgeois encapucinés de l'an 1894, trouverait une matière sociale favorable »[82] dans la France contemporaine. Dans cette étude qui scrute le passé pour y découvrir des enseignements, on trouve pour la première fois la référence (connotée positivement) aux guerres de la Révolution, guerres de la Liberté, dont le mérite a été d'avoir produit « un réveil extraordinaire d'un esprit assez voisin de l'esprit antique », véhiculant un

[81] *Revue socialiste*, XXXIV, août-septembre 1901.
[82] *op. cit.*, p. 38.

nouveau paganisme désormais solidement implanté en raison des conditions économiques liées au machinisme. L'épopée des armées de la Révolution a en effet engagé le peuple dans la bonne voie, celle de l'héroïsme, et l'Etat moderne semble emboîter le pas en marchant dans le sens de la nouvelle industrie et des valeurs qui l'accompagnent. « Les traditions révolutionnaires forment encore aujourd'hui la véritable poésie des travailleurs - écrit Sorel - les exploits des Sans-Culottes intéressent tout homme du peuple, qu'il soit ouvrier de fabrique ou paysan; les miracles de Lourdes, la dévotion du Sacré-Cœur, la béatification de Jeanne d'Arc, n'intéressent que les bourgeois. Emancipés par l'idée révolutionnaire, par les légendes qu'elle a fait naître, par les émotions qu'elle excite encore, les travailleurs ont été bien préparés à recevoir l'enseignement socialiste. Cet enseignement est fécond car il peut se faire comme une leçon de choses; il suffit de faire toucher du doigt les réalités sensibles qui correspondent aux concepts de la science. »[83] Dans ses ouvrages ultérieurs, Sorel se référera fréquemment aux soldats de l'An II, pour se retourner, après 1917, vers les bolcheviques, « soldats russes » de la Révolution, qu'il assimilera aux premiers. Mais entre temps les conséquences du dreyfusisme le feront percevoir l'Etat de manière différente.

La méthode sociologique

C'est la préoccupation constante d'une démarche scientifique indispensable à toute étude sérieuse de la société qui conduit Sorel à se pencher sur la pensée d'Emile Durkheim dans deux articles donnés au *Devenir social* qu'il avait contribué en avril 1895 à créer - avec Gabriel Deville, Paul Lafargue et Alfred Bonnet - et qu'il quittera en octobre 1897, lorsque les divergences entre Lafargue et lui deviendront trop grandes. Bien qu'adversaire du socialisme, Durkheim apparaît à Sorel digne d'intérêt puisqu'il le qualifie de « métaphysicien de poids » (le moins que l'on puisse dire est que

---

[83] *op. cit.*, p. 140.

l'expression n'est pas très heureuse!) et de « savant parfaitement armé pour la lutte»

Le premier de ces articles reproduits partiellement dans l'ouvrage de Larry Portis[84] laisse le lecteur quelque peu sur sa faim dans la mesure où la critique sorélienne manque de force convaincante. Maintes remarques sont néanmoins dignes d'intérêt. Celle, notamment, relative aux limites de la science dont le champ doit se borner aux objectifs qu'elle peut atteindre, sans avoir la prétention - non scientifique - de prévoir l'avenir. « Jadis les révolutionnaires - écrit Sorel - ont été presque toujours amenés à s'imposer une théorie illusoire d'après la légende du passé: ils marchaient avec la pleine certitude de répéter une expérience acquise à la science; ces réminiscences historiques empêchaient de voir et de discuter les faits qui se déroulent dans la réalité. Mais la grande révolution totale ne pourra être faite ainsi; car pour l'effectuer il faut acquérir la certitude qu'elle ne doit se produire sur aucun modèle antérieur, qu'elle est impossible à éviter, que l'avenir ne peut être déterminé. Ce que nous devons demander à la science sociale, c'est de nous faire connaître l'évolution et l'importance des forces révolutionnaires; mais tandis que dans le passé on embrassait l'avenir dans une hypothèse reçue avec la déférence que l'on eût accordé à une théorie scientifique, nous ne pouvons avoir sur l'avenir que des vues indéterminées, exprimables seulement dans la langue de l'imagination artistique. »[85] Tout en déplorant la survivance chez Durkheim de données théoriques selon lui périmées, Sorel approuve sa conception de la science, étrangère aux essences et préoccupée uniquement de la « détermination des relations », de même qu'il insiste sur l'intérêt pour l'analyse des faits sociaux de l'utilisation par le sociologue bordelais des concepts de fréquence et de « noyau central » permettant le regroupement d'unités qui diffèrent entre elles d'une manière suffisamment limitée « pour que tout le groupement puisse être pris comme une chose homogène ». Donnant ainsi la preuve de l'ingéniosité de sa pensée, Sorel affirme

---

[84] *Georges Sorel, Présentation et textes choisis*, Paris, 1982.
[85] *Le Devenir Social*, 1895, p. 163.

que météorologie et sociologie empruntent des démarches voisines (ce qui devrait inciter les sociologues à la modestie!) dans la mesure où les deux sciences raisonnent à partir des données stochastiques et font usage des probabilités. Sorel suggérera même d'affiner le concept de fréquence afin de ne pas en limiter la portée aux fréquences statis-tiques et de prendre en compte le groupement chronologique des données. Il souligne par ailleurs la nécessité de prendre conscience des différences entre les notions de *cause* dans les sciences de la nature et dans les sciences sociales, et de se garder des illusions propres aux analogies verbales. « La physique et la chimie ne comportent aucun relâchement du lien déterministe: leurs lois sont ou ne sont pas et elles s'appliquent à tout individu concevable. Mais comment peut-on parler de *causes* (analogues aux causes physiques) en sociologie, alors que les choses mises en relation sont des *fictions* manquant de réalité individuelle? On n'éviterait pas l'objection en disant que la position actuelle est provisoire et que les relations entre les moyennes sont des approximations du réel parce qu'elles remplacent des relations encore inconnues existant entre des êtres réels. Cet argument est un pur sophisme: nous consttuons une science en prenant pour données immédiates certaines choses, nous prouvons la possibilité de faire cette science par l'usage même que nous faisons de cette méthode - de quel droit irions-nous supposer *l'existence d'une autre science entre des hypothèses*? Ceci ne serait pas une induction, mais un saut périlleux. »[86]

Les analyses de Sorel ne retiennent pas seulement l'attention en raison de quelques remarques suggestives qui ne sont après tout qu'observation de mathématicien perspicace tourné vers les sciences sociales. On y découvre l'utilisation du concept de lutte de classes jugé parfaitement compatible avec la démarche scientifique. L'approbation de Durkheim, liée à sa conception de la causalité en science sociale (différente de sa portée en sciences physiques), et son rejet du fonctionnalisme, estimé sans valeur explicative, se combine chez Sorel avec la critique de sa

---

[86] Cité *in* Larry Portis, *op. cit*, p. 148.

méconnaissance de la lutte des classes, concept clé de l'explication sociologique aux yeux de ce dernier. L'analyse durkheimienne de la division du travail social faisant appel à des supports psychologiques peu convaincants, illustre les inconvénients de cette méconnaissance. Sorel résume la conception durkheimienne de la manière suivante: l'intensification de la rivalité entre les individus a contribué à affaiblir ceux d'entre eux dépourvus de spécialisation; de sorte qu'en se dégradant, leur statut social les a condamnés (afin d'échapper à cette situation) à s'engager d'eux mêmes - *nolens volens* - dans le processus de division du travail. Raisonner de cette manière - estime Sorel - revient à recourir à des paramètres demandant eux-mêmes des explications, puisque les individus concernés pouvaient songer à d'autres solutions, l'émigration, le suicide, le crime, pour sortir de leur situation d'infériorité. Selon Durkheim, dans la moyenne des cas, les liens attachant les hommes à la vie et à leur pays, la sympathie qu'ils éprouvent pour leurs semblables, sont plus forts que d'autres ressorts psychologiques, qui les détourneraient de s'engager dans la voie du travail spécialisé. Sorel doute qu'en raisonnant de cette manière Durkheim demeure sur le terrain de la science et estime que l'emploi du concept de lutte des classes lui aurait évité des à peu près psychologiques. Bien qu'il n'aille guère au-delà d'une simple pétition de principe, elle-même peu rigoureuse, le propos de Sorel mérite d'être cité car il éclaire l'usage qu'il entend faire de la notion de lutte des classes dans l'explication sociologique. « Le socialisme introduit dans l'étude de ce processus un facteur que négligent systématiquement les sociologues; il ne sépare point la division du travail et la formation des classes: celles-ci, organisées pour la lutte, exercent une influence capitale sur la division du travail en introduisant des forces bien différentes de celles dont parle M. Durkheim. Grâce à la doctrine de la lutte des classes on peut suivre le vrai processus historique, tandis que celui de notre auteur est seulement schématique et logique. Grâce à la théorie des classes, les socialistes ne rapportent point les fins à des entités imaginaires, à des besoins de l'âme collective et autres nigauderies sociologiques, mais aux hommes réels groupés en groupes agissant dans la vie sociale. »[87]

Premiers contacts avec l'Italie

Au cours de l'année 1895 et de la suivante, le *Devenir Social* publie de nombreux comptes rendus de Sorel (parfois signés d'une simple initiale) qui témoignent de l'étendue de ses lectures. Ces recensions, à la différence de ce qui se passe en règle générale (rien n'est changé sur ce point de nos jours!), sont loin d'être désinvoltes et incompétentes. Sorel les parsème de références aux pages de l'ouvrage qu'il commente, ce qui montre qu'au moins il l'a lu. La plupart du temps, il ironise sur la naïveté, l'absence de sérieux, l'ignorance, la jobardise des auteurs. Dans un autre ordre d'idées, avec Alfred Bonnet, le secrétaire de la rédaction, il cherche pendant cette période à nouer des contacts avec des publicistes italiens auxquels il réclame de la copie pour la revue. Parmi eux le philosophe Antonio Labriola (qui ne doit pas être confondu avec le syndicaliste révolutionnaire et futur ministre Arturo Labriola). Au commencement, Antonio Labriola a été parfaitement satisfait de cette collaboration. Découragé devant la situation politique italienne et le « provincialisme » culturel de son pays, il cherchait à s'exprimer dans un autre cadre, comme en témoigne une lettre adressée par lui à Engels (31 mars 1895): « Ici le gouvernement lève de *nouvelles taxes* sans loi. Ici avec la révision des listes électorales, le nombre des électeurs a été réduit *de près de moitié.* Ici les élections se feront quand Crispi le voudra. Déjà plus de deux mille candidats se sont déclarés. Beaucoup se proclament d'eux-mêmes socialistes, comme tant de partisans des Bourbons et des cléricaux se proclamaient progressistes en 1876 au moment de la chute de la droite. Devant une telle apathie des masses et une telle course d'ânes des politiciens, la discussion des principes n'a pas de sens. Il faut s'en remettre aux événements. Quand je vous

---

[87] *Op. cit.,* p. 151.

donnerai désormais signe de vie ce sera en dehors des frontières italiennes. Pour l'instant pour me distraire j'étudie la grammaire japonaise. »[88] Cédant aux prières de Sorel, Labriola qui soit dit en passant tenait les intellectuels socialistes italiens en piètre estime, fournit une contribution importante intitulée: *En mémoire du Manifeste du Parti communiste*, qui lui plut particulièrement. Grâce à Labriola, Sorel peut entrer en contact avec un élève de Labriola, Benedetto Croce, auquel il demande à la fin de 1895 de lui fournir les noms d'Italiens connaissant la pensée marxienne et susceptibles d'écrire de bons articles.[89] Une partie de la correspondance qu'entretiendront Sorel et Croce a été publiée dans la revue italienne *Critica* à partir de 1927, ainsi que quelques lettres en 1931 dans la revue de Boris Souvarine, *La critique sociale*. Dans l'une d'entre elles, datée du 20 décembre 1895, Sorel réclame à Croce « des études précises sur des faits historiques ou des phénomènes économiques bien délimités » et ajoute: « c'est par là que pèchent presque toujours les livres socialistes français: nous avons le défaut en France de vouloir regarder les choses de trop haut et de voir à la Napoléon. »[90] Croce adressera un travail relatif au communisme de Campanella déjà publié dans une revue italienne, travail dans lequel le philosophe napolitain s'en prenait acerbement aux marxistes orthodoxes, et plus spécifiquement à Lafargue, ce qui évidemment pouvait compromettre l'avenir de sa collaboration au *Devenir Social*, puisque le gendre de Marx en était l'un des rédacteurs. Sorel s'ouvrira de cette question à Croce dès le 14 janvier 1896. « Je me doutais bien en lisant ce que disait M. Lafargue des Pères de l'Eglise, de la philosophie juive, que son

---

[88] A. Labriola, *Epistolario (1890-1895)*, Ed. Riuniti, 1983, p. 578.

[89] G. B. Furiozzi, *op. cit.* p. 24. Labriola écrit à Croce: « Ces derniers temps Sorel m'écrit plusieurs fois me conjurant de prendre à cœur le Devenir. En ce qui me concerne je n'ai rien à offrir ou à promettre. Je lui ai donné quelques conseils et entre autre chose je lui ai donné ton nom pour une possible collaboration. » *(Epistolario - 1896-1904* - Ed. Riuniti, 1983, p. 632).

[90] *La critique sociale,* p. 9. Les citations sont tirées de la réédition de la *Critique sociale* par les Editions de la Différence en 1983.

mémoire était l'œuvre d'un homme incompétent; mais je ne croyais pas qu'il fût aussi incompétent que vous l'établissez d'une manière si irréfutable. Votre note est si irréfutable qu'elle nous crée un gros embarras pour vous demander une collaboration; M. Lafargue et vous ne pouvez facilement écrire dans une même revue, surtout dans une revue où il est l'un des fondateurs. »[91] En fait la collaboration de Croce continua.

Tandis qu'il réclame avec insistance des articles à ses amis italiens - « il Sorel mi tempesta di lettere », écrit Labriola à Croce - Sorel poursuit de son côté la publication de commentaires d'ouvrages politiques et économiques. C'est ainsi qu'il assure le compte rendu du premier volume du cours d'Economie politique de Vilfredo Pareto. Recension très élogieuse justifiée par la richesse de l'information et l'originalité de l'auteur, mais aussi en raison du ton acide et de la dénonciation sans réserve de la cupidité des politiciens. Le seul reproche (identique à celui fait auparavant à Durkheim) que Sorel adresse à Pareto tient à sa méconnaissance de l'intérêt épistémologique de la lutte des classes. Il est possible d'observer, avec G. B. Furiozzi, que désormais il est en mesure de donner de vrais commentaires techniques d'ouvrages économiques, ce qui n'était guère le cas auparavant. Cela explique sans doute qu'avant même l'ouverture de la crise révisionniste Sorel s'engage dans la discussion des concepts marxiens, non pas « du point de vue de Napoléon », pour reprendre son expression, mais de manière technique, en s'interrogeant notamment sur la scientificité du concept de valeur .

L'intérêt que porte Sorel à l'Italie ne se borne pas à y chercher des plumes plus savantes en marxisme que les françaises. En effet, il donne une longue étude sur un penseur italien, Vico, couvrant trois numéros du *Devenir Social* et comportant environ 90 pages. Ce texte touffu qui suit pas à pas la traduction (partielle) de la *Scienza Nuova* donnée par Michelet, publiée de nouveau en 1894, n'a pas pour objet de louer la science historique de Vico, auquel il serait trop facile de chercher querelle, mais de dégager l'intérêt

---

[91] *Ibid.*, p. 10.

d'une démarche très concrète consistant à refuser de considérer l'homme comme une abstraction et de le doter de quintessences de sentiments. Sorel n'hésite pas à s'écarter résolument de la *lettre* de Vico en réaffirmant l'impossibilité d'édifier une histoire « idéaliste » à partir de la logique des idées et de leur enchaînement intelligible.[92] Un ordre historique se déroulant selon une intelligibilité liée à l'intervention de forces extérieures - chez Vico, la Providence - lui paraît totalement absurde, même si une telle perspective peut s'expliquer historiquement par sa similitude avec le déroulement naturel des âges de la vie, sur lequel les Anciens ont calqué la description de la succession des formes politiques. Une telle philosophie de l'histoire est selon Sorel désormais dépourvue de sens pour les érudits (entendons les véritables savants). « Elle n'intéresse plus que les amateurs qui font de la Sociologie ou les auteurs d'ouvrages bien pensés, sagement républicains et béatement patriotiques, que le gouvernement français entretient aux frais des contribuables. »[93] C'est au matérialisme historique que revient le mérite de nous dispenser de chercher l'ordre dans le monde, « puisque l'ordre n'existe que dans notre imagination », et de nous faire comprendre l'absurdité de vouloir bâtir une science historique ayant une analogie avec les sciences de la nature. Un tel rejet ne conduit pas pour autant Sorel à la conclusion que seul le chaos existe dans les événements historiques, mais bien que leur compréhension ne peut être sérieusement cherchée que dans la vie politique pratique, en fonction d'une méthode propre, désignée sous le nom de loi « idéogénétique », et fondée sur la psychologie

---

[92] Sorel ne changera pas d'avis sur Vico. Dans un passage de sa *Préface pour une œuvre nouvelle* (1910) après avoir rappelé l'impossibilité de dégager des lois historiques ayant quelqu'intérêt il écrit: « Il me semble que le grand mérite de Vico a été de mieux sentir qu'aucun de ses prédécesseurs l'importance des lois psychologiques; sa psychologie est souvent fondée sur des observations de médiocre valeur et il est fort loin d'être affranchi de la superstition des lois historiques; mais son œuvre constitue, encore aujourd'hui probablement, un trésor d'inspirations fécondes auquel aura recours tout homme qui veut devenir un véritable historien. » (Cité in « Georges Sorel », Ed. de l'Herne, p. 316).

[93] Sorel (G), « Etude sur Vico », *Le Devenir Social*, Oct. 1896, p. 808.

collective. A condition de bien comprendre que « les évolutions psychologiques [qui] sont des suites ayant leur existence, leur autonomie, se produis[e]nt à toutes les époques, se mêl[e]nt dans la société de la manière la plus confuse. Au lieu d'un bloc homogène, nous avons un enchevêtrement d'évolutions, qui ne sont susceptibles d'aucune définition générale, parce qu'à un instant donné on les trouve à tous les moments de leur développement. »[94]

L'évolution des sociétés est étroitement liée, dans l'œuvre de Vico, à celle des idées religieuses. A condition de la comprendre de manière matérialiste (comme Marx avait traité l'oeuvre de Hegel?), il est possible de tirer profit de cette relation pour saisir l'intelligibilité de la réalité. Sorel considère possible de s'« élever à un point de vue plus général » et de prendre en compte « tout l'ensemble des manifestations de l'activité humaine », non pas avec le vain souci d'élaborer une philosophie de l'histoire « idéaliste », mais dans le but de comprendre (dans leur globalité) des ensembles **plus restreints** que la totalité (elle même inintelligible), la modestie dans l'objectif apparaissant comme une « garantie de la valeur même des considérations propres au matérialisme historique ». Un exemple permet de rendre plus accessible le raisonnement de Sorel. Vico formule l'un de ses axiomes de la manière « idéaliste » suivante: « Les hommes sentent d'abord le nécessaire, puis font attention à l'utile, puis cherchent la commodité; plus tard ils aiment le plaisir, s'abandonnent au luxe, en viennent enfin à tourmenter leurs richesses. » Dans des sociétés structurées en classes, ces phénomènes, selon Sorel, ne se produisent pas de manière successive mais simultanée. Les changements sont provoqués par l'apparition de nouvelles manières de vivre, elles-mêmes reliées intimement « à la production contemporaine. »[95] A partir de là il est vain de chercher dans l'histoire un développement homogène intelligible, porteur de sens. Plus encore, il est vain de penser que des causes produisent des effets immédiats comme en physique. Nombreux sont les changements produits par une causalité

---

94 *Ibid.*, novembre 1896, p. 911.
95 *Ibid.*, p. 918.

circulaire, ce que comprennent mal les sociologues trop préoccupés de relations abstraites.

Jeremy Jennings, qui insiste longuement, dans son commentaire relatif à l'« Etude sur Vico », sur la distinction capitale effectuée par Sorel entre le *faber* de l'homme (pleinement intelligible) et la «nature naturelle», mystérieuse malgré les efforts de la science, n'accorde curieusement qu'une importance limitée au refus sorélien d'un savoir « global » sur la société. S'il est excessif d'affirmer comme il le fait qu'à partir de « l'Etude sur Vico », il ne considérera plus les écrits de Marx comme un guide, ni même « comme un exemple de la méthode scientifique »[96], en revanche il est vrai que désormais Sorel est intellectuellement préparé pour accueillir les critiques relatives aux concepts *globalisants* employés par les marxistes (beaucoup plus que par Marx lui-même d'ailleurs). Désormais, la thèse « catastrophiste » des « orthodoxes » ne pouvait plus avoir de sens pour lui.

La conception sorélienne du droit

Ces articles consacrés à Vico sont aussi pour Sorel l'occasion de révéler sa conception du droit qui occupe dans son œuvre une importance majeure. Par la suite, il expliquera clairement que la forme revêtue par la lutte présente le caractère d'un conflit juridique et que le combat du prolétariat vise la concrétisation de ses objectifs en matière de droit. Pour l'instant, se contentant d'analyser l'apparition et les mécanismes de l'évolution des normes juridiques dans la société, il observe (dans un raisonnement très proudhonien) que nombre de changements juridiques proviennent de transactions, entraînées par l'existence de situations peu satisfaisantes, destinées à disparaître à la faveur de circonstances favorables. Partisans et adversaires du changement s'affrontent. Les réformes faites, leurs adversaires les acceptent à contre-cœur en attendant une éventuelle

---

[96] J. Jennings, « La philosophie de la science », *Georges Sorel*, Ed. de l'Herne, p. 25.

revanche. Quant à leurs partisans, ils profitent des avantages que leur donne la force.[97] Assimilées par la société, personne ne cherchera plus à en connaitre l'origine. Elles apparaîtront « naturelles », même si elles sont en réalité le résultat de profondes évolutions psychologiques collectives. Les changements ne se réalisent pas cependant toujours de cette manière (« Bien des fois on a essayé de franchir les limites de la région douteuse du droit pour établir un nouveau régime par la force »), ce qui conduit Sorel à considérer que si la révolution prolétariennene ne compromettra en rien la civilisation, et ses acquis technologiques, il en irait autrement dans l'hypothèse où le prolétariat en tant que classe deviendrait une masse exaltée, affolée par la prédication des « idéalistes ».[98] Le prolétariat doit donc se garder soigneusement de chercher à réaliser des plans conçus par quelques cervelles, tout simplement parce que la révolution n'interviendra que s'il a conscience de son rôle historique et de la réalité. La révolution échouerait si les réalités historiques ne permettaient pas le passage de l'état ancien au nouveau et si les hiérarchies sociales n'étaient pas déjà devenues « des ombres ». Sorel envisage la révolution dans une perspective gramscienne avant la lettre, puisque selon lui, seule ce que l'on peut désigner comme une classe « hégémonique » peut l'accomplir. Ce n'est que si le prolétariat devient « dominant », si dans l'industrie il se présente comme la seule organisation dynamique, face à une minorité impuissante et nuisible, que la continuité historique sera assurée. Cela est d'autant plus indispensable que la révolution faite, le prolétariat devra lutter pour la maintenir. Même à ce stade - écrit Sorel dans la Préface à *Forme et essence du socialisme* de Saverio Merlino - le droit nouveau sera menacé par des groupes qui tenteront de restaurer leur situation. Dès lors, « il faudra que la culture sociale soit capable de provoquer dans les masses d'énergiques et de promptes réactions contre

---

97 La fameuse distinction entre la force et la violence, la force étant bourgeoise et la violence prolétarienne, n'apparaît pas ici . Un groupe qui a obtenu un succès - une réforme par exemple - a fait la démonstration de sa force.

98 *Ibid.*, p. 934.

ces tentatives. » L'expérience - ajoute-t-il - nous apprend qu'une culture nouvelle ne peut devenir efficace qu'à l'aide d'une longue préparation: c'est donc maintenant, dans la société capitaliste, que doivent se préparer les moyens de réaliser cette nouvelle constitution juridique.[99] Sorel établit à partir de là une distinction majeure entre deux types de conflits sociaux imaginable: le premier destiné à s'assurer « l'exploitation de la force publique », le second « le changement dans la situation des classes sociales ». Cette distinction constitue chez lui l'ébauche de l'opposition future entre le socialisme politique et le syndicalisme révolutionnaire. Le prolétariat doit avoir la claire conscience qu'il ne s'agit pas pour lui de mener une guerre des pauvres contre les riches, ni de conquérir l'Etat pour permettre de donner satisfaction aux ambitieux des classes pauvres, mais de triompher en tant que classe et d'instaurer une authentique civilisation du travail.[100]

Le syndicalisme

En 1898, dans la même optique, Sorel publie un texte essentiel: *L'Avenir socialiste des syndicats,* embryon des *Réflexions sur la violence*, inspiré par l'évolution du syndicalisme et la place grandissante qu'y prennent les anarchistes. Quelques explications relatives au mouvement syndical des années 1890 sont nécessaires pour la compréhension de ce texte capital.

De 1880 à 1890, marquée par la crise boulangiste provoquée par les déceptions engendrées par la politique « opportuniste » et les scandales politico-financiers, la France connaît une période de récession accompagnée de grandes grèves - notamment celle des

---

99 p. XV.

100 « J'ai déjà eu l'occasion de faire observer que Vico avait parfaitement distingué la lutte pour la conquête des avantages procurés par le pouvoir et la lutte pour les droits. C'est une distinction d'une très haute importance, qui doit être présente toujours à notre esprit, quand nous examinons l'histoire des conflits contemporains au point de vue de l'évolution des idées juridiques. » (*Ibid.*, décembre 1896, p. 1046).

mineurs de Decazeville - qui marquera considérablement l'opinion en raison de sa durée, près de cinq mois, et de son succès. Ces grèves sont parfois durement réprimées par le gouvernement qui dans certains cas fait donner la troupe. Dans le même temps, le Parlement adopte, en 1884, la loi Waldeck-Rousseau autorisant les syndicats professionnels à se constituer librement sous réserve de certaines conditions ayant pour objet de les tenir sous surveillance: dépôts des statuts et communication à l'administration du nom de leurs responsables. Il s'agit évidemment d'une loi de *paix sociale*, puisque dans une circulaire le gouvernement recommande aux préfets de prêter leur aide à la formation des syndicats professionnels. Dans leur majorité les ouvriers ne seront pas dupes. En 1886, lors de la première réunion des syndicats, un délégué critiquant durement la loi affirmera que constituant un piège elle ne peut rendre de services qu'au gouvernement.

Le mouvement syndical est alors marqué par le désaccord entre anarchistes et guesdistes relatif à place de la grève générale dans les luttes prolétariennes. Le congrès syndical du Bouscat en 1888 avait conclu à la nécessité de l'autonomie ouvrière (« Le congrès engage les travailleurs à se séparer nettement des politiciens qui les trompent ») et à celle de ne pas se borner à des grèves partielles considérées seulement comme un moyen d'agitation, et de s'engager dans la voie de la cessation complète de tout travail, seul moyen de conduire à l'émancipation des travailleurs. Toutefois, en octobre 1890, le congrès du Parti Ouvrier Français réuni à Lille donnera de la motion du Bouscat une interprétation restrictive: « La grève générale proprement dite, c'est-à-dire le refus concerté et simultané du travail par la totalité des travailleurs des diverses corporations, suppose et exige, pour aboutir, un état d'esprit socialiste et d'organisation ouvrière auquel n'est pas arrivé le prolétariat, sans quoi si seulement la moitié de la classe ouvrière était dès aujourd'hui capable d'une action commune, la Révolution pourrait et devrait s'accomplir. La seule grève qui dans ces conditions ne soit pas illusoire ou prématurée est celle des ouvriers de tous les pays, appuyée dans leur sortie générale de force par les ressources des corps de métier. »

Trois hommes persistent pourtant à défendre l'idée de la grève générale avec acharnement: Tortelier, A. Briand et F. Pelloutier. Tortelier, que Delesalle désigne comme « le type le plus parfait de l'orateur prolétarien » se fait le chantre de la grève générale devant les auditoires ouvriers, de même que Briand et Pelloutier font voter dans les congrès syndicaux des résolutions clairement grève-généralistes. A Tours, Pelloutier fait adopter une motion dans laquelle on peut lire « que parmi les moyens pacifiques et légaux inconsciemment accordés au parti ouvrier pour faire triompher ses légitimes aspirations, il en est un qui doit hâter la transformation économique et assurer sans réaction possible le succès du quatrième Etat; que ce moyen est la suppression universelle et simultanée de la force productive, c'est-à-dire la grève générale qui, même limitée à une période relativement restreinte, conduirait infailliblement le parti ouvrier au triomphe des revendications formulées dans son programme ». A peu de choses près, Briand reprendra les termes de cette motion au Congrès de Marseille de septembre 1892.[101]

Les oppositions s'aggraveront entre adversaires et partisans de la grève générale, ce qui conduira Pelloutier à quitter le P.O.F. et Briand à lancer une « Ligue d'Action corporative socialiste » destinée à l'agitation socialiste en vue de préparer la grève générale. A partir de ce moment les guesdistes l'emporteront au sein de la Fédération des syndicats, tandis que les partisans de la grève générale désireux de ne pas avoir recours aux méthodes politiciennnes se replieront sur la Fédération des Bourses du Travail dont Pelloutier, son secrétaire général à partir de 1895, sera à la fois l'animateur au dévouement infatigable et l'historien.

---

[101] « Considérant... que parmi les moyens légaux inconsciemment mis à la disposition des travailleurs il en est un qui habilement et publiquement interprété doit assurer la transformation économique, en faisant triompher les légitimes ambitions du prolétariat; que ce moyen est la suspension universelle, simultanée de la force productive, dans tous les métiers, c'est-à-dire la grève universelle, laquelle, même limitée à une période restreinte, conduira infailliblement le parti ouvrier au triomphe des revendications formulées dans son programme: le Congrès décide le principe de la grève universelle. »

Liée aux préoccupations relatives à l'emploi de la main d'œuvre, l'idée des Bourses du Travail datait d'une vingtaine d'années. En février 1875, le Conseil municipal de Paris avait adopté le principe de la création d'une « Bourse du travail ou au moins d'un refuge clos et couvert afin d'abriter les nombreux groupes d'ouvriers qui se réunissaient chaque matin pour l'embauchage des travaux de part et d'autre ». Le projet ne sera toutefois réalisé que onze ans plus tard. A partir du 3 février 1887, un immeuble est mis à la disposition des syndicats parisiens. Les Bourses du travail dont le nombre ira croissant (de 14 en 1892 il passera à 51 en 1898)[102] véhiculent une idéologie récusant l'Etat comme instrument d'organisation sociale et comme vecteur de progrès en raison de sa véritable finalité: la sauvegarde d'intérêts politiques superflus ou nuisibles. Quant à Pelloutier, il exalte les syndicalistes « révoltés de toutes les heures, hommes vraiment sans dieu, sans maître, sans patrie, ennemis irréconciliables de tout despotisme moral ou matériel, individuel ou collectif, c'est-à-dire des lois et des dictatures, amants passionnés de la culture de soi-même ».[103] Pellloutier ne s'est cependant pas contenté de ces professions de foi anarchistes. Tout en assignant aux Bourses du travail des objectifs concrets: assurer un service de mutualité, c'est-à-dire placer les travailleurs, les secourir contre le chômage et les accidents, il a voulu qu'elles donnent aux ouvriers des cours d'enseignement professionnel, qu'elles leur fournissent des informations et des conseils; qu'elles organisent les grèves.

Créée en 1895 au Congrès de Limoges, la Confédération générale du travail (C.G.T.) ne regroupe qu'une partie des organisations ouvrières du moment (la Fédération des Bourses n'y sera pas représentée). Les deux premiers articles de ses statuts disposent:

---

102 Voir l'ouvrage de F. Pelloutier, *Histoire des Bourses du Travail*, publié en 1901 et réédité avec la préface de Sorel en 1971 chez Gordon et Breach, Londres, Paris, New York, consacré aux Bourses.

103 F. Pelloutier, *Lettre aux anarchistes*, cité par G. Lefranc, *Le mouvement syndical sous la IIIe République*, Paris, 1967, p. 5.

« Entre les divers syndicats et groupements professionnels de syndicats d'ouvriers et d'employés des deux sexes existant en France et aux Colonies, il est créé une organisation unitaire et collective qui prend pour titre Confédération Générale du Travail ». Surtout, les statuts indiquent que « la Confédération Générale du Travail a exclusivement pour objet d'unir sur le terrain économique et dans les liens d'étroite solidarité, les travailleurs en lutte pour leur émancipation intégrale. » Le congrès interdit l'adhésion d'un groupe ne poursuivant pas d'objectifs purement professionnels, ce qui signifie que la Confédération refuse celle d'une formation mêlant action syndicale et politique. Les guesdistes combattent de telles dispositions qui doivent entraîner normalement leur mise à l'écart des mouvements syndicalistes. Finalement, la C.G.T. admet dans ses rangs: les syndicats; les Bourses du Travail, malgré les divergences; les Unions ou fédérations locales des syndicats des diverses professions ou de métiers similaires; les fédérations départementales ou régionales de syndicats; les fédérations nationales de syndicats de diverses professions; les Unions ou fédérations nationales de métiers et les syndicats nationaux; les fédérations d'industrie unissant divers branches de métiers similaires. Si bien, note G. Lefranc, que « loin d'aboutir à un plan cohérent de nature à réaliser une rationalisation de l'organisation syndicale, la Commission s'est bornée à enregistrer le chaos existant alors. Pêle mêle la C.G.T. accepte tout ».[104] Difficiles, les débuts le sont pour plusieurs raisons. Les unes tiennent à la faiblesse numérique des adhésions, l'organisation syndicale étant encore embryonnaire, les autres au fait que les cotisations ne rentrent pas.[105] En définitive la C.G.T. végète.

L'Avenir socialiste des syndicats publié dans ce contexte aura plusieurs éditions. Reproduit longtemps après dans *Matériaux d'une théorie du prolétariat* il sera précédé d'un avant-propos

---

104 G. Lefranc, *op. cit.*, p. 69.

105 Keufer, responsable de la trésorerie, révèle bientôt que sur 31 organisations devant verser leur cotisation sept n'ont donné aucun signe de vie; sept autres versé qu'un mois sur dix; treize six à sept mois; quatre organisations seulement sont à jour de leurs cotisations.

destiné à éclairer le sens des distances prises ultérieurement par Sorel à l'égard de ce texte. Pour l'instant il est indispensable de faire abstraction de ces réserves. En 1898, lors de sa parution, Sorel met en relief deux choses. Tout d'abord, que la démocratie dans laquelle les Intellectuels s'efforcent de jouer un rôle politique à la fois majeur et néfaste, constitue la négation de l'émancipation prolétarienne; ensuite qu'une telle émancipation les syndicats, en revanche, la permettent.

Les intellectuels et la révolution

La réflexion de Sorel s'ouvre sur des remarques relatives à la distinction travail intellectuel/travail manuel réalisée dans le capitalisme et au respect superstitieux de la « science » dont on cherche à convaincre le peuple pour l'amener à reconnaître la prééminence sociale de ceux qui « savent ». « La démocratie bourgeoise - écrit-il - se raccroche avec l'énergie du désespoir à la théorie des capacités et s'efforce d'utiliser le respect superstitieux que le peuple a instinctivement pour la science; elle emploie les moyens les plus charlatanesques pour rehausser son prestige, multiplie les brevets et s'efforce de transformer le moindre lettré en un mandarin; les parasites se distinguent par un enthousiasme immodéré pour la science afin de jeter de la poudre aux yeux, se mettent à la remorque de grands pontifes scientifiques, leur servent de hérauts, réclament pour eux de grasses pensions;[106] ils espèrent obtenir ainsi la considération des gens naïfs. »[107]

---

[106] Sorel en profite pour noter que jusqu'ici les grands savants - peut-être songe-t-il à Pasteur - n'avaient pas besoin de gros traitements, ni de riches installations, et que les intérêts de la science ne coïncident pas nécessairement avec les leurs et ceux des parasites intellectuels qui les accompagnent. En 1894 dans *l'Ere nouvelle*, Sorel avait déjà écrit: « Les bourgeois ont dépossédé la noblesse parce que les nobles s'étaient seulement donné la peine de naître; ils prétendent cependant que les inégalités des talents naturels doivent se traduire par des inégalités sociales plus dures que les inégalités de l'ancien régime... Au grand scandale des honnêtes gens les socialistes disent que le peuple ne doit

Le débat sur le rôle des intellectuels dans les mouvements ouvriers ne date pas des dernières années du siècle et Sorel n'en est pas l'initiateur. Ouvert sur le plan théorique par Marx et Engels eux-mêmes, il a continué lors des réunions de la première Internationale à la fin des années 1860. Le problème s'est posé à partir du moment où la révolution sociale a été moins considérée comme une exigence morale, une aspiration de l'humanité souffrante à sa libération que comme le résultat d'un processus historique. Si la révolution correspond à une exigence morale, être révolutionnaire revient à se placer par un *libre choix* aux côtés de ceux qui luttent pour les transformations sociales. Dans cette hypothèse si le choix révolutionnaire et l'appartenance à la classe ouvrière ont de grandes chances, au moins théoriquement, d'aller de pair, ils ne sont pas *liés nécessairement.*. Au contraire pourrait-on dire: l'ignorance favorise la résignation et à l'inverse l'acquisition d'un savoir rend plus sensible l'exigence morale et intellectuelle de la suppression des injustices. Dès lors, les intellectuels peuvent trouver leur place aux côtés des misérables pour changer le monde. En revanche, si la révolution apparaît le résultat d'un processus historique - même si l'action ouvrière en est une composante - le problème devient fondamentalement différent. La situation des intellectuels dans ce processus n'est plus affaire de choix. La question posée change de statut théorique, puisqu'il importe de savoir désormais si les intellectuels se trouvent dans une situation objective leur permettant d'avoir une conscience du processus révolutionnaire. A cet égard le *Manifeste communiste* ouvre un champ nouveau de réflexions mais aussi d'incertitudes, que les socialistes s'efforceront de réduire. Marx affirme que lorsque la lutte des classes « approche de l'heure décisive », la désagrégation de la classe dominante prend un carac-

---

être exploité par personne ». Et encore: « De toutes les aristocraties la plus dure, la moins accessible aux conceptions scientifiques sur la société est sans aucun doute l'aristocratie des talents; elle arrive à un degré tel de corruption intellectuelle qu'elle n'a aucun doute sur la légitimité de ses prélévements ». (cité par R. Louzon, Préface à G. Sorel, *Lettres à Paul Delesalle*, Paris, 1947, p. 22).

107 *L'avenir socialiste des syndicats*, in *Matériaux d'une théorie du prolétariat*, Paris, 3e éd., 1929.

tère si grave qu'une certaine partie d'entre elle s'en désolidarise et se rallie à la classe révolutionnaire porteuse de l'avenir. Ainsi de même qu'une partie de l'aristocratie a épousé les intérêts de la bourgeoisie au moment de la Révolution, « une partie de la bourgeoisie passe au prolétariat et en particulier ceux des idéologues bourgeois qui se sont haussés à l'intelligence théorique du mouvement général de l'histoire ».[108]

Faussement clair ce texte ouvre la porte à l'ambiguïté. Si pour ce qui concerne les « idéologues bourgeois » aucune équivoque n'existe - il ne peut s'agir que de théoriciens, type Marx/Engels - celle-ci apparaît au sujet de la fraction de la classe bourgeoise qui se rallie à la classe ouvrière et qui s'étend évidemment au delà des idéologues *stricto-sensu.* Jusqu'où cette fraction peut elle s'étendre? Contrairement à Lassalle, Marx et Engels se sont refusés à considérer la bourgeoisie comme une seule masse réactionnaire. Mais cela suffit-il pour admettre, parmi les ralliés légitimes, la petite bourgeoisie intellectuelle qui choisit délibérement la Révolution? Sur ce point le mépris nourri par Marx et Engels à l'égard de la bohème intel-lectuelle doit être rappelé. A Bakounine qui se félicite d'avoir trouvé en Italie « une jeunesse ardente énergique, sans carrière et sans issue » lancée à corps perdu dans le socialisme révolutionnaire, Marx réplique: « Les prétendues sections de l'Internationale italienne sont conduites par des avocats sans causes, des médecins sans malades et sans science, des étudiants de billards, des commis voyageurs et autres employés de commerce et principalement des journalistes de la petite presse. C'est en s'emparant des postes officiels des sections que l'Alliance parvient à forcer les ouvriers italiens de passer par les mains des déclassés, qui dans l'Internationale retrouveraient une carrière et une issue. »[109] Quant à Engels, il effectue dans un article consacré à l'histoire du christianisme primitif un parallèle entre l'attirance pour le christianisme des victimes de l'effondrement du monde romain, et celle qu'exerce le mouvement ouvrier sur les déclassés de toute sorte. « Vers le parti

---

108 Marx, *Oeuvres*, I , *Economie*, Paris, Gallimard, « Pléiade », p. 171.

109 Cité par Hubert Lagardelle, « Les intellectuels et le socialisme ouvrier », *Mouvement socialiste*, 1907, p. 223.

ouvrier de tous les pays affluent tous les éléments n'ayant plus rien à espérer du monde officiel ou qui y sont brûlés - tels que les adversaires de la vaccination, les végétariens, les antivivisectionnistes, les partisans de la méthode des simples, les prédicateurs des congrégations dissidentes dont les ouailles ont pris le large, les inventeurs malheureux ou ratés, les victimes de réels ou imaginaires passe droits, les imbéciles honnêtes et les imposteurs malhonnêtes. »[110]

Les débats au sein du Conseil Central de l'A.I.T. témoignent aussi de manière parfaitement claire des sentiments de Marx. En son absence, le Conseil Central rédige en juin 1866 une adresse « aux étudiants de Paris, aux étudiants et aux jeunes hommes de tous les pays...» Débordante de bons sentiments, elle fait appel de manière grandiloquente au cœur des étudiants en médecine qui voient à l'hôpital la souffrance des travailleurs « seule récompense d'une vie pleine de fatigue et de travail », aux étudiants en droit qui connais-sent les entraves mises par les lois à l'organisation ouvrière, aux étudiants en philosophie affranchis par leurs études de toute superstition, et on y trouve ce morceau d'anthologie. « Vous nous enseignerez la science et nous vous apprendrons les mystères du travail. Nous nous connaîtrons mieux et nous aimerons davantage. » Les étudiants étaient par ailleurs invités à cimenter une alliance avec les ouvriers sous le patronage historique d'Anacharsis Cloots, l'orateur du genre humain. Marx exprimera dans une lettre du 20 juin 1866 adressée à Engels son mécontentement d'un tel galimatias. Peut-être pourra-t-on en minimiser la portée, n'y voir qu'une réaction d'humeur passagère et considérer que Marx n'a jamais attaché une grande importance à cette question. En effet, lorsque le problème de l'adhésion des intellectuels à l'Internationale sera posé par certains délégués français au congrès de Genève en 1866, les délégués anglais et les allemands, parmi lesquels Eccarius, qui pouvait être considéré comme le porte parole de Marx et le défenseur des thèses du Conseil général, se prononceront contre l'exclusion des « ouvriers de la pensée ». Mais la discrétion

110 *Le Devenir Social*, 1895, p. 32.

de Marx à ce sujet relève de l'embarras davantage que du désintérêt. Une attitude plus claire de sa part l'aurait placé dans une situation inconfortable. Si pour certains, il n'aurait eu aucune peine à se faire reconnaître comme « un idéologue qui s'est haussé à l'intelli-gence théorique du mouvement de l'histoire », d'autres en revanche auraient pu être tentés de le confondre avec ces intellectuels déclassés attirés par le monde ouvrier, pour lesquels il affichait un si grand mépris.

ésolu quelque peu à la sauvette au sein des instances de l'Internationale, dans l'ambiguité et sans faire véritablement l'objet d'une réflexion théorique, le problème de la place des intellectuels dans le mouvement ouvrier va ressurgir à la fin du siècle en raison du développement du socialisme, notamment en Allemagne. C'est Kautsky, inquiet des tensions au sein du parti social démocrate provoquées par les Jeunes et sans doute aiguillonné par les craintes émises par Engels peu de temps avant sa mort,[111] qui amorcera une réflexion théorique sérieuse publiée dans le *Devenir Social* en 1895. Il est nécessaire de s'y arrêter, car Sorel, dans *l'Avenir socialiste des syndicats*, abordera le même problème.

a réflexion sur le rôle des intellectuels au sein de la social-démocratie allemande s'imposait pour des raisons spécifiques. Malgré un révolutionnarisme verbal, la stratégie du parti était exclusivement électoraliste et parlementaire, éloignée de toute perspective de conquête du pouvoir par la violence, ce qui le contraignait à ne pas limiter sa propagande à la classe ouvrière *stricto sensu* mais à l'étendre aux paysans et à tenter de conquérir l'*Intelligenz*, c'est-à-dire les avocats, les magistrats, les profes-

111 Le point de vue d'Engels ne sera divulgué dans la presse socialiste que plusieurs années après sa mort, par l'intermédiaire du journal *Le socialiste* du 24 novembre1900. Il est brutal: « Depuis deux ou trois ans une foule d'étudiants, littérateurs et autre jeunes bourgeois déclassés s'est lancée dans le parti, est venue juste à temps dans le parti pour occuper la plupart des places de rédaction dans les nouveaux journaux qui pullulent et comme d'habitude considèrent l'Université bourgeoise comme une sorte de Saint-Cyr socialiste qui leur donne le droit d'entrée dans les rangs du parti avec le brevet d'officier. »

seurs, les ingénieurs et plus généralement tous ceux qui avaient reçu une instruction quelque peu développée.[112] Comme Marx et Engels étaient eux-mêmes des intellectuels Kautsky dans son étude considère d'emblée dénuée de tout intérêt la question - pourtant fondamentale - relative à l'entrée des intellectuels dans le parti. « La question n'est pas de savoir si la démocratie socialiste voit avec plaisir des membres de l'*Intelligenz* venir dans ses rangs. Cette question est déja tranchée dans le *Manifeste des communistes*, comme aussi par le fait que les fondateurs de la démocratie socialiste étaient membres de cette classe. Pour la démocratie socialiste, sont les bienvenus tous ceux qui acceptent ses théories et prennent part à la lutte pour l'émancipation, de quelque classe qu'ils viennent. L'opinion que la cause des salariés ne peut être bien représentée que par des salariés, n'est soutenue que par la partie la plus arriérée du prolétariat, celle qui est encore enfermée dans un étroit esprit de caste. »[113] Confronté par ailleurs au problème de la rémunération des « lettrés », seuls capables de faire paraître les journaux du parti - mais s'était-on préoccupé se savoir si les petits diplômés étaient seuls capables de faire fonctionner un journal? - Kautsky sans doute conscient de la difficulté l'écarte... en lui refusant le statut de question théorique. A ses yeux, n'existe aucun inconvénient à rémunérer les « intellectuels » du parti de manière plus large que les ouvriers employés par lui à des tâches manuelles, sauf à considérer le niveau des ressources du parti. Faibles, l'économie sur les salaires des rédacteurs s'impose, plus confortables elles permettent dans l'intérêt même du parti de faire à ses « ouvriers intellectuels » une condition sociale correspondant à la vie d'un petit bourgeois et non pas d'un véritable prolétaire. « Ce n'est que là où ces conditions sont réalisées qu'ils pourront déployer toute leur activité et donner la mesure qu'ils peuvent. »[114] La justification de ce propos que Marx, qui a très souvent vécu dans la misère aurait sans doute qualifié de « philistin » est claire: comme

---

[112] Voir sur ce point Kautsky, « Le socialisme et les carrières libérales », *Le Devenir Social*, n°2, 1895, p. 106.

[113] *Ibid.*, p. 107.

[114] *Ibid.*, p. 105.

les classes dominantes dans leur lutte emploient les meilleures forces intellectuelles et les dotent des armes les meilleures, le parti prolétarien doit donner à ses propres intellectuels des conditions de vie les plaçant sur un pied d'égalité avec les bourgeois. Certes, Kautsky admet que dans ce combat les socialistes ont l'avantage de « la logique des faits » et d'une théorie meilleure; en revanche, il considère que pour ne pas être en état d'infériorité vis à vis de leurs adversaires, le parti ne doit pas marchander aux intellectuels socialistes ce dont ils ont besoin pour vivre, c'est-à-dire « *ce surplus qui permet les longs travaux et les met à même de réunir des matériaux, ce qui les place dans des conditions égales à celles de leurs adversaires* ».

Peu convaincante, cette analyse invite à penser que pour Kautsky, la lutte révolutionnaire n'est plus qu'une affaire d'intellectuels de bords opposés qui ferraillent les uns contre les autres, tout en demeurant confortablement installés dans la vie bourgeoise. Quel rapport cela a-t-il avec le mouvement révolutionnaire mené par les ouvriers à partir du développement des forces productives? Que devient la lutte des classes, si on en cherche la manifestation la plus notoire dans une bataille d'idées à travers la presse et les brochures? Sans doute Kautsky s'est-il aperçu lui-même de la dérive théorique correspondant à de tels propos, car il tente de se placer de nouveau sur un terrain marxiste en s'interrogeant sur l'existence d'intérêts communs entre l'*Intelligenz* et le prolétariat. L'argumentaire de Kautsky ne manque pas sur ce point de pertinence, même si les conclusions paraissent fragiles en raison d'une excessive abstraction. Résumée cursivement sa thèse est la suivante. Antérieurement au capitalisme, la classe dominante assure par l'intermédiaire d'une partie de ses membres les fonctions intellectuelles liées à l'exploitation. Avec le capitalisme, l'exploitation devient en quelque sorte l'occupation exclusive des exploiteurs, et les tâches intellectuelles sont désormais déléguées à des hommes non directement intéressés à celle-ci (ingénieurs, savants, etc.). Par ailleurs, le développement de la bureaucratie exige un personnel spécifique, tandis que le journalisme étend son influence et que d'une manière générale la complexité croissante de la société favorise les conflits juridiques et contribue ainsi à l'augmentation du nombre des hommes de lois. Dans un autre domaine, le mode de production capitaliste en restreignant les loisirs tue l'art populaire et le remplace « par un art payé, professionnel ». Là se trouve - selon Kautsky - la raison de la croissance de l'*Intelligenz* en tant que catégorie sociale. Quant à la réponse donnée à la question de l'origine de ses membres elle est simple: l'*Intelligenz* est issue des classes dominantes qui y versent volontiers leur surplus d'effectif en s'attribuant les places les plus intéressantes, mais aussi de la petite bourgeoisie et de la paysannerie dont une fraction, pour éviter la prolétarisation, fait un effort afin de permettre à ses enfants d'y accéder, encore qu'à une place en règle générale plus modeste. Se forme ainsi une nouvelle classe moyenne nombreuse, qui ne trouve pas nécessairement des emplois à la mesure de ses ambitions, sinon de ses talents, de sorte que son mécontentement a tendance à croître avec son propre développement. « L'augmentation de l'*Intelligenz* et l'augmentation de son mécontentement sont - écrit Kautsky - les deux moments les plus importants qui fournissent à la démocratie socialiste l'occasion de fixer son attention sur cette classe. »[115] Bien entendu, cela ne suffit pas pour rapprocher les intérêts de l'*Intelligenz* de ceux du prolétariat; et c'est avec lucidité que Kautsky fait observer que dans une société connaissant des dysfonctionnements, le mécontentement est transverse, et que toutes les classes peuvent avoir des intérêts temporaires communs. Ce qui toutefois à ses yeux distingue de ce point de vue l'*Intelligenz* des autres classes, c'est qu'elle peut avoir des intérêts communs plus larges avec le prolétariat.[116] Certes, comme il ne s'agit pas d'une classe au sens où Marx utilise ce terme et que ses membres appartiennent à des catégories diverses et hétérogènes, Kautsky insiste sur le fait que la dissemblance des situations condamne leurs membres à des affrontements inévitables (comment par exemple y

---

[115] *Le Devenir Social*, 1895, p. 112.

[116] « Il n'y a que cette partie de la population dont les intérêts essentiels vitaux sont aussi ceux du prolétariat qui peut, si on fait appel à ses intérêts de classe, fournir des adhérents sûrs à la démocratie socialiste » (*Id.*, p. 113).

aurait-il convergence *durable* d'intérêts entre un grand professeur de médecine et un médecin de campagne?). Chaque profession forme une hiérarchie au sein de laquelle chaque individu ne cherche qu'à monter dans la classe supérieure « dévoré par le désir d'arriver aux dépens de ses collègues ». Eloigne aussi les Intellectuels du prolétariat le fait de se trouver dans une situation privilégiée qu'ils s'efforcent de maintenir au moyen de pratiques malthusiennes, alors que le prolétariat cherche au contraire à supprimer tous les privilèges et souhaite la « surproduction des gens instruits » par la diffusion de l'instruction. Considérée dans cette perspective, l'*Intelligenz* ne peut se rallier en bloc à la classe ouvrière. Cela ne signifie pas pour autant que les sociaux-démocrates doivent renoncer à toute propagande dans ces milieux puisqu'au moins une partie de ces intellectuels ont tendance à se prolétariser et à connaître les mêmes problèmes que les ouvriers.

Si l'essentiel de son argumentation - dans leur ensemble les intellectuels ont des intérêts éclatés et de toute manière divergents de ceux des ouvriers, mais certains d'entre eux se prolétarisent et peuvent être sensibles à la propagande social-démocrate - est loin d'être dénuée de fondement, Kautsky se donne vraiment la partie belle pour l'étayer en choisissant l'exemple des typographes menacés dans leur compétence professionnelle par l'apparition de nouvelles technologies, en feignant d'oublier que s'ils possédent en raison même de leur activité une formation intellectuelle supérieure à celle des autres ouvriers, ils doivent être considérés comme des ouvriers et non pas comme des « ouvriers de la pensée ». De plus, Kautsky s'appuie sur des hypothèses psychologiques assez hasardeuses concernant le désintéressement des intellectuels qui porterait ceux-ci tout naturellement vers une idéologie socialisante même si ce n'est pas « le socialisme révolutionnaire que professent nos poètes nos peintres, nos savants et nos journalistes dans leurs salons, au café ou dans leurs ateliers ».[117] Finalement, payés par le Capital pour défendre l'exploitation, les intellectuels se retrouvent dans une situation telle qu'au moins en principe « ils ont

---

[117]*Ibid.*, p. 268.

la possibilité de s'élever au dessus de l'esprit borné des classes, au dessus des intérêts du moment pour comprendre et représenter les intérêts de la société tout entière ». Concernant les étudiants, les jugements de Kautsky ne manquent cependant pas de prudence. A la différence de Marx qui ne parlait que des « étudiants de billard » pour les brocarder, Kautsky a plutôt en vue les autres, les « sérieux », ceux qui fréquentent les amphithéâtres. Encore sans activité professionnelle, ceux-ci ont une manière de voir moins troublée par les intérêts matériels - mais est ce bien certain? - de sorte qu'ils peuvent être assez facilement gagnés aux idéaux de la social-démocratie. Toutefois, ce qui peut les en rapprocher à ce moment de leur vie risque de les en éloigner au moment d'embrasser une profession. La prudence à leur égard est donc de règle. Faut-il pour autant se priver d'hommes qui peuvent être utiles à l'élaboration de travaux théoriques? Kautsky ne le pense pas et estime que le risque couru par la social-démocratie est faible dans la mesure où celle ci est « déjà trop puissante et trop autonome pour qu'un mouvement socialiste d'étudiants puisse être autre chose qu'une annexe, prise à la remorque et qui s'ensable dès qu'elle essaie d'avoir une direction propre ».[118]

Les idées relatives aux intellectuels contenues dans cet article constituent l'*alpha* et l'*oméga* de la pensée socialiste sur ce point. Tempéré par quelques formules de prudence, l'optimisme à courte vue qui l'imprègne, s'explique par l'absence de crainte de voir dans ce fort mouvement qu'est la social-démocratie allemande les intellectuels occuper le devant de la scène.

La position de Sorel s'écarte fortement de celle de Kautsky, même si dans *l'Avenir...* il ne rejette pas totalement l'idée de l'emploi des intellectuels par le syndicalisme. Incontestablement - et cela sera vrai aussi pour Hubert Lagardelle et Edouard Berth qui publieront ultérieurement articles et livres[119] sur le même problème - son hostilité à leur égard trouve son origine chez Proudhon, qui,

---

118 *Ibid.*, p. 273.

119 A la veille de la guerre Berth publiera un ouvrage au titre significatif: *Les méfaits des Intellectuels*, préfacé par Sorel.

dans *la Justice dans la Révolution et dans l'Eglise,* lance de véritables anathèmes contre les « femmelins ». Pour apprécier le caractère néfaste de la contamination du mouvement ouvrier par les intellectuels, Sorel prend en considération le paramètre de son développement. Or, si Kautsky ne s'inquiétait pas de l'influence des intellectuels sur le socialisme allemand en raison de la puissance de son organisation, Sorel insiste sur la faiblesse et la division du mouvement socialiste français, d'autant plus grave que la France, à la différence de l'Allemagne, est un pays démocratique. Dans une démocratie la conquête du pouvoir passe par les compétitions électorales. Les plus aptes à s'y engager et à l'emporter sont ceux qui disposent de l'agilité verbale et réussissent à convaincre les électeurs de leur savoir et de leur compétence, c'est-à-dire les intellectuels. Le constat effectué est loin d'être inexact. Dans les premières années de la IIIe République, le personnel politique se recrute dans ce que l'on pourrait appeler les professions libérales et intellectuelles (avocats, professeurs, journalistes). Il serait aisé de citer des noms d'hommes politiques exerçant une profession libérale dans des conditions sociales caractérisées par l'aisance financière (Jules Ferry) ou bien encore attendant la fortune de la politique, tel le futur Président de la Chambre des députés et Président du Conseil, Charles Dupuy, qui avait exercé auparavant la profession d'huissier. Le lien entre démocratie et suprématie politique des intellectuels souligné par Sorel n'est nullement imaginaire. Or, la révolution sociale a pour objet de supprimer la grande distinction, *summa divisio* du capitalisme, entre le travail intellectuel et le travail manuel et de remettre ainsi en question les intérêts professionnels des intellectuels. Dans la société future en effet - pour une fois Sorel est pris involontairement aux séductions de l'utopie - les intellectuels n'auront pas d'occupation très prenante. Les maladies régresseront, sans doute en raison de la nouvelle harmonie sociale, si bien que les médecins auront moins de patients; les litiges seront aussi moins nombreux, donc il y aura moins de procès pour occuper juges et avocats; la grande industrie supprimera les postes de beaucoup d'employés supérieurs, nombreux dans les entreprises capitalistes en raison de la nécessité dans laquelle se trouvent les actionnaires importants de placer leur « clientèle ». Une meilleure organisation de l'encadrement permettra aussi de réduire le nombre des cadres.

Cela peut paraître enfantin, et surprenant de la part de Sorel, toujours prêt à rompre des lances avec les naïfs faiseurs de systèmes, mais il ne faut pas perdre de vue qu'à son époque les études rationnelles relatives à l'organisation des entreprises n'existent pas encore et qu'ingénieur des Ponts et Chaussées, il avait été en mesure de constater ici et là bien des dysfonctionnements dus au clientélisme; de même l'élévation du niveau de la moralité contribuera à la diminution de la population pénale et donc du nombre du personnel de surveillance[120] (mais s'agit il là d'intellectuels?). Ainsi, les intérêts des intellectuels seront remis en cause par la Révolution sociale. Parfaitement conscients de cela, ceux-ci s'efforcent de tirer leur épingle du jeu en se faisant admettre comme un « prolétariat intellectuel » qui se « faufile dans les rangs du prolétariat industriel », décrit par Sorel d'une manière totalement négative, voisine de celle de Marx et d'Engels: « Ils se rattachent à la petite bourgeoisie et s'efforcent d'entraîner le socialisme dans des voies favorables à leurs intérêts; on pourrait encore les rapprocher des Romains de la décadence (si différents de nos prolétaires, vivant aux frais de la société, tandis que la société moderne vit au frais du prolétariat). »[121] Ces pseudo-prolétaires font tout pour préserver leurs intérêts spécifiques. Une telle idée éloigne Sorel de Kautsky dans la mesure où il écarte toute possibilité de convergence d'intérêts entre ouvriers et intellectuels, d'autant plus que le terrain de prédilection des seconds et leur véritable vocation consiste dans l'exploitation de la politique et le parasitage de l'Etat. Comment imaginer alors un seul instant qu'ils contribueront à scier la branche sur laquelle ils sont assis? « Il ne faut pas leur parler de supprimer les formes traditionnelles de l'Etat, écrit Sorel; c'est en quoi leur idéal si révolutionnaire qu'ils puisse paraître aux bonnes gens est réactionnaire. Ils veulent persuader les ouvriers que leur

---

120 *L'Avenir socialiste des syndicats*, *op. cit.*, p. 96.
121 *Ibid.*, p. 97.

intérêt est de les porter au pouvoir et d'accepter la hiérarchie des capacités qui met les travailleurs sous la direction des hommes politiques. »[122] La conscience exacte de leurs propres intérêts doit conduire les ouvriers à écarter les intellectuels de leurs organisations ou à tout le moins à leur y interdire toute responsabilité. « Les syndicaux se révoltent; et ce n'est pas sans raison; ils sentent bien que si l'ouvrier accepte le commandement de gens étrangers à la corporation productive, il restera toujours incapable de se gouverner, qu'il restera soumis à une discipline externe. Le mot qu'on emploiera pourra changer, mais la chose ne changera pas: l'exploitation du travailleur continuera. » Toutefois Sorel concède - ce qu'il ne fera plus à l'époque des *Réflexions* - que les syndicats pourraient utiliser comme employés certains d'entre eux, par exemple les spécialistes de la législation qui peuvent se montrer utiles dans les conflits du travail, du moins tant que les ouvriers eux-mêmes ne possèderont pas de connaissances suffisantes dans ce domaine. Sorel ne semble pas douter un instant que les ouvriers seront en mesure de les cantonner dans leur sphère... Sans doute peut-on admettre que, s'il s'agit simplement de rémunérer des avocats-conseils, le danger d'impérialisme est faible. En revanche, si les « employés » finissent par devenir des experts dans les domaines les plus divers (économique notamment) les ouvriers risquent de voir, comme dans toutes les organisations, l'expert prendre le pas sur le militant et se substituer à lui dans les processus décisionnels. Plus tard, R. Michels montrera, dans un ouvrage devenu classique consacré aux partis politiques, que les organisations complexes sont condam-nées à être dirigées par une oligarchie bureaucratique. Sorel à cette époque n'effectue pas encore ce constat pourtant essentiel. De manière en revanche plus pertinente, il évoque un autre rôle que les intellectuels pourraient jouer: contribuer à saper le prestige de la culture bourgeoise. Tous ceux qui ne sont pas des ratés envieux des facilités de la vie bourgeoise sont appelés par lui à « nier la pensée bourgeoise de manière à mettre le prolétariat en garde contre une invasion des

---

[122] *Ibid.*, p. 98.

idées ou des mœurs de la classe ennemie [car] il faut proclamer sans cesse que l'imitation de la bourgeoisie doit conduire le prolétariat à un état de dégénérescence ».[123]

Le syndicat, instrument de la révolution sociale

L'Avenir socialiste des syndicats n'est cependant pas uniquement une réflexion sur les dangers représentés par les intellectuels pour l'émancipation ouvrière. Comme le titre l'indique, Sorel se propose de montrer que le syndicat est l'instrument le plus adéquat de celle-ci. A ce propos, il est indispensable de souligner d'emblée que la lutte révolutionnaire ne se confond pas pour lui avec l'apocalypse et la destruction de la civilisation. Longuement développé dans les *Réflexions...*, ce point est déjà évoqué très clairement dans *L'Avenir...* Impossible à connaître l'issue de la révolution n'est nullement destinée à détruire les acquis de la civilisation, caractérisés par les progrès technologiques. Par conséquent, elle ne peut se confondre avec une explosion de force aveugle et régressive. Pas plus qu'elle n'aurait de sens dans une période de déclin économique et surtout en l'absence de la nécessaire préparation morale, intellectuelle, culturelle du prolétariat pour la mener à bien. « La prévision scientifique et mécanique n'appartient en aucune façon à aucune science sociale, écrit Sorel; mais il ne s'agit pas de calculer ce que deviendront telles ou telles habitudes; il s'agit de savoir si la préparation est suffisante pour que la lutte n'aboutisse pas à une destruction de la civilisation. Paul Deschanel affirmait une vérité incontestable quand, dans un discours à la Chambre des députés, il disait le 10 juillet 1897 qu'en 1789 la bourgeoisie avait accompli ce travail de préparation. Il nous faut savoir ou en est le prolétariat et déterminer les moyens qu'il emploie en ce moment pour se préparer. Les utopistes cherchaient à constituer une société parfaite; le problème est transformé. [...]

---

123 Cité par R. Louzon dans la Préface aux *Lettres à Paul Delesalle*, *op. cit.*, p. 27.

Nous allons chercher quelles sont les conséquences de l'organisation syndicale telle qu'elle est pratiquée aujourd'hui et les considérer du point de vue de la préparation. »[124] Un autre passage reprend le même thème: « Je ne pense pas que la révolution sociale puisse ressembler à une scène de l'Apocalypse. C'est dans le sein de la société capitaliste que doivent se développer, non seulement les forces productives nouvelles, mais encore les relations d'un nouvel ordre social, ce qu'on peut appeler les forces morales de l'avenir. Avant que ces forces morales aient atteint une certaine maturité, quand elles sont encore indistinctes, on vit en apparence d'après les règles du passé; mais en poussant à bout ces règles en les employant à des usages nouveaux, on les use et on les ruine petit à petit. »[125]

Une digression historique tout à fait significative concernant le christianisme primitif permet de comprendre la mission que Sorel réserve aux syndicats comme aux coopératives. Dans les articles consacrés à « la fin du paganisme », il avait déjà vu dans le christianisme un obstacle à une économie rationnelle. Cette fois, il le considére du point de vue de son organisation pour affirmer que si l'Eglise s'était bornée à n'être qu'une école philosophique elle aurait disparu, alors que l'édification sous son influence de relations juridiques nouvelles lui a permis de s'affermir. Selon Sorel l'édit de Milan constitue une véritable « révolution » dans la mesure où il officialise un ensemble de pratiques déjà fortement constituées. De même, les Barbares sont loin de lui apparaître comme des destructeurs dans l'exacte mesure où ils apportaient avec eux des « systèmes juridiques déjà assez développés pour pouvoir exercer une influence sur les institutions, notamment sur les institutions familiales ».[126] Dans le monde moderne, syndicats et coopératives peuvent être appelés à jouer ce rôle de créateur d'un système nouveau, parce que leur origine se trouve dans la classe ouvrière et qu'ils permettent de rendre tangible le prolétariat comme classe

---

124 *L'Avenir socialiste des syndicats, op. cit.,* p. 82.

125 *Ibid..*, p. 112.

126 *Ibid..*, p. 81.

pour soi. Reprenant les analyses de Marx relatives à la notion de classe, Sorel insiste sur le fait qu'une grande distance existe entre la classe *en soi* identifiable à partir de données objectives que la bourgeoisie reconnaît elle-même et la classe *pour soi* liée à la *conscience* que le prolétariat en tant que tel prend de sa mission. Or, pour passer d'un stade à l'autre, « pour transformer la masse chaotique des prolétaires en classe pour elle-même, il y a à effectuer un immense travail de décomposition et de recomposition ».[127]

Les syndicats et les coopératives sont aptes à remplir cette tâche pour plusieurs raisons. En premier lieu, parce que, coupés des objectifs politiciens de conquête de l'Etat, ils luttent contre la prépondérance des intellectuels dans la société; en second lieu, parce que du simple fait de leur existence ils transforment la nature même des règles juridiques en vigueur. Sorel en donne un exemple qui éclaire parfaitement sa pensée. Dans les codes libéraux, le droit ne considère que l'ouvrier isolé; certes, la législation ne fait plus de la coalition un délit, mais la multiplication d'un fait individuel n'en change pas le caractère. Pour les syndiqués en revanche, les choses sont différentes, « les intérêts de tous sont solidaires; nul ne peut abandonner la cause de ses camarades sans être considéré comme un traître. Ce qui caractérise la grève pour la conscience ouvrière c'est cette solidarité ».[128] Selon Sorel, la loi de 1892 concernant la conciliation présente aussi un grand intérêt, puisqu'elle permet d'abandonner le point de vue strictement individualiste et de créer un lien entre patrons et syndicats. L'accepter revient donc à reconnaître le prolétariat comme classe à travers le syndicat dont la tâche consiste à développer l'esprit de classe. Sorel, dont les arguments sont tirés de la pratique syndicale anglaise, utilise l'ouvrage de Paul de Rousiers consacré au trade-unionisme pour montrer que les syndicats combattent l'individualisme libéral dont les ouvriers sont immanquablement les victimes et contribuent ainsi à forger à la fois un nouveau droit et une

---

[127] *Ibid.*, p. 100.
[128] *Ibid.*, p. 102.

nouvelle morale. Certes, les conditions politiques de l'Angleterre y ont été particulièrement favorables, mais l'important est pour les ouvriers de voir dans le syndicat une instance nouvelle indépendante de toute organisation bourgeoise qu'il peuvent utiliser dans leurs luttes.

Le syndicat contribue aussi à élèver le niveau moral de la classe ouvrière. Formé de meilleurs éléments de celle-ci, il contraint les patrons à embaucher des syndicalistes « qui leur semblent offrir les garanties que l'on s'attend ordinairement à rencontrer chez des hommes ayant été sélectionnés par des épreuves d'ordre moral ». De sorte que les non-syndiqués ont intérêt à le devenir pour trouver plus facilement de l'embauche et donc à se mettre au diapason des travailleurs qui appartiennent déjà au syndicat. La coopération n'est pas non plus une mauvaise chose et Sorel déplore la méfiance que les marxistes éprouvent à son égard. Bien qu'elle réponde à d'autres logiques que celles du capitalisme, les marxistes y sont hostiles parce que selon eux au mieux elle ne peut fonctionner que si elle ne perturbe pas trop la logique économique dominante, et au pire elle doit échouer en raison de la faiblesse de ses moyens. En outre, ils considèrent qu'elle présente l'inconvénient de s'occuper de « menus détails d'épicerie et de boulangerie » et ainsi de perdre de vue la lutte des classes. L'argumentation a laquelle Sorel a recours montre l'importance qu'il accorde à la formation d'un prolétariat organisé, responsabilisé, compétent. Muet - sans doute parce que lui même est sceptique - sur les chances de succès des coopératives à court ou moyen terme, la coopération lui paraît néanmoins avoir l'avantage d'accroître la compétence des ouvriers en les mettant en contact avec la vie et en leur apprenant le fonctionnement de la réalité. Qu'arriverait-il si, après la révolution sociale, l'industrie désormais aux mains du prolétariat devait être dirigée par des hommes incapables seulement de mener une coopérative? S'il admet que la fondation d'une coopérative destinée à améliorer la vie matérielle de ceux qui y participent n'a rien de socialiste, il attribue à ce système le mérite d'enlever le travailleur « à la direction du boutiquier, ce grand électeur de la démocratie bourgeoise ». Outre que ce premier résultat n'est pas en lui-même négligeable, Sorel rappelle que comme toutes les institutions, les coopératives ont un caractère formel et que selon les cas elles peuvent se prêter plus ou moins à recevoir une semence socialiste, d'autant que les nouvelles organisations contribuent à modifier la psychologie collective relative à ce que l'on pourrait appeler la sélection sociale. Alors que les élites politiciennes sont constituées de gens n'ayant qu'une médiocre aptitude pour gagner leur vie par le travail, les groupements nouveaux: syndicats, organisations mutuellistes et coopératives constitués sur une base professionnelle n'ont en vue pour cette raison que des intérêts professionnels.

Par souci pédagogique, Sorel a donné une « conclusion » à *l'Avenir socialiste des syndicats*, résumant avec une grande clarté les objectifs qu'il assigne au prolétariat. Cette conclusion annonce les analyses plus amples des *Réflexions*: « Le prolétariat doit travailler à s'émanciper, dès maintenant, de toute direction qui n'est pas interne. C'est par le mouvement et l'action qu'il doit acquérir les capacités juridique et politique. La première règle de sa conduite doit être: rester exclusivement ouvrier, c'est-à-dire exclure les Intellectuels dont la direction aurait pour effet de restaurer les hiérarchies et de diviser le corps des travailleurs. [...] Le développement du prolétariat comporte une puissante discipline morale exercée sur ses membres: il peut l'exercer par ses syndicats qui sont appelés à faire disparaître toutes les formes de groupement léguées par la bourgeoisie. Pour résumer toute ma pensée en une formule je dirais que tout l'avenir du socialisme réside dans le développement autonome des syndicats ouvriers. »

***

II

Sorel et la crise du révisionnisme

Dans les développements qui précèdent, à plusieurs reprises il a été fait référence aux jugements portés par Sorel sur Marx. Jugements tranchés, dont l'argumentaire se révèle parfois sommaire. Pourtant, il est indéniable que d'emblée il a compris l'intérêt de la pensée marxienne, méprisée par les universitaires de son époque. Cette attention s'explique par deux raisons. La première tient à sa conviction qu'une science de l'économie ne peut être fondée que sur l'étude des conditions de la production matérielle, la seconde concerne la place primordiale attribuée par Marx à l'antagonisme des classes comme principe explicatif de l'histoire. A l'époque, toutefois, sa connaissance de Marx est limitée. Ignorant l'allemand, il ne peut avoir accès qu'aux rares textes marxiens publiés en français. La lecture de Sorel semble démentir cette ignorance. Parfois, il cite entre parenthèses le terme allemand correspondant à l'expression française, en observant même à l'occasion la médiocrité de la traduction, ce qui semble supposer évidemment une bonne connaissance de l'allemand. La réalité est tout autre. Lorsque Sorel sera brouillé avec Antonio Labriola, ce dernier, dans sa correspondance avec Croce, se gaussera de cette lacune. Avec davantage de tact, mais beaucoup de condescendance, Gentile fera de même. Croce, lié d'amitié avec Sorel, s'efforcera de dissuader Gentile de trop mépriser son correspondant en invoquant la sûreté de son jugement philosophique, malgré sa méconnaissance complète de l'allemand.

Sorel utilisera donc des traductions. Lesquelles? Joseph Roy avait traduit une dizaine d'années auparavant le premier Livre de *Das Kapital*, publié de 1872 à 1875. En 1882 seulement paraît une traduction du *Manifeste* par la fille de Marx, Laura Lafargue, reprise dans *l'Ere Nouvelle* en 1895. En 1883 est publié un abrégé du *Capital* agencé par G. Deville. Puis successivement: en 1886, *La Guerre civile en France*, dans *Le Socialiste;* en 1891, dans la même revue: *le 18 Brumaire de Louis Napoléon Bonaparte*; en 1895, dans *le Devenir Social*, la *Critique de la philosophie du droit de Hegel*; en 1896, *Misère de la Philosophie*; en 1899, *La Critique de l'Economie politique* et *Salaire, prix et profits.* Par conséquent le matériel dont Sorel dispose réellement apparaît limité, même si les travaux de Labriola et de Croce sur Marx s'y ajoutent.

A partir de 1897, le discours de Sorel sur Marx devient plus complexe. Il en a expliqué les raisons. Ses multiples recherches l'ont amené à repérer les lacunes du « marxisme *officiel* » (il ne dit pas *de Marx*). Courant 1897, la lecture de l'ouvrage de Saverio Merlino, *Pro e contra il socialismo*, qui proposait - à la manière de Bernstein - de reconsidérer la théorie de Marx à partir des changements économiques concrets, constituera pour lui un révélateur. Dès lors, il s'efforce de penser Marx de manière critique, selon une *Èpistémé* marxienne. « Je vis alors clairement que je devais travailler en dehors de toute combinaison ayant des attaches avec l'orthodoxie marxiste. Il me sembla que la meilleure méthode à suivre était d'essayer de corriger les illusions de l'école en examinant des phénomènes observés dans les pays que le maître avait signalés comme offrant les formes classiques de l'économie moderne. »[129] Les recherches de Sorel vont porter désormais sur la

[129] Sorel a donné quelques indications « biographiques » sur son évolution intellectuelle dans un texte paru en italien et intitulé *Confessioni*.

scientificité des concepts marxiens et tout spécialement sur la valeur. Dès mai, il publie dans *le Journal des Economistes* un article intitulé « Sur la théorie marxiste de la valeur », reproduit au mois de juin dans la revue socialiste allemande *Socialistische Monatshefte.* Cette revue publiera en septembre 1898 un autre article de Sorel, réédité par la suite en italien dans *Saggi di critica del marxismo* sous l'intitulé « Osservazioni intorno a la concezione materialista de la storia ». En juillet 1898, il avait déjà publié sur le même thème dans le *Giornale degli economisti,* « Nuovi contributi alla teoria marxista del valore ». Ces articles prennent leur source dans le débat provoqué par la publication du troisième livre du *Capital,* plusieurs économistes allemands - Sombart entre autres - s'étant interrogés sur le problème posé par la distinction, établie par Marx, entre la valeur et le prix pratiqué par le marché. Sorel donnera d'autres textes particulièrement importants soit en italien, notamment « Dove va el marxismo? », soit en français, par exemple la Préface à la traduction de l'ouvrage de Colajanni *Il socialismo.*

Mais on se trouve aussi tout au début de la querelle du révisionnisme, du *Bernsteindebatte,* auquel Sorel participera et dont il est nécessaire de rappeler l'origine politique ainsi que les grandes lignes pour comprendre le contexte intellectuel et l'esprit dans lequel se développera sa critique à l'égard du marxisme .

Le *Bernsteindebatte*

En 1890, au Congrès de Francfort, Vollmar, député au Langtag de Bavière, présente des conceptions nouvelles relatives aux problèmes agraires cadrant assez mal avec l'orthodoxie en vigueur dans la social-démocratie allemande. Bavarois, Vollmar

---

Ce texte a été publié en français sous le titre « Mes raisons du syndicalisme » et a été introduit dans l'ouvrage *Matériaux d'une théorie du prolétariat.* La citation se trouve p. 253 de la 3e édition.

était conscient que dans un pays de petite propriété foncière, catholique de surcroît, la pénétration des idées socialistes se heurterait à de grands obtacles. C'est pourquoi il propose, afin de favoriser celle-ci, d'assimiler les petits propriétaires pauvres aux prolétaires et de défendre leurs intérêts au moyen de mesures concrètes, par exemple la création d'un monopole du crédit agricole par l'Etat, la réduction des impôts sur les prêts, etc... Vollmar et les Bavarois partageant son point de vue seront rapidement accusés de déviationnisme par les socialistes prussiens confrontés à des problèmes différents (la Prusse protestante ne connaissait pas la petite mais la grande propriété aux mains des Junkers utilisant un prolétariat agricole au sens strict du terme). Théoricien officiel du parti, Kautsky défendra l'orthodoxie comme il le fera quelques années plus tard face à Bernstein. Son argumentaire est simple. Dépourvue du statut théorique de « classe » sociale, la paysannerie est étrangère au prolétariat industriel. Destinés à disparaître, les petits propriétaires livrent contre le capitalisme un combat perdu d'avance. Les socialistes n'ont rien à gagner en s'y mêlant. Le faire reviendrait à s'écarter de la ligne théorique du marxisme et à dérouter le prolétariat industriel, sans aucun profit pour le parti. Certes, dans *La question agraire* publiée en 1898, Kautsky nuance son propos en suggérant que l'Etat prenne les mesures nécessaires pour améliorer la situation des petits agriculteurs, notamment en allégeant leurs impôts, ce que proposait précisément Vollmar. Mais l'essentiel de son analyse consiste à mettre l'accent sur la tendance à la prolétarisation des petits propriétaires fonciers et sur les progrès de l'industrialisation de l'agriculture. Il estime en outre qu'avant la conquête du pouvoir le prolétariat doit se borner à concentrer ses efforts sur l'affaiblissement de l'Etat bourgeois, destiné ultérieurement à être employé utilement comme instrument de réforme. Surtout, il insiste sur le fait que la conquête de l'Etat doit être réalisée par le prolétariat en tant que classe et non par une masse de mécontents dont il ne serait que l'une des composantes. A partir de cette conception mécaniste de l'histoire, on voit mal effectivement l'intérêt dans le long terme pour la social-démocratie du soutien de classes considérées comme historiquement condamnées.

Vollmar ne se rendra pas aux raisons de Kautsky. D'une manière plus générale, il défendra l'intérêt, pour l'avenir de la société, de réformes immédiates concernant la législation du travail, la reconnaissance du droit de coalition, la réglementation des cartels, etc., l'exemple des pays industrialisés montrant selon lui l'utilité de telles réformes, obtenues avec l'appui d'autres formations politiques, pour l'amélioration de la situation du prolétariat. Condamnées officiellement, les thèses de Vollmar favorables à ce que l'on peut considérer comme un socialisme d'Etat n'en gagneront pas moins du terrain dans le parti. Ce progrès permet d'expliquer l'ampleur prise avec Bernstein dans les dernières années du siècle de la controverse ainsi amorcée.

Né en 1850, Bernstein est élu dès 1875 au comité directeur du parti social-démocrate après l'unification réalisée au Congrès de Gotha. Il avait suivi les cours de Dühring, et si l'on en croit Pierre Angel,[130] son biographe, il n'avait pas été étranger à l'audience acquise par celui-ci au sein du parti, du moins avant la fameuse réfutation d'Engels. Réfugié en Suisse après l'adoption des lois anti-socialistes, il participe à la rédaction du *Sozial-Demokrat*. Expulsé en 1888, il réside à Londres, où il devient jusqu'en 1901 le correspondant du *Vorwaerts*. Il y rencontre Engels dont l'influence essentielle dans sa formation politique peut être aisément mesurée par le nombre et l'importance des citations que l'on trouve dans les *Prémisses du socialisme* (*Voraussetzungen des Sozialismus*). Bernstein invoque très souvent Engels à l'appui de ses propres thèses, même s'il ne faut pas perdre de vue l'influence exercée sur lui par le fabianisme.[131] Les améliorations matérielles obtenues par

---

130 *Edouard Bernstein et l'évolution du socialisme allemand*, Paris, Didier, 1961, p. 47-48.

131 Bernstein y opposera un ferme démenti qu'il ne convient pas de prendre au pied de la lettre. « L'opinion répandue de différents côtés selon laquelle j'aurais été converti à mon révisionnisme par le modèle du fabianisme anglais est absolument erronée. » (P. Angel, *op. cit.*, p. 108).

le prolétariat allemand, et dans les années 1890 l'apparition d'une nouvelle classe ouvrière mieux rémunérée, dont le genre de vie se rapproche de la petite bourgeoisie, conduisent Bernstein à rompre avec l'orthodoxie. En 1897, deux ans après la mort d'Engels (dont il sera l'exécuteur testamentaire), il publie dans la *Neue Zeit* une série d'articles qui déclenchent les controverses. Dans ces articles, dont Sorel a eu connaissance par le compte-rendu qui en a été fait dans le *Devenir Social* d'avril 1898, Bernstein reproche au parti social-démocrate allemand de s'être laissé gagner par l'idée d'un prochain et facile passage du capitalisme au socialisme et d'avoir nourri l'illusion de voir la société capitaliste s'écrouler d'un bloc. Cela revenait à remettre en cause la thèse « catastrophique » de Marx relative à l'aggravation inéluctable des contradictions du capitalisme, admise par le parti, ainsi que la stratégie consistant à repousser au-delà de la révolution l'action constructive. Ces idées prendront un tour plus systématique avec *Voraussetzungen* paru en 1899 et rapidement traduit en français. A Croce, Sorel déclarera y avoir appris beaucoup de choses sur la social-démocratie allemande.

Dans ce qui est devenu un classique de l'histoire du socialisme, on trouve en premier lieu une réfutation des fondements philosophiques du marxisme. Bernstein était peu rompu aux spéculations philosophiques. Néanmoins les *Prémisses* s'ouvrent sur un examen critique du matérialisme historique réduit au passage fameux de la Préface à la *Critique de l'Economie politique,*[132] étayé

---

[132] « Dans la production sociale de leur vie - écrit Marx - les hommes contractent certains rapports déterminés, nécessaires, indépendants de leur volonté. Ces rapports de production correspondent à un certain degré de développement de leurs forces productives matérielles. L'ensemble de ces rapports de production forme la structure économique de la société, la base réelle sur laquelle s'élève une structure juridique et politique, et à laquelle répondent des formes de conscience sociale déterminées. Le mode de production de la vie matérielle conditionne la vie sociale, politique et intellectuelle. Ce n'est pas la conscience des hommes qui détermine leur existence, c'est au contraire leur existence qui détermine leur conscience. A un certain degré de leur développement, les forces productives matérielles de la société rentrent en collision avec les rapports de propriété au sein desquels elles s'étaient mues jusqu'alors, et qui n'en

par la référence à divers textes d'Engels écrits dans les dernières années de sa vie, notamment la fameuse lettre à Bloch datant de 1890 et publiée en 1895, dans laquelle l'*alter ego* de Marx attribue aux formes juridiques, aux conceptions religieuses ou politiques, une place essentielle dans la dialectique historique: « C'est Marx et moi-même partiellement qui devons porter la responsabilité du fait que parfois les jeunes donnent plus de poids qu'il ne lui est dû au côté économique. Face à nos adversaires il fallait souligner le principe essentiel nié par eux et alors nous ne trouvions pas toujours le temps, le lieu, l'occasion de donner leur place aux autres facteurs qui participent à l'action réciproque. » Puisque le marxisme ne nie pas l'interaction des facteurs idéologiques, politiques et des données économiques, comment - se demande Bernstein - parvenir à déterminer avec précision leurs influences réciproques et parvenir à isoler le **facteur prépondérant** qui demeure bien entendu l'économie? Sans doute celle-ci constitue-t-elle le terrain sur lequel l'idéologie se construit. Mais elle-même dépend de l'intervention d'une série causale extrêmement complexe. Sans apporter d'explications précises et vraiment convaincantes sur ce point, Bernstein ajoute, pour renforcer sa critique du déterminisme économique, que le degré de développement de la société atteint à la fin du XIXe siècle laisse aux facteurs moraux un « degré de liberté » plus élevé que par le passé. Si bien que le lien causal entre le développement technico-économique et les autres « instances » s'avère toujours davantage médiatisé et donc toujours plus malaisément discernable. Bernstein demeure cependant prudent. Il n'écarte que l'interpréta-

---

sont que l'expression juridique... Alors s'ouvre une ère de révolution sociale... Jamais une société n'expire avant que soit dÈveloppées toutes les forces productives qu'elle est assez large pour contenir; jamais des rapports supérieurs de production ne se mettent en place, avant que les condtions matérielles de leur existence ne soient closes dans le sein même de la vieille société... Les rapports de production bourgeois sont la dernière forme antagonique du procès social de la production... mais les forces productives qui se développent au sein de la société bourgeoise créent dans le même temps les conditions matérielles propres à résoudre cet antagonisme. Avec ce système social, c'est donc la préhistoire de la société humaine qui se clôt. » (K. Marx, *Oeuvres*, I, Pléiade, p. 273-274).

tion **mécaniste** de la conception matérialiste de l'Histoire propre à Marx, celle qui établit une relation causale univoque entre le développement technico-économique et les « superstructures », autrement dit, celle qu'il croit trouver abruptement formulée par Marx dans la Préface à la *Critique de l'Economie politique* et non pas celle que suggère Engels.

Bernstein fait aussi porter sa critique sur les concepts économiques utilisés par Marx et sur sa conception de la lutte de classes. Il n'est pas inutile pour en comprendre la portée de rappeler brièvement l'essentiel du schéma marxien. Celui-ci part d'une analyse de la marchandise, de sa valeur d'échange et de sa valeur d'usage. Si la valeur d'usage est fonction de l'utilité, la valeur d'échange apparaît - écrit Marx[133] - « comme la proportion dans laquelle des valeurs d'usage d'espèces différentes s'échangent l'une contre l'autre ». Mais ce n'est que l'apparence, car la valeur d'échange d'un produit, d'une marchandise, reste immuable « de quelque manière qu'on l'exprime en *x* cirage, en *y* soie, ou en *z* or et ainsi de suite. Elle doit donc avoir un contenu distinct de ces expressions diverses ». En réalité, la seule qualité commune à toutes les marchandises peut être ramenée « à une dépense de force humaine de travail sans égard à la forme particulière sous laquelle cette force a été dépensée ». Et dans une phrase dont la logique sur le plan du raisonnement économique est loin d'être évidente, Marx ajoute: « Le quelque chose de commun qui se montre dans le rapport d'échange ou dans la valeur d'échange des marchandises est par conséquent leur valeur; et une valeur d'usage ou un article quelconque n'a une valeur qu'autant que du travail humain est matérialisé en lui. » Quant au problème de la mesure de la valeur, Marx le résoud en affirmant que la valeur correspond au *quantum* de travail et que le travail lui-même a pour mesure sa durée. A quoi il ajoute que n'est employé dans la production d'une marchandise que le temps de travail socialement nécessaire en moyenne, compte tenu des procédés techniques employés. Mais, comme le dit Marx,

---

133 Marx, *Le Capital*, in *Oeuvres, op. cit.*, Livre I, Section1, p. 563.

si le capitaliste fait des bottes « ce n'est pas pour l'amour des bottes ». Il s'agit pour lui de produire une marchandise qui surpasse en valeur celle des marchandises servant à produire celle-ci. Le capitaliste veut produire une valeur, mais aussi une plus-value. Plus prosaïquement, il veut faire un gain. Marx montre à ce sujet que la plus-value ne peut être prise que sur le travail vivant, c'est à dire la force de travail. *C'est pourquoi le capitaliste doit la payer au dessous de sa valeur.* Par ailleurs, le capitalisme n'est pas immobile. Dans un système manchesterien de concurrence parfaite, celui dans lequel Marx raisonne suivant ainsi la logique des économistes classiques, il faut vendre moins cher que le concurrent, donc diminuer le plus possible le coût de production, c'est-à-dire, *soit* payer la force de travail moins cher (donc diminuer les salaires ou pour un même salaire augmenter la durée du travail), *soit* développer la productivité. Or, comme il leur est impossible de faire indéfiniment pression sur les salaires, les capitalistes sont condamnés à augmenter la productivité, c'est-à-dire à changer la composition organique du capital, en utilisant des machines plus complexes et plus performantes et en règle générale plus coûteuses. En outre, si la plus-value ne peut être prélevée que sur le capital variable, il est alors évident que le rapport entre la plus-value et l'ensemble du capital - le taux de profit - ne peut que baisser, même si le taux de la plus-value, c'est-à-dire le rapport entre la plus-value elle-même et le capital variable, est stable ou augmente. Cette tendance à la baisse du taux de profit explique la ruine des petits capitalistes, et par conséquent la concentration capitaliste. L'économie devient de plus en plus monopolisée par un petit nombre de capitalistes, en même temps qu'elle se socialise davantage en raison du progrès technique. Cette contradiction, qui se traduit sur le plan social par l'opposition bourgeoisie/prolétariat, s'exaspère jusqu'à la révolution qui entraîne le dépassement de la contradiction par la suppression de la propriété privée des moyens de production.

Bernstein critique ce schéma. La notion de travail moyen lui paraît être une abstraction, de même que la notion de valeur appliquée à une marchandise ou à une catégorie de marchandises. La plus-value lui apparaît comme une abstraction construite sur une autre abstraction. Certes, il admet la légitimité de l'emploi de ces concepts dans des économies plus rudimentaires que le capitalisme. Dans l'économie médiévale notamment, celui qui travaille pour un patron peut aisément contrôler la valeur de son produit, et par conséquent évaluer la plus-value récupérée. Dans une économie de troc les valeurs peuvent effectivement s'échanger entre elles. Tant que dure la période pré-capitaliste, la transparence des rapports entre prix et salaires peut être maintenue. Mais dès que le capital s'interpose entre producteurs et consommateurs, la valeur-travail devient un élément secondaire. Désormais les marchandises s'échangent selon un prix, constitué par l'addition du coût de production et du profit, appréciés en fonction du marché. Dès lors, la réalité doit être considérée sous un angle global: celui de la plus-value sociale, différence entre la valeur marchande de la production correspondant aux besoins exprimés par la demande et l'ensemble des coûts de production. Dans la perspective de la production perçue globalement, la valeur de chaque marchandise est déterminée par le temps de travail nécessaire, dans des conditions de production rapportées aux besoins du marché, pour la produire. Plus concrètement, la quantité de marchandise réclamée par le marché exercera une influence sur le temps de travail moyen exigé pour la produire, ne serait-ce qu'en raison du progrès technique. Or, la fluctuation du marché ne permet pas de prévoir à un moment déterminé le niveau des besoins d'une marchandise quelconque, rendant ainsi impossible la détermination de sa valeur. De surcroît, selon Bernstein, exacte ou fausse, la théorie de la plus-value ne présente guère d'intérêt. La plus-value est de l'ordre de l'empirique et en faire la théorie ne présente pas d'intérêt pour la compréhension de l'exploitation ouvrière.[134] « La théorie de la valeur permet aussi peut de juger de la justice ou de l'injustice du système de distribution des produits du travail, que la théorie atomique permet de juger de la beauté ou de la laideur d'une peinture. Tant il est vrai qu'aujourd'hui, on trouve les ouvriers les

---

134 On serait en droit de demander à Bernstein pourquoi un fait empirique n'aurait pas besoin d'explication scientifique.

mieux payés, l'aristocratie du travail, dans les industries qui ont un taux de plus-value élevé, tandis que ceux qui sont les plus honteusement exploités se trouvent dans les entreprises dont le taux de plus-value est le plus bas. »[135]

Bernstein reproche aussi à Marx d'avoir ignoré les forces contraires à la concentration capitaliste, en particulier la diffusion de l'actionnariat qu'entraîne le développement de la société anonyme. Les statistiques européennes de l'époque montrent que loin de diminuer le nombre des propriétaires du capital augmente, favorisant ainsi plutôt le renforcement du capitalisme que son déclin. L'expansion du commerce dans le monde, liée à la réduction de la durée des transports et au progrès du système de crédit, permet une adaptation à l'infini du capitalisme. Utilisant des statistiques anglaises relatives au commerce international, Bernstein conteste l'imminence de l'engorgement du marché, car - et cette observation est remarquable - à côté de son extension géographique on assiste à la création de débouchés nouveaux sur des marchés anciens. Ainsi les contradictions du capitalisme n'ont pas un caractère aussi fatal que Marx le prétendait, les données nouvelles de l'économie montrant ses capacités de résistance. La dialectique de la lutte des classes, le matérialisme historique, se révèlent erronés devant une évolution économique dont les données sont incontournables .

L'ouvrage de Bernstein contient beaucoup d'autres réflexions (sur l'Etat, la démocratie, la question coloniale) qui ne nous intéressent pas ici directement. Il s'achève par un chapitre sans lequel les analyses concernant l'évolution du capitalisme auraient sans doute été accueillies avec plus de sérénité par les sociaux-démocrates allemands. Intitulé: « Objectif final et mouvement », il porte un sous-titre à première vue ésotérique: *Kant wider cant.* Bernstein en a lui-même expliqué le sens. *Cant* est un mot anglais qui a désigné à l'origine les chants religieux des puritains et par extension de manière péjorative la « rhétorique insincère répétée machinalement, ou bien utilisée au contraire en pleine conscience de son insincérité dans un but soit politique, soit religieux ». *Kant wider*

---

135 E. Bernstein, *Prémisses...*, *op. cit.*, p. 83.

cant, c'est donc tout simplement, dans l'esprit de Bernstein, la volonté de faire appel à la rigueur intellectuelle, fût-elle dérangeante, au détriment des ritournelles idéologiques des épigones du marxisme.

Une autre formule utilisée par lui: « l'objectif du socia-lisme n'est rien et le mouvement est tout », a aussi été mal comprise. Pourtant, après avoir cité un passage de *La Guerre civile en France*, dans lequel Marx explique que sans utopie toute prête à introduire dans la société par décret populaire, la classe ouvrière doit, pour obtenir la forme de vie supérieure vers laquelle tend la société en vertu de son développement économique, affronter de longues luttes et passer par toute une série de processus économiques, Bernstein insiste sur l'identité de son propos avec celui de Marx et refuse toute interprétation accréditant l'inutilité de la détermination d'objectifs de principe pour le mouvement ouvrier. En revanche, il proclame bien haut que les théories préconçues assignant au mouvement une direction intangible et une stratégie immuable sont utopiques et entravent chaque fois son progrès théorique et pratique.[136] Bernstein, selon qui les solennelles affirmations théoriques de la social-démocratie allemande ont toujours cédé le pas à une pratique différente, tente de faire justice de l'interprétation mécaniste de la pensée de Marx à l'aide d'un argument dont la fortune historique sera grande. Si le dernier passage du Livre I du *Capital*, dans lequel se trouvent les idées relatives à l'effondrement du capitalisme, ainsi que le *Manifeste*, semblent autoriser à prendre la thèse de l'aggravation inéluctable des contradictions du capitalisme au pied de la lettre, cela résulte seulement du mélange de la forme scientifique donnée par Marx à sa pensée et du résidu d'utopisme qui y demeure. « Son œuvre veut être - écrit Bernstein - une analyse scientifique pour démontrer une thèse déjà adoptée auparavant; elle se fonde sur un schéma dont le résultat auquel devait conduire le raisonnement est acquis d'avance. Le retour au *Manifeste communiste* révèle ici un résidu d'utopisme dans le système marxiste. Marx avait en substance accepté les

---

136 *Ibid.*, p. 247.

solutions des utopistes, mais il en avait jugé insuffisants les arguments. Il s'est donc mis à leur révision, avec l'assiduité, la rigueur critique et l'amour de la vérité propre au savant de génie. »[137] Bernstein en vient ainsi à mettre en doute le caractère authentiquement scientifique de la démarche de Marx, qui aurait en réalité consisté à conforter des présupposés idéologiques par des justifications rationnelles. Cette critique n'affecte cependant pas son adhésion au socialisme, puisqu'il ne lie pas celle-ci à un processus historique considéré comme nécessaire (quoiqu'en réalité idéaliste) mais aux luttes prolétariennes. C'est pourquoi, demeurant socialiste, il se sent autorisé à réclamer de la part des sociaux-démocrates une plus grande rigueur intellectuelle dans l'examen de l'évolution de la société capitaliste, moins de conformisme idéologique et en même temps davantage de volontarisme réformateur. Il ne s'agit nullement pour lui de remplacer le matérialisme marxiste par l'idéalisme kantien, ce qui n'aurait d'ailleurs guère de sens, mais uniquement de ne pas s'acharner (contre toute évidence) à vouloir faire entrer les réalités dans des cadres idéologiques inadéquats.[138] Le fameux retour à Kant ne consiste nullement dans une adhésion au kantisme, mais dans le souhait d'une attention plus soutenue à l'égard des faits et d'une plus grande rigueur dans leur analyse. « Aujourd'hui - écrit Bernstein en concluant son ouvrage - le mouvement ouvrier a besoin, à côté des esprits militants, d'esprits en mesure de mettre de l'ordre et d'opérer des synthèses, doués d'une vision suffisamment élevée pour savoir

---

[137] *Ibid*, p. 255.

[138] « Les accès de colère que j'ai pu susciter chez Plekahnov n'ont fait que renforcer ma conviction que la social-démocratie a besoin d'un Kant qui soumette la scolastique traditionnelle à l'examen rigoureux de la critique; un Kant qui nous montre que le matérialisme apparent de cette scolastique constitue la plus subtile idéologie, que le mépris de l'idéal et l'exaltation des facteurs matériels est une illusion qui est d'ailleurs révélée à tout instant par ceux mêmes qui les proclament; un esprit qui avec une rigueur convaincante précise ce qui est digne de survivre et ce qui est mort dans l'œuvre des grands précurseurs (...). Aucun juge impartial ne peut nier que sous cet aspect la critique socialiste s'est révélée faible et a montré les côtés négatifs d'une génération d'épigones. » (*Ibid.*, p. 266).

distinguer le grain de son enveloppe, et d'un esprit suffisamment vaste pour reconnaître la petite plante poussée sur un terrain différent du leur - des hommes qui sans doute ne sont pas des rois, mais des républicains ardents dans le domaine de la pensée socialiste. ».

Les échos du révisionnisme en Italie

Si l'Allemagne a été le terrain privilégié de la critique de l'orthodoxie marxiste, l'Italie sera aussi touchée par la vague révisionniste. C'est ainsi que Saverio Merlino publie en 1897 *Pro e contra il socialismo* qui rend un son proche de celui des écrits de Bernstein dans la *Neue Zeit.* Sans faire de lui un révisionniste, puisqu'il s'élèvera au contraire à partir de 1898 contre toute affirmation relative à une « crise du marxisme », Antonio Labriola présentera aussi dans la dernière décennie du XIXe siècle une conception du matérialisme historique proche des idées exprimées par Engels à la fin de sa vie, consistant à ne faire de l'économie que le facteur déterminant *en dernière instance.* Dans l'*Essai sur le matérialisme historique* publié dans *le Devenir Social,* Labriola admet que l'économie est le fondement du devenir historique et que les contradictions du capitalisme doivent entraîner la révolution socialiste, autrement dit, qu'il existe une nécessité historique. Mais à la différence des « orthodoxes », il ne pense pas qu'elle soit en mesure de tout expliquer. Le matérialisme historique demeure toutefois - à condition de ne pas oublier le lien *dialectique* entre économie et processus historique - comme une méthode sûre de compréhension des changements sociaux. Dans le débat sur le marxisme en Italie, la place de Benedetto Croce, élève de Labriola, bien qu'importante, est très différente. Lui-même affirmera qu'il eut en lisant l'article consaré au *Manifeste* le sentiment d'une « révélation imprévue »[139] et qu'à partir de ce moment il se mit à l'étude de Marx. Dès 1896, Croce parvient à la conclusion

---

[139] G. B. Furiozzi, *op. cit.,* p. 26.

que le matérialisme historique est philosophiquement contestable à la fois comme matérialisme et comme philosophie de l'histoire. Loin pourtant de le rejetter dans son intégralité, il le considère utile pour l'historiographie à condition de n'y voir, selon sa propre expression, qu'un schéma explicatif empirique (*canone d'interpretazione*), ce qui signifie qu'une démarche juste en matière historique impose la prise en compte de l'économie. Il développera cette idée en mai 1896 dans un mémoire communiqué à l'Académie de Naples intitulé: *Sulla forma scientifica del materialismo storico* et, à l'automne de la même année, adresse à Sorel pour le *Devenir Social* un article critiquant les conceptions mécanistes d'Achille Loria concernant la stricte dépendance des pratiques sociales à l'égard des forces de production.[140]

L'apport de Sorel au débat

C'est dans ce contexte intellectuel, allemand et italien, que Sorel apporte sa pierre à l'édifice révisionniste. Il publie plusieurs articles sur ce thème tant dans les revues françaises qu'italiennes. Notamment, dans un article intitulé: « Bernstein et Kautsky », il analyse les thèmes essentiels des *Prémisses...* et la réplique de Kautsky: *Le marxisme et son critique Bernstein.* Sa contribution consiste non seulement dans la critique de la « scientificité » des concepts économiques utilisés par Marx, notamment celui de valeur, mais aussi (se situant dans la ligne des conceptions déjà exposées dans son « Etude sur Vico »), dans la dénonciation du dogmatisme des marxistes auxquels il reproche de trouver dans l'œuvre de Marx un fatalisme historique, en réalité absent.

Sorel s'attaque en premier lieu au concept de la valeur-travail. Selon lui, l'insuffisance théorique de Marx sur ce point tient à sa méconnaissance des autres sociétés et à une étude trop exclusive-

---

140 *Ibid*, p. 32.

ment centrée sur le capitalisme européen. Son erreur a consisté à faire du concept de valeur le fondement d'une théorie générale permettant d'expliquer toute sorte de changements économiques, à travers le temps et l'espace. Une meilleure attention apportée à l'examen des autres sociétés lui aurait permis de ne pas voir dans la valeur-travail la forme naturelle et universelle de toute production, dans la mesure où il n'aurait pu alors ignorer la spécificité au sein de ces sociétés « de la forme valeur, puis de la forme marchandise et à un degré plus développé de la forme argent, de la forme capital ».[141] Sorel reproche aussi à Marx d'avoir estimé impossible d'isoler les facteurs pour atteindre l'explication de caractère économique, de ne pas avoir procédé à ce qu'il appellera dans les *Réflexions* une **diremption,** et d'être demeuré fidèle à la doctrine de l'unicité, c'est-à-dire, si on le comprend bien, aux explications globalisantes étrangères à toute démarche véritablement scientifique. Il n'hésite pas à étayer sa critique par un raisonnement à peu de chose près inintelligible, dicté, comme il s'en fera le reproche ultérieurement, par des réminiscences hégéliennes: Marx aurait eu le tort d'expliquer les diverses sphères (!!!) de la théorie du *Capital*, en disant qu'elles diffèrent (seulement) les unes des autres par « la multiplicité croissante des éléments » (!?) alors qu'en réalité chacune d'entre elles « forme un système capitaliste complet présentant tous les caractères marquants de la production capitaliste. On doit considérer les divers systèmes comme des mécanismes de figures variées, mais réalisant des résultats analogues: on peut dire que l'un quelconque dessine l'esprit général des phénomènes ».[142] On ignore ce que Pareto, qui aimait brocarder les obscurités rocailleuses de Hegel, a pu penser à la lecture d'un tel charabia. Toutefois Sorel, manifestement incapable ici d'exprimer clairement sa pensée et sans doute conscient de cette faiblesse, se rapproche de l'intelligibilité lorsqu'il considère la théorie de la valeur-travail comme un postulat et non une donnée scientifique vérifiée, et les rapports établis par Marx entre la plus-

141 «Sur la théorie marxiste de la valeur», *Journal des Economistes*, mai 1897, p. 224.

142 *Ibid.*, p. 226.

value et le profit comme une hypothèse, exigée par les besoins de la démonstration, dans la mesure ou son objectif est d'élaborer une théorie pure, permettant d'éliminer tous les paramètres non économiques et d' « expliquer le profit sans admettre aucun brigandage ». Raisonnant ainsi, Marx se condamne à ne considérer qu'un cas particulier, car le profit ne se forme pas exclusivement de cette manière. « Faute d'avoir pu justifier sa supposition fondamentale Marx ne peut passer sûrement de la théorie abstraite de la valeur et de la plus value aux phénomènes: il peut seulement apporter des éclaircissements dans une certaine mesure mais d'une manière éloignée. On pourrait contester qu'il puisse jamais expliquer au sens scientifique du mot. »[143] Sorel refuse donc d'accorder une validité universelle au schéma marxien de la formation du profit sans pour autant le récuser comme instrument méthodologique appliqué à des cas particuliers.[144] Cela le conduit à borner le *Capital* à un travail d'économie théorique construit autour de l'hypothèse de la concurrence parfaite dans laquelle les échanges s'effectuent selon des principes exclusivement économiques. En admettant les hypothèses de la production des marchandises à partir d'instruments standardisés et de l'égalité des travailleurs, en éliminant en outre tous les paramètres autres qu'économiques, on peut aboutir à l'établissement d'un lien théorique entre la valeur et le temps de production. Mais il est impossible d'en déduire des lois générales. Il devient donc indispensable de « se livrer à une discussion subtile de chaque cas particulier pour savoir dans quelles limites les explications tirées du *Capital* sont valables ». Chaque situation

143 *Ibid.*, p. 227-228.

144 Ce qui l'amène à dénoncer l'imprudence des socialistes qui prennent « pour des théorèmes absolus et certains des moyens d'éclaircissement, d'interprétation, dont la valeur ne peut être préjugée de manière générale » (*Id.*, p. 228). Sorel écrit: « Il n'y a pas chez Marx de vraie théorie de la valeur, dans le sens que l'on donne communément à ce mot, mais une théorie de l'équilibre économique réduite au cas d'une société prodigieusement simplifiée. » (« Bernstein et Kautsky », in *Revue internationale de sociologie*, 1900, reproduit dans *Saggi di critica del marxis*mo, Palerme, Sandron, 1903, p. 270). J'utilise le texte italien.

économique peut sans doute être analysée à partir des hypothèses marxiennes, mais celles-ci ne seront certainement pas confirmées dans tous les cas. « Toute la théorie de la valeur et de la plus-value se réduit à une série de considérations très simples sur l'économie d'une époque éloignée de nous de presque quarante ans. » A partir de là, influencé par Croce, Sorel estime aventureux de s'engager dans des recherches en matière économique armé de l'appareil conceptuel de Marx et nécessaire en revanche de se tourner vers les nouvelles orientations de l'économie pure.

Ainsi Sorel accomplit-il une véritable volte-face. De 1893 à 1895, il « croit » que la théorie de Marx - qu'il connaît d'ailleurs mal - constitue l'*alpha* et l'*omega* de toute recherche de caractère scientifique en économie. Désormais, ce n'est plus le cas et il s'efforce, à l'aide d'arguments (parfois obscurs) d'établir les limites de la scientificité des concepts marxiens. La mise en cause de la valeur-travail ne consiste cependant nullement dans une condamnation sans appel des travaux de Marx. Sorel se borne à exprimer le souhait de voir donner aux concepts marxiens un tour plus scientifique. A ce sujet, il propose une explication de l'inachèvement du *Capital*, qui présente moins d'intérêt en elle-même que pour la compréhension des préoccupations théoriques de Sorel. Marx aurait parfaitement compris les difficultés présentées par l'élaboration de son système théorique et pour cette raison interrompu son travail afin de s'initier à l'économie mathématique, en particulier aux travaux de Stanley Jevons. L'explication suggérée est sans doute hasardeuse, mais elle témoigne en tout cas de la préoccupation majeure de Sorel: l'élaboration d'une théorie économique scientifique.

Cette volonté de donner à la théorie de Marx un tour scientifique le conduira par ailleurs à marquer son hostilité à la « dialectique ». « Plus on étudiera Marx - écrit-il - plus on éprouvera de peine à bien comprendre les véritables rapports qui existent entre lui et Hegel et Feuerbach. Vous avez très bien vu que ces rapports ne sont pas aussi simples qu'on le croit d'ordinaire; les formules par lesquelles Marx a marqué sa position sont très obscures; mais ce qui me semble surtout obscur c'est la méthode dialectique: on parle de cela comme d'une chose très facile à comprendre et plus je vois, moins je comprends. Je suppose que si l'on étudiait de près la *Sainte Famille*, on arriverait à se rendre compte de ce que Marx entendait par là; je désespère de comprendre ce que veut dire Engels, qui emploie la forme dialectique dans plusieurs sens. Je crois bien que, pour lui, c'était à peu près un rythme analogue à ceux qu'avaient signalés avant lui bien des philosophes. [...] Je ne pense pas que cela fût cela pour Marx; mais je crois que Marx n'a jamais cherché à préciser sa pensée sur ce point. Ne conviendrait-il pas de supprimer cette expression: la dialectique, et tout ce qui se rapporte à la négation de la négation, dans la mesure où il ne s'agit que d'une imitation de style qui nuit à l'aspect scientifique de la pensée marxienne. D'où la nécessité de traduire Marx dans une langue philosophique moderne faute de quoi son œuvre ne pourra être considérée que comme une mythologie fondée sur les “ maladies du langage”. »[145] Dans la Préface à l'ouvrage de Colajanni: *Il socialismo*, citant Labriola pour qui la dialectique se proposait de traduire un rythme de pensée exprimant plus généralement celui de la réalité, il affirme en citant des exemples tirés de *l'Anti-Dühring*, qu'Engels n'hésite pas parfois en guise de raisonnement philosophique à se placer au niveau des jeux de mots et ajoute que l'on peut fort bien se passer de ces amusettes. « Malgré l'importance que lui attribuent les admirateurs d'Engels - écrit-il - je crois que cette dialectique n'a rien à faire avec le marxisme. »[146] Toutefois, Sorel ne cherche pas à accabler Marx lui-même et il montre à l'occasion des repentirs. Dans un article publié en 1898 dans le *Giornale degli economisti*, Sorel attire l'attention de son lecteur sur une erreur d'interprétation commise par lui dans *le Devenir social* d'octobre1897 au sujet de la méthode de Marx.[147] La référence aux « sphères » destinées à permettre

---

[145] Lettre à B. Croce, 27 décembre 1897, in *La Critica*, XXV, 1927, p. 52. Cette lettre essentielle a été aussi publiée dans *La Critique sociale*, Mars 1931, p. 12.

[146] in *Matériaux*, *op. cit.*, p. 182-183.

[147] Sorel d'ailleurs en commet lui-même une puisque le seul article de lui dans *le Devenir Social* d'Octobre est le compte-rendu du livre de Merlino

l'explication des structures économiques complexes par le recours à la plus simple, qui constituait pour lui une démarche scientifiquement erronée de la part de Marx, serait moins importante qu'il ne l'avait jugé. Elle aurait été dûe simplement au fait que travaillant sur le problème de la valeur, Marx avait voulu réagir contre le mépris dans lequel Hegel était tenu.et avait utilisé son langage (!!!). « Il me semble - écrit Sorel -que je me suis trompé et que l'expérimentation idéale de Marx n'avait pas le but que je lui avais assigné et qu'elle ne tendait pas à atteindre une explication totale des phénomènes économiques au moyen de la complexité croissance de leurs combinaisons. »[148] Ainsi Marx lui-même aurait été conscient de la limitation du champ d'application de ses concepts théoriques.

*

Dans son « Etude sur Vico », Sorel avait clairement indiqué sa conception de la science: pour être fructueuse la démarche scientifique ne pouvait s'appliquer qu'à des « séquences » limitées. Le long commentaire critique consacré à l'ouvrage de S. Merlino, *Pro e contro il socialismo,* et l'article intitulé « Bernstein et Kautsky », paru tout d'abord en 1900 dans la *Revue internationale de sociologie* puis édité en italien en 1903 dans *Saggi di critica del marxismo,* montre encore plus clairement les réserves de Sorel non pas à l'égard de Marx à proprement parler, mais des interprétations globalisantes, unilatérales, de sa pensée par des exégètes abusifs.[149] Alors que Marx a compris la notion de mode de produc-

---

Pro e contro il socialismo qui ne traite pas de cela. Il s'agit en fait d'un article paru dans le *Journal des Economistes.*

148 Cité dans *Democrazia e rivoluzione*, Editore Riuniti, 1975, p. 49. Il s'agit d'un recueil de textes présenté par Annamaria Andreasi.

149 Dans cet article Sorel voit dans Bernstein un homme lucide qui perçoit clairement l'évolution de la société. En revanche, de manière surprenante, quant on connaît la pensée de Kautsky, il fait de celui-ci une sorte de conservateur rural et anti-moderne. « Kautsky - écrit-il - est un Allemand du sud, un provincial plein de bonnes intentions, imprégné de romans pastoraux (*romanzi pastorali).* Il a des paroles dures pour la société moderne qui gaspille pour suivre les changements de la mode;

tion de manière « large », ceux-ci l'ont entendue pour leur part dans un sens trop étroit, aboutissant à ramener toute l'histoire à « une conception seulement mathématique de fonctions d'une variable, qui serait le coefficient du progrès technologique! Marx a eu la même mauvaise fortune - ajoute-t-il - que son maître Hegel: sa manière de formuler a permis de lui attribuer toutes sortes de sottises.[150] Il n'est pas davantage possible de lui attribuer, comme le font ses disciples, la croyance à un déterminisme complet et à des lois historiques fatales conduisant à une philosophie de l'histoire prédictive. Selon Sorel, l'histoire est toute entière dans le passé. « Il n'existe - écrit-il - aucun moyen de la transformer en une combinaison logique, permettant de prévoir l'avenir. Tout ce que nous disons de l'avenir est pure hypothèse », même si de telles hypothèses sont utiles pour fournir des bases à notre activité. Il se montrera encore plus clair en affirmant l'impossibilité de « faire porter une discussion scientifique sur des tendances, entendues ici dans le sens qu'on leur donne d'ordinaire - c'est-à-dire sur *des prolongements bien définis dans l'avenir de mouvements mal définis dans le présent* ». [151] Désormais, la critique sorélienne va se développer autour de ces thèmes. Plus vaste que celle consacrée aux concepts économiques théoriques de Marx, et selon un axe précis: Marx aurait eu des ambitions plus modestes que celles qui lui sont attribuées généralement; non seulement il n'aurait pas voulu dégager des lois générales de l'économie, mais il aurait

---

sans doute pleure-t-il le bon vieux temps, où chacun conservait toute la vie l'habit de noces et déplore-t-il la continuelle extension des grandes villes et les travaux municipaux qui s'y accomplissent [...]. Il accuse notre époque de manie révolutionnaire parce que rien n'y demeure stable. Un conservateur ne parlerait pas autrement. Kautsky voudrait une industrie hautement productrice, mais amputée des conditions psychologiques qui lui assureraient des débouchés et des conditions démographiques et technologiques qui lui permettraient d'exister et de se développer. » (« Bernstein et Kautsky », in *Saggi...*, *op. cit.*, p. 321). Il s'agit vraiment d'une charge! Au fond le révolutionnaire est un vrai conservateur!!!

[150] « Pro e contro il socialismo», *Le Devenir social*, octobre 1897, p. 64.

[151] *Ibid*, p. 875. Sorel écrit aussi: « la division de la société en deux classes ne traduit plus assez exactement les faits: c'est un symbolisme usé ».(p. 878).

cherché plus simplement à fournir des éclaircissements partiels et indirects sur le fonctionnement de celle-ci, se gardant de toute prédiction sur l'avenir. Ses disciples portent la responsabilité exclusive de l'interprétation dogmatique dominante. La Préface à l'édition française de l'ouvrage de Merlino (*Formes et essence et socialisme*) illustre clairement cette façon de voir. Sorel y explique que Marx a raisonné à la manière des physiciens qui formulant une loi donnent une expression abstraite à des combinaisons de forces et a cherché comme eux à décrire un mécanisme - celui de la lutte des classes - traduisant les changements sociaux produits par le choc des volontés humaines. Un tel procédé, parfaitement légitime, n'a pas été totalement couronné de succès en raison de la mauvaise information de Marx et des maladresses de son exposition. Les esprits dogmatiques se sont engouffrés par la suite dans ces failles.

Au sujet de la documentation employée par Marx, Sorel croit pouvoir affirmer que le philosophe allemand ignorait les travaux érudits sur l'Antiquité (en particulier sur l'économie) et ne connaissait dans ce domaine que Niebuhr et Mommsen; que sur la France médiévale il ne connaissait que Monteil, « ce qui est évidemment trop peu »; que si sur l'Angleterre son information peut sembler meilleure, ses sources auraient eu besoin d'être « examinées et épurées ». Il se fait même perfide: un seul document original utilisé par Marx et encore « sous l'angle du fait divers ». Surtout, il reproche à ce dernier de prendre pour argent comptant les appréciations favorables se trouvant dans les travaux émanant de la bourgeoisie et d'avoir utilisé sans méfiance les travaux parlementaires. « Je ne crois pas - écrit-il à ce propos - que les documents parlementaires méritent une grande confiance; les enquêtes ne réunissent que des faits mis en relief dans le but de prouver une thèse favorable aux intérêts et aux passions des destinataires; en choisissant donc parmi eux avec art il est possible d'en tirer des conclusions à la fois diverses et disparates. » Marx aurait ainsi considéré comme acquis de manière absolue « tous les faits favorables à ses idées qu'il découvre dans ces bazars. Désormais nous savons très bien évaluer cette marchandise ». Si l'information de Marx est défectueuse son expression est en outre parfois maladroite. Sorel rappelle à titre d'exemple une phrase concernant le travail mort, qui semblable au vampire ne s'anime et prospère qu'en suçant le travail vivant. Réminiscence littéraire tirée de l'Odyssée, si l'on en croit Sorel, cette formule signifie seulement que le capitaliste cherche la meilleure utilisation de ses machines en leur fournissant une main d'œuvre humaine adaptée. Or, si Marx n'a sans doute pas attaché une grande importance à cette envolée poétique, ses élèves y ont vu - à tort évidemment - « un je ne sais quel profond mystère ». Peu importe de quels élèves il s'agit (Kautsky sans doute, plus sûrement Lafargue, le Grand Gendre comme il le désignera dans une lettre à Lagardelle): l'essentiel est pour lui de dénoncer les interprétations fantaisistes tirées de Marx, favorisées par les défauts de son mode d'exposition qui l'on conduit à mêler fréquemment déductions métaphysiques et descriptions historiques, et l'ont ainsi condamné à prendre pour des démonstrations « ce qu'il avait seulement constaté ». Ajoutons que, selon Sorel, Marx a présenté la classe ouvrière de manière excessivement schématique, très éloignée de la réalité, dans la mesure où l'horizon psychique qu'il lui attribue « est trop pauvre, sa vie excessivement rudimentaire, plus instinctive qu'intellectuelle, et son niveau de vie exprimé uniquement par la valeur de la force de travail payée comme une marchandise.[152] Tout cela a favorisé de la part des disciples les simplifications ultérieures largement diffusées.

Même s'il ne considère pas les analyses de Marx totalement arbitraires et historiquement abusives, Sorel y voit des abstractions métaphysiques impuissantes à fournir l'explication d'une réalité infiniment plus riche. Sans doute Marx a-t-il observé avec une grande pertinence la situation du prolétariat anglais (malgré les insuffisances de son information). Ses développements correspondent - écrit Sorel - « aux dures conditions du prolétariat industriel au début de ce siècle; d'autre part le maintien d'une

---

152 Plus tard H. de Man, dans *Au delà du marxisme*, déplorera aussi, quoique dans des termes différents, les insuffisances psychologiques de la pensée marxienne.

classe ouvrière en état de produire a toujours fait partie des soucis du législateur; en Angleterre la loi sur les céréales a été abolie pour permettre aux ouvriers du coton de vivre avec leurs maigres salaires et l'on a fait des règlements sur les industries pour empêcher la dégénescence dont la race semblait menacée. Ainsi les abstractions dont nous parlons trouvent leur justification historique dans la société que Marx étudiait ».[153] Mais il a eu l'imprudence d'en tirer des abstractions présentées de telle manière que par la suite elles seront considérées comme des « lois » économiques régissant toute société capitaliste, voire toute société économique. « On voit clairement quelle énorme erreur font ceux qui prennent des thèses métaphysiques pour des recherches sur les lois de la nature: il suffit d'avoir constaté que le niveau de vie était à peu près constant et que la classe ouvrière se reproduisait assez normalement pour pouvoir passer de cette approximation au concept d'une valeur déterminée de la force de travail; la métaphysique transforme l'approximation en absolu, et celui qui ne sait comment utiliser l'instrument métaphysique croira pouvoir l'appliquer de manière absolue dans le monde des phénomènes, comme une loi imposée par la raison. »[154] C'est le cas de Kautsky. Celui-ci considère que « le grand mérite de Marx et d'Engels est d'avoir avec un plus grand succès que leur prédécesseur (il s'agit de Hegel) fait entrer les faits historiques dans le domaine des faits nécessaires et d'avoir ainsi élevé l'histoire à la hauteur de la science ».[155] Une telle manière de comprendre Marx a favorisé - selon Sorel - l'interprétation déviante du matérialisme historique dont le premier responsable est Engels. « Il me paraît certain qu'Engels a plus d'une fois fait dévier l'interprétation vraiment scientifique de la pensée de Marx; il me paraît que cela tient à ce qu'Engels n'avait qu'une préparation philosophique générale, celle de l'enseignement secondaire. [...] Il a beaucoup contribué à lancer le matérialisme dans la voie de l'évolutionnisme et à en faire une dogmatique absolue fondée sur des constatations

---

153 *Democrazia e rivoluzione, op. cit.*, p. 53.

154 *Ibid.*, p. 54.

155 Cité par Sorel dans « Bernstein et Kautsky », in *Saggi*... p. 278.

empiriques peu critiques: c'est ainsi qu'il a introduit la notion de facteur décisif, [...] qu'il a exposé l'histoire comme une évolution fatale, qu'il a brouillé les idées des socialistes avec ses hypothèses empruntées à Morgan, hypothèses qui n'ont aucun intérêt et qui sont en contradiction avec ce qu'on sait de plus exact sur les institutions primitives. [..] Plus d'une fois il a été ainsi amené à formuler des paradoxes que les marxistes ont transformé en dogmes indiscutables. »[156]

Quoique moindre fretin, les vulgarisateurs français de Marx sont aussi pris en flagrant délit d'ignorance ou même de sottise. Ainsi Gabriel Deville et Paul Lafargue. Le premier, pour qui la caracté-risation par les archéologues des périodes préhistoriques, à partir d'éléments *matériels* jugés primordiaux (le bronze, la pierre taillée etc.) constitue la confirmation du matérialisme historique, ce qui, selon Sorel, revient à oublier que dans le passage du *Capital* où il souligne la nécessité pour comprendre l'histoire d'étudier les instruments de production, Marx se borne à rappeler la typologie des anthropologues et ne va pas plus avant. « Il serait difficile de caractériser des époques disparues autrement que par les objets qu'elles nous ont laissés; mais quand on dispose de moyens subsidiaires de renseignement, il est logique d'en tenir compte: personne ne pense par exemple aujourd'hui trouver suffisant de définir un peuple sauvage en disant qu'il est à l'âge de bronze ou de la pierre taillée. »[157] Le second, pour avoir osé affirmer que quelle que soit la région du globe, chaque mode de production se développe selon un mouvement particulier sans être affecté par le climat, la race ou le passé historique, de sorte que le développement économique d'un pays est l'image même de l'avenir pour un autre moins avancé économiquement. C'était là pourtant reprendre simplement la lettre d'une argumentation de Marx qui avait écrit: « J'étudie dans cet ouvrage [il s'agit du *Capital*] le mode de production capitaliste et les rapports de production et d'échange qui

---

156 Lettre à Benedetto Croce, 27 décembre 1897, *La Critique sociale*, mars 1931, p. 12.
157 *Democrazia e rivoluzione*, *op. cit.*, p. 65.

lui correspondent. L'Angleterre est le lieu classique de cette production. Voilà pourquoi j'emprunte à ce pays les faits et les exemples principaux qui servent d'illustration au développement de mes théories. Si le lecteur allemand se permettait un mouvement d'épaules pharisaïque à propos de l'état des ouvriers anglais industriels et agricoles, ou se berçait de l'idée optimiste que les choses sont loin d'aller aussi mal en Allemagne, je serais obligé de lui crier: *De te fabula narratur.* »[158] Sorel estime que Lafargue se trompe radicalement lorsqu'il attribue à Marx l'objectif de formuler les lois du développement capitaliste, alors qu'il ne s'est (à titre d'exemple) nullement soucié d'effectuer des comparaisons entre la France et la Grande-Bretagne. Certes, chacun sait que Lafargue désespérait son beau-père par ses simplifications théoriques, mais bien que ses affirmations ne trouvent leur source que dans la Préface de la *Critique de l'Economie politique*, on peut se demander si cette fois ce n'est pas Sorel lui-même qui refuse, du moins à propos de certains textes, l'évidence. Peut-être, sceptique sur le sérieux du « marxisme » français, s'est-il seulement refusé à lui emboîter le pas, pour éviter de rendre Marx responsable de propositions considérées par lui (et par Croce) comme étant à la limite de l'intelligibilité. Cela peut aussi expliquer pourquoi, afin de mieux accabler Lafargue, il crédite parfois Marx de subtilités de pensée, de nuances, difficiles à trouver dans les textes. Une telle démarche présente aussi l'intérêt de le laver totalement du penchant dogmatique, *idéaliste* au sens sorélien, dont se montrent coupables à ses yeux les « exégètes ».

---

158 Préface à la première édition du *Capital*, in *Oeuvres*, I, p. 548. Marx avait ajouté qu'il ne s'agissait pas d'étudier des antagonismes sociaux plus ou moins développés, mais les tendances qui se manifestent et se réalisent avec une nécessité de fer si bien que la connaissance de la situation du pays économiquement le plus avancé est particulièrement utile pour les autres. « Lors même qu'une société est arrivée à découvrir la piste de la loi naturelle qui préside à son mouvement - et le but final de cet ouvrage est de dévoiler la loi économique du mouvement de la société moderne - elle ne peut ni dépasser d'un saut ni abolir par des décrets les phases de son développement naturel; mais elle peut abréger la période de la gestation et adoucir les maux de leur enfantement. » (*Ibid.*, p. 550).

Absous du péché « scientiste », de ce que Sorel appellera plus tard « la petite science », dont ses disciples sont coupables, Marx n'échappe pas à sa critique au sujet de ses formulations approximatives. Il n'aurait pas subi l'assaut d'interprètes simplistes s'il avait lui-même formulé sa pensée de manière plus précise. A l'encontre de ceux qui fondent leur conception du matérialisme historique sur la Préface à la *Critique de l'Economie Politique* et le passage célèbre consacré aux rapports entre l'être et la conscience, Sorel souligne que la nature même de la dépendance postulée manque de précision. De quelle manière le « matériel » (il s'agit de sa propre expression) détermine-t-il la conscience de l'individu? Comment forces de production et rapports de production entrent-ils en conflit? Ne doit-on pas considérer qu'il ne s'agit là que de l'exposition *symbolique* d'un conflit qui ne traduit en rien la manière réelle dont s'opère le mouvement révolutionnaire?[159] Sorel affirme que contrairement aux conclusions que pourrait suggérer la Préface de la *Critique de l'Economie politique*, la révolution ne peut pas avoir été comprise par Marx comme un phénomène naturel, qu'en outre ce texte, qui ne fait pas référence aux conflits réels, ne peut se lire que par référence au *Manifeste*, qui place au premier plan « l'existence de groupes humains entrant en conflit». Ainsi, alors que les marxistes officiels font de la Préface (considérée en elle-même) l'un des fondements de leur interprétation de Marx, il en réduit la portée à la présentation des conditions matérielles de la révolution. On perçoit ainsi aisément l'enjeu qui se profile derrière les controverses sur les « imprécisions » sémantiques de Marx. Si la révolution est un phénomène naturel, comme Engels l'affirme dans une lettre adressée à Marx en février 1851, tous les optimismes plus ou moins béats sont justifiés pourvu qu'ils demeurent assortis du maintien du vocabulaire révolutionnaire. Plusieurs textes de Sorel parus soit dans les revues françaises, soit dans les revues italiennes, ont cherché à disculper Marx de cette erreur

---

[159] « Costruzione del sistema della storia secondo Marx », *Riforma sociale*, juillet 1900, p. 662.

fondamentale (tout en déplorant qu'il n'ait pas pris garde aux risques liés à sa formulation) pour en rejetter toute la responsabilité sur les disciples et épigones (dont Engels). Leur erreur est d'avoir effectué une lecture de Marx à travers un hégélianisme de bazar postulant dans l'histoire l'existence d'un fil conducteur d'une rationalité obscure mais certaine. Pour Sorel, leur erreur est encore plus grande que celle des hégéliens qui, plus modestes, ne lisent la rationalité que dans l'histoire *accomplie* tandis qu'eux projettent une rationalité toute faite dans l'histoire *à venir.* « Quant on raisonne comme Engels et M. Lafargue, écrit fortement Sorel, on admet que l'histoire se fait pour satisfaire les exigences de notre logique: on est idéaliste au sens hégélien. » Citant Lafargue qui avait écrit que l'arrêt de mort du salariat était signé et que les prolétaires avaient la mission de l'exécuter, Sorel commente en ces termes: « Ainsi l'histoire est d'abord commandée par la logique immanente des concepts et les arrêts de la logique s'exécutent parce qu'ils se trouve en même temps une force capable de transformer la société et des gens ayant intérêt à le faire dans le sens voulu par la logique. »[160]

Sorel insiste sur le fait que toute prétention à la formulation de lois de l'histoire, ou à la détermination d'un ordre qui présenterait le caractère de la nécessité relève de l'idéalisme dans lequel sont tombés les disciples de Marx qui ont oublié qu'un mécanisme social est caractérisé par sa variabilité, pour à l'inverse affirmer bien haut (à tort) « que le mécanisme continuerait à exister qualitativement tel que Marx l'avait décrit et que ses éléments se modifieraient quantitativement d'une manière uniforme en suivant la loi empirique constatée d'une manière partielle au début de la grande industrie. Ces deux propositions sont indémontrables scientifiquement. »[161] Raisonnant de cette manière, les « marxistes » sortent de la science pour entrer dans le domaine de l'utopie sociale. Sans doute Marx pourrait-il être considéré responsable de cet état de choses si l'on

---

[160] « Y a t-il de l'utopie dans le marxisme? », *Revue de métaphysique et de morale*, mars 1899, p. 167.
[161] *Ibid.*, p. 159.

devait accorder la même importance scientifique à tous ses écrits. Mais il n'en est rien. D'accord avec Sombart sur ce point, Sorel refuse de le faire en demandant qu'une distinction soit opérée entre la part essentielle et la part accidentelle de son œuvre, cette dernière correspondant aux perspectives de révolution à la veille de 1848.[162] Ainsi, destiné à des hommes d'action, le *Manifeste communiste* est inévitablement tout imprégné d'idéalisme. A l'appui de son affirmation, Sorel cite deux textes: un passage du *Manifeste* dans lequel Marx explique que les rapports féodaux, faisant obstacle au développement des forces productives, devaient être détruits, et un autre sur le même thème tiré de *Misère de la pilosophie* où il affirme que pour ne pas être privé des fruits de la civilisation et des forces productives acquises il est indispensable de marginaliser les formes économiques traditionnelles. Comparant ces deux textes, Sorel leur donne une portée différente. Dans le premier, l'Histoire comme catégorie (idéaliste, hégélienne) progresse et les rapports sociaux propres à la féodalité sont détruits selon *la rationalité du développement historique*; dans le second la « marginalisation » de la féodalité est due à l'*action* de ceux qui refusent l'oppression et font valoir leurs revendications. Le « vrai » Marx est dans le deuxième texte, alors que les « épigones » ont plutôt tendance à reprendre les formules « idéalistes » contenues dans le *Manifeste.* Les raisons de ces divergences entre les deux passages cités tiennent pour Sorel au désir de Marx d'éviter au

---

162 « Marx, se croyant à la veille d'une révolution, ne se préoccupait pas en réalité de ce que deviendrait la société capitaliste trente ans après sa mort; les constatations empiriques sur l'évolution des phénomènes économiques du moment lui suffisait. L'homme d'action éprouve toujours de la répugnance à analyser ses propres idées; il ne réussit pas à établir nettement la distinction entre les hypothèses capables de convaincre et ce qui est la démonstration; peu lui importe de quelle nature est l'adhésion qu'il obtient. Les précautions inhérentes à la recherche scientifique le laissent indifférent. On peut observer que l'œuvre de Marx présente des contrastes notables dans ses diverses parties. Sa prudence est devenue grandissante à mesure que l'intelligence prenait chez lui le pas sur l'instinct révolutionnaire. » (« La necessita e el fatalismo nel marxismo », *Riforma sociale*, août 1898, in Andreasi, *op. cit.*, p. 97).

prolétariat des affrontements révolutionnaires dictés par la *seule* volonté et destinés à s'achever par une répression sanglante. Marx aurait ainsi voulu montrer dans le *Manifeste* qu'agir révolutionnairement de manière efficace exigeait la réunion de conditions qui ne dépendaient pas uniquement de la volonté et formulé cela sous la forme d'une loi de l'histoire, simplement parce qu'il estimait les conseils de prudence insuffisants. Vague et contestable son langage n'est pas satisfaisant si l'on cherche dans ses écrits l'énoncé d'une loi scientifique. En revanche, il devient parfaitement intelligible si l'on ne veut y voir que des conseils donnés aux révolutionnaires. Inutile donc de lui faire dire ce qui est absent de ses écrits. « Depuis la mort de Marx, la loi de la concentration capitaliste (qui comme la loi d'airain des salaires était empruntée par lui à la littérature économique contemporaine) se trouve toujours plus inexacte. Il ne lui serait jamais plus venu à l'esprit qu'on pourrait considérer comme éternellement vrai ce qui n'était que relations purement empiriques; mais des disciples zélés ne pouvaient se résoudre à abandonner une formule qu'ils lisaient dans l'œuvre du maître et qui leur semblait sacrée et immuable. Ils se sont imaginés que les phénomènes actuels sont purement accidentels et recouvrent superficiellement la loi naturelle de l'économie. Comment connaissaient-ils cette loi? Au moyen de la foi? A la vérité pour Marx, il ne s'agissait que de constatations grossières faites par lui sur des phénomènes qui se manifestaient autour de constatations valables seulement dans les limites de la période à laquelle il se référait. »[163]

Sorel a aussi exercé sa critique sur le concept de classe sociale. L'occasion lui en sera fournie par l'ouvrage de Colajanni *Il socialismo*, dans lequel la lutte des classes passait quelque peu au second plan. Dans la Préface qu'il donnera à la traduction française de l'ouvrage, rappellant le passage du *18 Brumaire* dans lequel Marx parle des paysans « comme d'une simple addition de grandeurs du même nom, à peu près de la même façon qu'un sac de

[163] *Id.*, p. 101.

pommes de terre », Sorel souligne l'importance de la distinction de la classe *en soi* et de la classe *pour soi* qu'il avait lui-même effectuée dans *l'Avenir socialiste des syndicats*. Selon Marx, les paysans ont des intérêts communs parce qu'ils vivent dans les mêmes conditions économiques, certes, mais ce n'est que dans ce sens qu'ils forment une classe car ils n'ont pas véritablement conscience de la communauté que crée entre eux la similitude de ces intérêts. Lorsque la classe *en soi* devient la classe *pour soi*, on serait tenté de dire qu'elle devient véritablement elle-même. Or, il s'agit là d'une abstraction, au même titre que la division dichotomique de la société affirmée par les social-démocrates comme état à venir du capitalisme en raison de la prolétarisation des classes moyennes. Une telle façon de percevoir les changements, qui ne peut se confondre avec leur réalité, constitue pour Sorel une illusion, et il rejoint sur ce point Bernstein pour qui les « classes » moyennes ne disparaissent pas. Loin d'être figées, les classes sociales sont agitées de courants divers et constituent ainsi « la principale source des contingences que l'on trouve dans l'histoire contemporaine ». Désireuse d'échafauder des théories simples, la social-démocratie veut l'ignorer. « Dans l'espoir de raisonner plus scientifiquement, les social-démocrates procèdent par abstraction: ils font disparaître le hasard et suppriment pour cela les classes moyennes. »[164] Pourtant, cette légèreté est bien éloignée de Marx lui-même. Sorel observe que dans ses ouvrages polémico-historiques, loin de réduire à une dichotomie la division sociale, il se montrait particulièrement attentif à distinguer les contours de catégories aux intérêts divergents, même si elles pouvaient se rejoindre temporairement sous la bannière d'une expression politique commune, comme sous la seconde République par exemple. Marx a observé empiriquement la division concrète des classes et rattaché leurs « opinions » (le mot est de Sorel) « aux traditions, aux habitudes de travail, aux idées morales courantes », ce qui permet de prendre conscience de leur diversité. Ce n'est qu'ensuite, au moyen d'un processus réducteur parfaitement légitime du point

---

164 In *Matériaux...*, p. 186.

de vue scientifique, qu'il cherchera à sortir d'un empirisme confus et à réduire cette diversité en construisant un schéma théorique. En effet, la multiplicité des idées animant les classes est en quelque sorte aimantée par deux pôles: la conquête des droits par les uns et la résistance des autres à cette prétention. Un passage de la *Préface* à Colajanni, d'une extrême importance pour comprendre la formation de la pensée de Sorel relative aux classes sociales, donne un éclairage très vif de sa conception de la lutte de classe étroitement liée aux exigences juridiques et morales: «Si la division dichotomique n'existe pas dans le monde réel, on la découvre dans les bases de tous les facteurs moraux des luttes historiques. Pour que ces deux contraires puissent se former, la société doit connaître une lutte pour la conquête des droits, menée au nom d'une masse considérable par des groupes novateurs qui adoptent des idées en opposition avec les idées reçues, prétendent les faire passer dans la pratique et trouvent assez d'appui dans les forces sociales réelles pour parvenir à leurs fins dans une certaine mesure. D'autre part, les conceptions conservatrices sont transformées en systèmes par des théoriciens qui leur donnent une forme beaucoup plus absolue que celle provenant de la réalité.»[165] Marx apparaît ainsi parfaitement justifié, non pour avoir décrit la réalité sociale avec la dichotomie bourgeoisie/prolétariat, ce qui n'aurait aucun sens, mais pour avoir tiré de la complexité sociale, après en avoir pris parfaitement conscience, ce que Sorel appelle « le grand conflit des idées juridiques » sous la forme de lutte entre couples antagonistes (homme libre et esclave, patricien et plébéien..., en un mot oppresseurs et opprimés).

Sorel pensait différemment de Bernstein qui croyait déceler les « ambiguités » de Marx dans la persistance de « résidus » utopiques couverts du manteau de la science. Selon lui, Marx n'a pas levé complètement les incertitudes entre la démarche scientifique et un objectif éducatif conduit à partir d'images artistiques, destiné à fournir aux ouvriers des conseils de prudence au sujet du volontarisme révolutionnaire irréfléchi, et compris ultérieurement par les

---

[165] *Id.*, p. 187.

disciples comme des lois scientifiques permettant d'expliquer les changements sociaux. « Très souvent, il [Marx] a matérialisé ses abstractions et il a exprimé ses espérances socialistes sous la forme d'une description historique, dont la valeur ne dépasse pas celle d'une image artistique destinée à nous faire assimiler une idée. »[166] Ainsi ceux qui accorderaient à une interprétation dogmatique, « littérale » de la conception marxienne des classes un crédit scientifique se tromperaient lourdement. En revanche, en la considérant comme « un produit de l'esprit, comme une image construite en vue de la formation des consciences » on donne à la pensée de Marx un impact révolutionnaire considérable. Dans la Préface pour l'ouvrage de Colajanni on trouve exprimé, sinon pour la première fois du moins avec une clarté et une force nouvelles, l'idée que la lutte de classes est une lutte entre des systèmes ou tout au moins entre des principes juridiques.

Cette idée sera reprise avec davantage de netteté dans un texte qui date de la même période, issu d'une conférence faite par Sorel au Collège des sciences sociales. Dans ce texte consacré à « l'éthique du socialisme », la lutte des classes est présentée comme un affrontement entre deux principes, deux conceptions du rôle de la loi. Ne connaissant pas partout le même développement, les caractères présentés par la lutte des classes ne sont pas aussi nettement définis dans tous les pays, par conséquent les exigences éthiques qui l'accompagnent ne sont pas identiques partout et une longue évolution est nécessaire « pour que les classes arrivent à des formes aussi avancées et soient aussi pénétrées d'idées éthiques qu'en Grande Bretagne ».[167] Quant au contenu de ces idées éthiques dont le prolétariat se trouve porteur, Sorel y place la volonté d'assurer au plus grand nombre le respect de la dignité humaine par des lois plus justes dont l'application sérieuse correspondrait à l'existence d' « une conscience morale plus affinée ».[168] Il y voit aussi la prise de conscience de l'oppression et de la nécessité de la

---

166 *Id.*, p. 188-189.

167 « L'éthique du socialisme »», in *Revue de métaphysique et de morale*, 1899, p. 287.

168 *Id.*, p. 291.

révolte contre l'Etat, ainsi que le désir de voir les générations futures plus éclairées que les précédentes sur le plan moral. Sorel évite toutefois le piège de l'idéalisme et complète son propos en affirmant que cette conscience morale n'est pas issue de la nature humaine. Par lui-même l'homme n'a pas - selon son expression - une tendance bien marquée vers le progrès moral. De sorte que la question pertinente est celle de savoir comment développer la morale dans le monde moderne.

Celle-ci est liée aux changements produits lorsque des pratiques anciennes apparaissent inacceptables au regard des circonstances nouvelles. « L'état ancien correspond à la sagesse vulgaire, à l'ordre des choses fondées seulement sur des usages sans raison, à la pratique d'un empirisme grossier; l'état nouveau étant amené par la discussion, la comparaison et manifestant la réaction désirable de la pensée réfléchie sur la matière historique. Cette manière de considérer les phénomènes joue un rôle capital dans l'histoire moderne: en effet les évolutions psychologiques de ce genre sont irréversibles, comme Vico l'avait reconnu; pour peu que nous ayons le sentiment qu'une transformation juridique s'est faite dans l'ordre naturel de la psychologie, nous n'avons pas le sentiment de la révolte et l'esprit du retour en arrière. La réforme devient intangible, parce qu'elle nous apparaît avec ce ton de sentiment particulier qui correspond à la notion vulgaire de progrès. »[169] Ainsi la révolution prolétarienne n'a nullement pour objet une mise en cause des apports de la civilisation, du moins si le prolétariat ne suit pas les mauvais bergers, c'est-à-dire la prédication des idéalistes, et ne se rue pas « à la destruction des choses séculaires » sous le prétexte de « réaliser quelque plan merveilleux élaboré dans quelques cervelles ». Trois conditions sont nécessaires pour que la révolution soit possible: en premier lieu que le prolétariat ait conscience de son rôle historique; ensuite que « l'organisation du travail par la grande industrie soit tellement adaptée aux besoins et aux conditions de la production collective que les réalités économiques » permettent le passage d'un état à un

[169] Sorel (G.), « Etude sur Vico», *Le Devenir Social,* nov. 1896, p. 933.

autre; enfin que les hiérarchies sociales déconsidérées ne soient plus que des ombres.

Le passage d'un état social à un autre est lié aux transformations juridiques ayant pour objet de faire disparaître le droit capitaliste de la même manière qu'autrefois le droit féodal a disparu par morceaux. Mais Sorel affirme que cette disparition se fera cette fois selon des modes spécifiques. A condition que le prolétariat n'ait plus en face de lui qu'une minorité impuissante, qu'en son sein même aucune forme hiérarchique « susceptible de se séparer de sa masse pour constituer une faction gouvernementale » ne puisse s'établir; que de surcroît il soit vraiment pénétré de préoccupations juridiques par les réformes antérieures, alors la révolution pourra être pacifique et constituer un progrès. Angélisme, pourrait-on dire, proche de l'idéalisme dénoncé avec vigueur. En fait, comme après lui A. Gramsci, Sorel - sans avoir recours aux lois de fer de l'Histoire - donne des leçons de prudence au prolétariat (les fameuses leçons qu'il voyait prodiguées dans certains textes de Marx) en soulignant que la révolution ne peut aboutir que si le prolétariat y est prêt et si un travail antérieur a été effectué. Nullement violence aveugle, la révolution a pour objet la destruction d'un ordre juridique ancien et la naissance d'un nouvel ordre. Elle constitue « l'effort nécessaire pour faire tomber de vieilles branches, pour donner de l'air à des créations jeunes et pleines de vie, pour assurer la victoire à des institutions ayant fait leurs preuves; elle n'est que l'anticipation sur l'unanimité qui va se former incessamment et qui rendra les réformes intangibles. »[170] Dans un premier temps il s'agit de détruire, si le moment est venu. La Révolution française dans sa première phase peut servir d'exemple parce qu'elle a ouvert la voie à une nouvelle idée de droit. Mais lancée à contre-temps, la révolution n'est qu'une violence inutile et sanglante, comme la Révolution française l'a été elle-même dans sa période conventionnelle et terroriste. Cette révolution là, Sorel la détestera, pour avoir tenté de « forcer » par le sang une société qui n'était pas mûre pour les changements qu'on

---

170 *Id.* , p. 289.

voulait lui imposer. Pour arriver à une révolution vraie on doit peu à peu se proposer « de créer ou de donner à des créations ébauchées une extension qu'elles ne pourraient prendre si on ne triomphait de la compression exercée par l'Etat traditionnel. »[171] Ces réformes doivent se faire autant que possible dans le cadre d'une légalité admise « parce qu'on respecte certaines formes de gouvernement », même si l'on peut parfois avoir recours à la violence. Vient ensuite une autre période au cours de laquelle apparaît le socialisme avec ses organisations ouvrières. C'est elle qui constitue le droit en action, l'éthique vivante. On le voit, comme les textes consacrés par Sorel à « la fin du paganisme » l'indiquaient déjà, la révolution n'est nullement une apocalypse. Dans le passé des cyclones ont pu balayer certaines sociétés. Désormais une phase légalitaire est indispensable pour préparer les nouveaux temps. Sorel est ici conscient d'un problème qu'il évacue toutefois rapidement. Est-il certain que la phase légalitaire ne sera pas considérée par beaucoup comme suffisante pour changer la société? Autrement dit, le socialisme à la Jaurès ne fera-t-il pas figure d'idéal? Si Sorel écarte cette hypothèse, c'est pour une raison fragile et pour tout dire un peu obscure. Une telle manière de concevoir les choses lui semble étroitement liée au préjugé scientifique « si longtemps prépondérant dans les écoles socialistes » consistant à penser que l'action de l'Etat (pour transformer la société) serait des plus simples et suffirait. Mais Sorel estime qu'au moment où il écrit « la superstition scientifique est fort en baisse », rendant le risque plus improbable. Certes, le positivisme était sérieusement malmené au tournant du siècle et bien réels les doutes concernant la science. Pourtant confondre ce mouvement des idées avec la croissance du scepticisme à l'égard des mérites ultimes de l'action réformatrice de l'Etat relève d'un optimisme, pour ne pas dire d'une naïveté, auxquelles Sorel n'avait pas habitué son lecteur. Avec cette pirouette on a un exemple des facilités qu'il se donne parfois pour clore une analyse qui risquerait de devenir périlleuse si elle était approfondie.

---

171 *Id.*, p. 290.

Quoi qu'il en soit, Sorel insiste sur la nécessité pour le prolétariat de prendre conscience de sa mission historique. La formule peut surprendre sous sa plume puisqu'il n'a de cesse de dénoncer les illusions métaphysiques des « lois » de l'Histoire. Au nom de quelle métaphysique, de quelle obscure « raison » de l'Histoire en effet le prolétariat se verrait-il investi d'une mission historique - faire progresser le socialisme en développant la conscience socialiste à travers des institutions socialistes - au sujet de laquelle Marx est soudain loué pour avoir donné des « indications générales excellentes »? Sorel n'apporte pas d'éclaircissements à ce sujet. Ils ne viendront qu'avec les *Réflexions*. Pour l'instant, il met en relief la nécessité pour le prolétariat de se préparer à la révolution. Pour lui comme pour Bernstein le mouvement est l'essentiel. « Peu importe - écrit-il - que le communisme vienne tôt ou tard, qu'il doive être précédé d'étapes plus ou moins nombreuses; l'essentiel est que nous sachions nous rendre compte de notre propre conduite. [...] Le régime final imaginé par les socialistes n'est pas susceptible d'être fixé à une date déterminée, par une prévision sociologique; il est dans le présent; il n'est pas en dehors de nous; il est dans notre propre cœur. »

Dans les ouvrages qui suivront, Sorel n'envisagera plus la pensée de Marx de la même manière. Loin de la rejeter cependant, il y verra un instrument pour l'action en faisant de la lutte de classes le **mythe** destiné à animer la classe ouvrière. De même, il continuera de considérer que les problèmes sociaux doivent être abordés à la manière de Marx. La formule manque de précision. On peut cependant comprendre qu'elle implique la prise en compte des phénomènes économiques et du jeu des forces à l'œuvre dans la société. Raisonner à partir des luttes, comprendre ce qui les déclenche, comment elles se structurent et se métamorphosent, voilà la méthode par excellence d'une bonne sociologie.

Plus que la coïncidence précise de leurs points de vue, c'est l'identité de leur méthode que Bernstein reconnaîtra dans une lettre qu'il adressera à Sorel en juin 1898.[172] Pour l'un comme pour

[172] Elle a été publiée en italien par Lagardelle (cf *Considerazioni politiche e filosofiche*, ETS, Pise, 1983, p. 124, et *Cahiers Sorel*, I, p. 131).

l'autre, après avoir reconnu les principes fondamentaux de la théorie, il convient d'écarter des conclusions « hâtives et simplistes », incompatibles avec la complexité de la société. Mais, à la différence de Sorel, Bernstein notait que, sans être lui-même un politicien, il était loin de rejeter la politique et n'en voyait guère la possibilité: « Je concède - écrit-il - que la lutte politique ait la tendance d'aboutir au radicalisme plutôt qu'au socialisme et plutôt à la corruption des masses qu'à leur élévation morale; mais cela n'empêche pas qu'elle soit en même temps un moyen puissant d'éducation intellectuelle et un réveilleur de la conscience publique. »[173] Il estimait cependant que les syndicats avaient aussi leurs défauts, qu'ils étaient « soumis à beaucoup d'erreurs et de séductions », et qu'en tout état de cause la vieille théorie de la catastrophe ne pouvant être admise, il convenait de se tourner vers « les organisations économiques et industrielles de la classe ouvrière dans la société actuelle. »

***

[173] *Id. ibid.*, p. 131.

III

L'Affaire Dreyfus

L'affaire Dreyfus remonte au début 1894. Depuis plusieurs mois le général Mercier, ministre de la Guerre, se trouve en butte aux critiques de l'opposition, mais aussi d'une partie de la majorité politique qui soutient le gouvernement Dupuy auquel il participe et qui a tendance à trouver le ministre à la fois léger, arrogant et maladroit. A plusieurs reprises des affaires d' espionnage au bénéfice de l'Allemagne ont éclaté et les coupables déférés à la justice. Mais lorsque le fameux bordereau subtilisé à l'ambassade d'Allemagne parvient aux responsables du contre-espionnage, l'affaire apparaît d'une tout autre importance que les précédentes, dans la mesure où il semble que l'origine de la fuite se trouve au sein même de l'Etat-Major. La recherche d'un coupable va conduire à soupçonner, puis bientôt à accuser formellement le capitaine Dreyfus, officier d'Etat-Major, alsacien d'origine juive. Joseph Reinach, dans sa monumentale *Histoire de l'Affaire Dreyfus*, a bien montré que juif, Dreyfus était le coupable rêvé pour un ministre ayant besoin de redorer son blason politique et pour des officiers humiliés de reconnaître que l'un d'entre eux avait trahi. Avec Dreyfus on avait un coupable dont les origines, dans le climat d'antisémitisme de l'époque, expliquaient tout naturellement la trahison. Sur la foi d'expertises graphologiques dont les conclusions étaient pourtant douteuses, puisque si les experts avaient admis une ressemblance entre l'écriture du bordereau et celle de Dreyfus, ils avaient aussi fait part de leur perplexité, celui-ci, au moyen de la production d'une pièce secrète dont seuls les juges auront connaissance, est condamné en décembre 1894 par un Conseil de guerre à la dégradation militaire et à la transportation en Guyane.

Cependant « l'Affaire » ne commence pas avec la condamnation de Dreyfus. Tout le monde à ce moment est persuadé de sa culpabilité. Charles Andler, dans *La vie de Lucien Herr* écrit: « On ne sait plus qu'il y a eu un temps ou Jaurès et Clémenceau regrettaient qu'on n'eut pas fusillé Dreyfus. Il fallut les convaincre un à un, les chapitrer à part, leur montrer la lumière qui commençait à filtrer, le droit humain foulé aux pieds et dès lors l'évidence du devoir. »[174] Léon Blum insistera lui aussi sur la nécessité d'en finir avec la légende d'un Jaurès dreyfusard et d'un Vaillant et d'un Guesde anti-dreyfusards. Seuls les alemanistes, dans leur journal *le Parti ouvrier*, font preuve d'hésitations, puisqu'en janvier 1895 paraît un article intitulé: « S'il disait vrai... » dans lequel est évoquée l'hypothèse du « choix » d'un coupable israélite. Les doutes ne feront réellement leur chemin qu'à partir de 1896, lorsque le frère de Dreyfus, aidé du commandant Picquart, réussit à convaincre un vice-président du Sénat, Scheurer-Kestner, de l'innocence du condamné de l'Ile du Diable. Mais « l'Affaire » ne commence véritablement qu'avec le suicide du commandant Henry, qui, convaincu d'avoir constitué un faux destiné à accabler Dreyfus et emprisonné, se donnera la mort (ou sera tué!) dans sa cellule. La mort d'Henry constitue une présomption sérieuse de l'innocence de Dreyfus. Zola publie alors dans *l'Aurore* de Clémenceau son *J'accuse* qui met en cause l'armée et l'Etat-Major. Dès lors, la campagne pour la révision prend de l'ampleur. Mais si les radicaux opportunistes convaincus de l'innocence de Dreyfus voient dans « l'Affaire » le moyen de lutter contre les cléricaux et les militaristes, les socialistes adoptent une attitude plus ambiguë. Non qu'ils continuent de croire à la culpabilité, mais parce qu'ils estiment que s'ils se lancent dans la bataille, la classe ouvrière aura de la peine à en comprendre les raisons. J. Reinach fait observer[175] que le peuple des villes ne prend pas feu et Blum affirme

---

[174] p. 148-149.

[175] *Histoire de l'Affaire Dreyfus*, III, p. 253-254.

dans ses *Souvenirs sur l'Affaire*, publiés à l'occasion de la mort de Dreyfus, qu'on ne peut rien y comprendre si l'on perd de vue qu'elle éclatait moins de huit ans après une révolution manquée (le boulangisme). Si bien qu'au moment même où *J'accuse* est publié, les socialistes adoptent un *Manifeste* dans lequel ils affirment la nécessité pour eux d'adopter une stricte position de classe: « Dreyfus appartient à la classe capitaliste, à la classe ennemie. L'affaire Dreyfus est devenue le champ clos de deux fractions rivales de la classe bourgeoise: les opportunistes et les cléricaux. Ils sont d'accord pour duper et mater la démocratie. Entre Reinach et de Mun, gardez votre liberté. »[176] Jaurès, qui signe le *Manifeste*, y apporte malgré tout un important correctif destiné à en atténuer la brutalité: « Nous pouvons dans le combat révolutionnaire garder des entrailles humaines. Nous ne sommes pas tenus pour rester dans le socialisme de nous enfuir hors de l'humanité. »[177] Lorsqu'il publiera *Les Preuves* il sera encore plus net. S'agissant de Dreyfus il écrit: « Il n'est ni un officier, ni un bourgeois, il est dépouillé par l'excès même du malheur de tout caractère de classe. Il n'est plus de ces classes dirigeantes; il n'est plus de cette armée; il est seulement un exemplaire de l'humaine souffrance. »

Le refus des socialistes de s'engager dans la bataille s'explique aisément. Les élections approchent. Elles doivent avoir lieu au début de l'année 1898. Parmi les ouvriers, la cause de Dreyfus n'est pas populaire. Dès lors axer une campagne électorale sur son innocence revient à prendre de sérieux risques électoraux. Chacun en est conscient. Certains adoptent à cet égard une attitude clairement électoraliste. C'est le cas de Millerand qui après le discours de Cavaignac, ministre de la Guerre expliquant les raisons du refus de la révision, affirme que tout est clair et que pour lui désormais l'affaire Dreyfus est terminée. Mais d'autres qui n'ont pas cette vision des choses -c'est notamment le cas de Guesde et de Vaillant - estiment que lutter aux côtés des radicaux en faveur de Dreyfus revient à risquer de voir le prolétariat se mettre à la remorque de

---

176 *Op. cit.* , III, p. 255.

177 *Ibid.* , p. 256.

politiciens comme Clémenceau. Dans ce contexte, les élections de 1898 sont effectivement un échec cuisant pour les socialistes. Malgré le quasi silence prudent sur l'Affaire lors de la campagne électorale,[178] la plupart des socialistes - et parmi eux Guesde et Jaurès - sont battus. La suite des événements montrera que la crainte des guesdistes sur les risques des compromissions était loin d'être vaine. Après la défaite électorale, dans le *Manifeste* qu'il rédigera au nom du Parti Ouvrier Français, Guesde invitera les travailleurs à se tenir en dehors de l'agitation dreyfusarde. « Libre à la bourgeoisie politicienne et littéraire de se diviser sur la culpabilité ou l'innocence d'un capitaine d'Etat-Major ou d'un commandant d'infanterie, et de s'entredéchirer au nom de la patrie, du droit, de la justice et autres mots vides de sens tant que durera la société capitaliste. C'est à ceux qui se plaignent que la justice ait été violée contre un des leurs, à venir au socialisme qui poursuit et fera la justice pour tous, et non au socialisme à aller à eux, à épouser leur querelle particulière. Nous n'avons à être ni esterhazien, ni dreyfusards, mais à rester parti de classe et ne combattant que la lutte de classe pour l'émancipation du travail et de l'humanité. »[179]

Quelle a été l'attitude de Sorel? Il est remarquable qu'au moment de la condamnation de Dreyfus on ne trouve sous sa plume ni approbation, ni critique. Tout au plus dans un texte de 1895, dans lequel il ironise principalement sur les gens appartenant aux classes aisées désireux de se pencher avec commisération sur le sort des ouvriers sans pour autant leur donner la parole (les *devoirants*), trouve-t-on une incidente vengeresse: « La devise de ces messieurs est: *patrie, devoir, liberté*; il paraît d'après la proportion, que l'amour de la patrie est la plus solide et la plus légère des chaînes, et c'est de là qu'on fera dériver tout le devoir social. Attendons-nous donc à entendre des airs de bravoure sur Pasteur, Jeanne d'Arc, et le traître Dreyfus. »[180] En février 1898, dans une lettre

---

178 Voir sur ce point Willard, *Les guesdistes*, p. 413.

179 Cité par Sorel, in *Matériaux*... p. 256.

180 « L'hypocrisie du devoir » (1895), in *Georges Sorel* , Ed. de l'Herne, *op. cit.*, p. 253.

adressée à Guglielmo Ferrero, il donnera sa version des faits, qui n'était pas pour lui nécessairement nouvelle bien qu' on ne la trouve exprimée nulle part dans ses écrits auparavant. Selon lui tout réside dans « le mystère de l'immoralité et de l'imbécillité des Etats-Majors ». Tout a dû commencer par une intrigue opposant deux officiers (sous- entendu Dreyfus et Du Paty), mince au départ mais qui a pris de l'ampleur. « Mais - ajoute Sorel, et le texte mérite d'être cité en entier - il est probable que du Paty aura été un peu loin et mis en demeure de fournir des preuves. A partir de ce moment, rien ne lui a coûté pour réussir. Pour qui connaît l'immoralité profonde de l'armée, la rage de cet homme, la fureur, l'entreprise diabolique dont parle Zola, n'ont rien que de naturel. Plus il allait, plus il compromettait de ses amis et protecteurs, plus il lui fallait réussir à tout prix. Le jour où grâce à la stupidité des grands chefs il fut allé assez loin, l'autorité de ceux-ci fut intéressée et il n'y avait plus moyen de reculer. On aurait inventé, fabriqué des pièces s'il l'avait fallu. Dans l'armée le faux est monnaie courante: il faut arriver à un but déterminé sans s'inquiéter des moyens. »[181] Sans doute Sorel se trompe-t-il en attribuant à Du Paty une importance disproportionnée à son rôle réel et ne voit-il pas l'intérêt politique de Mercier dans ces manigances. Mais il situe clairement la responsabilité au sein de l'Etat-Major. Demeurant discret, il signe néanmoins dans *l'Aurore* une protestation contre les irrégularités commises dans le procès de 1894 et les perquisitions effectuées chez Picquart, protestation dans laquelle on trouve rappelé l'intérêt de la nation tout entière au maintien des garanties légales.[182] Par la

---

181 *Ibid.,* p. 328.

182 Je reproduis ici le texte qui se trouve dans l'article fort intéressant de C. Prochasson consacré au dreyfusisme de Sorel, « Du dreyfusisme au post-dreyfusisme ». (*Georges Sorel*, Ed. de l'Herne, note 1, p. 76): « Les soussignés, frappés des irrégularités commises dans le procès Dreyfus de 1894 et du mystère qui a entouré le procès du commandent Esterhazy, persuadés d'autre part que la nation tout entière est intéressée au maintien des garanties légales, seule protection des citoyens dans un pays libre, étonnés des perquisitions faites chez le lieutenant-colonel Picquart [...] demande à la Chambre de maintenir les garanties des citoyens contre tout arbitraire. »

suite on ne verra pas Sorel se mêler aux manifestations de rues en faveur de Dreyfus. Cela ne l'empêchera pas d'être un dreyfusard convaincu, [183] en attendant ses dénonciations vigoureuses du dreyfusisme triomphant.

On a affirmé que le goût de Sorel pour les causes perdues (mais en 1898 on serait bien en peine de trouver une cause perdue pour laquelle il s'était battu!) ainsi que sa fascination pour la marginalité avaient contribué à son engagement. Il est pourtant bien inutile d'avoir recours à de telles raisons pour expliquer son attitude. Il suffit de connaître le milieu dans lequel il évoluait et aussi ses préoccupations intellectuelles. Si l'on en croit Daniel Halévy, Sorel fit la connaissance de Charles Péguy en 1898. Ce serait par son intermédiaire qu'il rencontra Bernard Lazare avec qui il semble s'être trouvé à ce moment en grande communion de pensée[184]. Par ailleurs, Sorel deviendra en 1900 administrateur de l'Ecole des Hautes Etudes sociales fondée par Dick May et dont les enseignants étaient de sensibilité dreyfusarde.[185] Sorel a néanmoins

---

183 Lettre à G. Ferrero du 10 février 1898, in Simonetti, *Georges Sorel e Guglielmo Ferrero fra cesarismo borghese e socialismo,* Il pensiero politico, 1972, et Lettre à Benedetto Croce, *La critica*, XXV, 1927, p. 168-176.

184 «Il [Bernard Lazare] aimait beaucoup deviser avec M. Sorel. Je dois dire que leurs propos étaient généralement empreints d'un grand désabusement. Il avait un goût secret, très marqué, très profond, et presque très violent pour M. Sorel. Un goût commun de désabusement; de gens à qui on n'en contait point. Quand ils riaient ensemble, quand ils éclataient, au même moment, car tous les deux avaient le rire jailli, c'était avec une profondeur d'accord, une complicité incroyable. Cet accord saisissant de l'esprit, du rire, qui n'attend pas, qui ne calcule pas, qui d'un coup atteint au plus profond, au dernier point, éclate et révèle. Qui d'un mot atteint au dernier mot. Tout ce que disait M. Sorel frappait tellement qu'il m'en parlait encore tous les autres matins de la semaine. Ils étaient comme deux grands complices. Deux grands enfants terribles. » (Péguy, *Notre Jeunesse*).

185 « L'Ecole de Dick May n'avait rien d'une université populaire. Composée d'enseignants dreyfusards, d'origine très académique - l'Ecole était présidée par Alfred Croiset, le doyen de la faculté des lettres - elle

gardé ses distances vis à vis des polémiques. On ne trouve sous sa plume aucun récit de l'Affaire (compte tenu des remarques sur son origine). Rien de semblable par exemple aux *Preuves* de Jaurès. Tout au plus certains protagonistes sont-ils épinglés dans sa correspondance et désignés comme « crétin » (Félix Faure) ou comme « fou » (Bertillon, l'expert graphologue). Cette discrétion s'explique fort bien.

D'une part, Sorel est profondément éloigné d'une démarche « abstentionniste » consistant à considérer « l'Affaire » uniquement en fonction des intérêts de classe du prolétariat. Soulignant dans *l'Avenir socialiste...*que la partie faible du socialisme est la morale,[186] il juge criminel d'envisager une révolution sociale mettant en péril le peu de moralité existant et estime, comme Vandervelde, que le triomphe des travailleurs avant l'accomplissement des évolutions morales indispensables ouvrirait une ère de brutalités et d'injustice comparable à la précédente. Sans pour autant y réduire la question sociale, Sorel affirme sans la moindre réserve que les transformations économiques ne peuvent bénéficier aux travailleurs s'ils n'ont pas acquis un degré supérieur de culture morale. Comment dès lors être insensible à l'innocence bafouée de Dreyfus?

D'autre part il ne peut s'agir pour lui d'invoquer la justice et la morale à la manière de la bourgeoisie. L'*Introduction à l'économie moderne*, publiée en 1903, explique d'une manière indirecte, après l'événement, la distance qu'il conserve à l'égard des signataires de manifestes. Le sentiment de la justice lui apparaît d'autant plus fort qu'il est plus clairement lié aux réalités du travail. Moins liées au travail que le prolétariat, les classes bourgeoises « passent avec une étonnante facilité d'une conception politique ou sociale à une autre; elles sont victimes en droit, comme en littérature ou en musique, de l'inconstance de la mode ».[187] Essentiellement instable

---

s'adressait, pour l'essentiel, à un public cultivé. » (C. Prochasson, « Du dreyfusisme au post-dreyfusisme »», in *Georges Sorel,* Ed. de l'Herne, *op. cit.*, p. 67).

[186] *Op. cit.*, p. 124.

[187] *Introduction à l'économie moderne*, Paris, p. 66.

leur sentiment de la justice ne correspond pas à celui de Sorel, totalement étranger à l'étalage des « bons sentiments ».

Au cours de cette année 1898, qui voit à proprement parler naître l'Affaire Dreyfus, c'est-à-dire l'affrontement au sujet de la révision du procès de 1894, Sorel, malgré le doute exprimé quant au sérieux de l'attachement des bourgeois démocrates aux valeurs de justice, justifie, dans un texte intitulé « L'éthique du socialisme », le devoir du prolétariat de se trouver à leur côté. Il le fait à partir des conceptions marxiennes. Il y explique que la résistance efficace aux patrons exige du prolétariat une idée claire de sa mission historique qu'il explique de la manière suivante: dans un premier temps les classes ouvrières les plus avancées œuvrent pour les autres[188] et l'alliance avec la bourgeoisie démocratique contribue au renforcement des sentiments moraux. Cela peut surprendre de la part de Sorel, surtout si l'on anticipe sur ses idées relatives à la « scission » et à la lutte des classes, mais elle a sa logique: « Le prolétariat - écrit-il - donne son appui à la fraction de la bourgeoisie qui défend les institutions démocratiques; la lutte prend ici un caractère paradoxal et semble contraire au principe même de la lutte des classes; quelques écrivains socialistes ont dit que c'était duperie de soutenir des exploiteurs du peuple; et les conservateurs ont plus d'une fois cherché à profiter des conflits d'intérêts pour combattre les libéraux. Dès que le peuple a été touché par l'esprit socialiste, il n'hésite pas; il n'écoute point les théoriciens; il marche à côté des bourgeois sans faire de marchandage. Le caractère désintéressé de la lutte apparaît ici. Lorsque les efforts du prolétariat ont été vains, lorsque les forces gouvernementales sont assez puissantes pour que les desseins criminels du pouvoir ne puissent être arrêtés, alors l'Internationale recommande de protester et de revendiquer les droits de la justice et de la morale. Plus d'un théoricien socialiste ne manquerait pas de crier à l'idéologie et

---

[188] Ainsi « la législation anglaise a servi de modèle et les ouvriers du continent ont obtenu des réformes que leurs forces ne leur auraient pas permis d'imposer ». (« L'éthique du socialisme », in *Revue de métaphysique et de morale*, 1899, p. 293).

à l'utopie si nous n'étions en présence d'une règle donnée par Marx lui-même. [...] L'esprit est (ici) complètement dégagé des préoccupations propres à la vie de classe; les intérêts, les systèmes juridiques capables de protéger les travailleurs, les réformes politiques destinées à augmenter leur influence dans l'avenir, tout cela s'est évanoui; nous sommes en présence de purs sentiments de révolte provoqués par la violation des règles normales de la conduite. L'esprit est complètement affranchi; le terme extrême de l'éthique est atteint. »[189] C'est pourquoi Sorel approuve l'attitude des alemanistes « qui ont marché avec une ardeur admirable pour la défense de la Vérité, de la Justice, de la Morale » et celle de Jaurès qui selon lui a apporté la plus belle preuve qu'il existe une éthique socialiste

Lorsqu'on connaît les pages qu'il consacrera à la « révolution dreyfusienne », on peut aussi être surpris de l'opinion exprimée dans la Préface à l'ouvrage de Colajanni au sujet de l'entrée de Millerand au gouvernement. Les événements de l'année 1899 avaient constitué pour la République une menace. Déroulède avait même tenté un coup d'Etat - à dire la vérité grandguignolesque - qui avait échoué. Devant cette situation, le Président de la République se décidera à former un gouvernement de «défense républicaine » sous la direction de Waldeck-Rousseau dont le destin parlementaire devait être conditionné par le soutien des socialistes. C'est la raison pour laquelle le portefeuille du Commerce est offert à Millerand qui depuis le programme de Saint-Mandé passe pour leur chef parlementaire. Cette question de la participation va diviser profondément les socialistes, d'autant plus que le nouveau président du Conseil appelle au ministère de la Guerre, le général de Galliffet, célèbre pour avoir dirigé la répression au temps de la Commune. En faveur de la participation Jaurès invoquera la défense de la République tandis que Guesde y opposera des arguments qui méritent attention: « On vous a dit et on vous redira que l'acceptation d'un portefeuille par un socialiste n'est que la suite, pour ne pas dire le triomphe de cette conquête des pouvoirs publics

---

[189]*Ibid*, p. 283-4.

qui est, a été, et restera quand même notre méthode. Ayant déjà des maires, des conseillers généraux, des députés, pourquoi n'aurions nous pas des ministres? Mais parce qu'il n'y a rien de commun entre les municipalités, les conseils généraux, la Chambre, voire le Sénat, qui ayant à leur base l'élection s'ouvrent en dehors sous la poussée des travailleurs, de leur nombre et de leur organisation, nous permettant d'y pénétrer en ennemis, et les ministères qui ne s'ouvrent eux que du dedans, dans la mesure où leurs détenteurs bourgeois peuvent avoir intérêt à y introduire un des nôtres pour leur servir de collaborateur ou de couverture. »[190]
Cette opposition radicale entre Jaurès et Guesde sur la participation maintiendra pour un temps la division au sein du socialisme français puisqu'il faudra attendre 1905 pour que l'unité se réalise et que se créee la S.F.I.O. (Section française de l'Internationale ouvrière). Sur le plan international la querelle eut aussi un sérieux retentissement. En 1900, le congrès de la IIe Internationale tenu à Paris met la question à l'ordre du jour. Persuadés que les succès électoraux qu'ils obtiennent leur permettraient assez rapidement de conquérir le pouvoir, les sociaux-démocrates allemands étaient peu soucieux d'entretenir des querelles sur cette question, d'autant plus que le débat sur le révisionnisme battait son plein. Aussi, révisionnistes compris, adoptèrent-ils une attitude hostile au « ministérialisme », et comme dans les autres pays européens aucune possibilité de s'emparer du pouvoir par les voies parlementaires n'étant possible, le problème concret ne se posant pas pour les socialistes de ces pays, le rejet de toute compromission allait de soi. Cependant, comme l'Internationale ne voulait pas à proprement parler prononcer de condamnation, Kautsky rédigea une résolution, que l'on a parfois baptisée « motion caoutchouc » tant elle cherche, après le rappel des principes, à ménager les susceptibilités et à ne pas porter de jugement sur la tactique politique arrêtée par chaque parti socialiste confronté à ses problèmes spécifiques. Après avoir rappelé que la conquête du pouvoir politique dans un Etat démocratique moderne ne peut être

---

190 Cité par Marcel Prélot in *Le socialisme français,* Paris, Spes, 1939, p. 140.

le résultat d'un coup de mains, mais d'une conquête gradualiste des municipalités et des assemblées législatives, la « résolution Kautsky » insiste sur le fait que là « où le pouvoir gouvernemental est centralisé, il ne peut être conquis fragmentairement » et affirme que « l'entrée d'un socialiste isolé dans un gouvernement bourgeois ne peut être considérée comme le commencement normal de la conquête du pouvoir politique, mais seulement comme un expédient forcé, transitoire et exceptionnel ». En revanche, si une situation particulière l'impose, la participation devient possible en fonction des exigences tactiques. C'est au parti socialiste d'apprécier la nature de la situation.

Loin de rejoindre les thèses « antiministérialistes », Sorel constate que l'Affaire Dreyfus a fait éclater « les vieux cadres politiques » et qu'elle a favorisé la coopération du socialisme à l'œuvre démo-cratique. Si les théoriciens se sont voilés la face, les ouvriers qui ont bien quelque droit d'avoir un avis en matière de socialisme « s'y sont montrés favorables » (ce qui n'est pas vrai de tous). Dans « le passage de l'esprit sectaire à l'esprit politique, de la spéculation abstraite à la vie réelle », Sorel voit un progrès apportant la preuve que, de doctrine philosophique sans grande influence sur la société, de secte martelant sa vérité et cherchant à l'imposer par la dictature de ses programmes, le socialisme est devenu dans sa maturité un *parti politique* c'est-à-dire « une force se combinant avec d'autres forces alliées ou antagonistes pour administrer les affaires, améliorer la législation et diriger l'Etat. »[191] Ainsi, « le socialisme devient de plus en plus, en France, un mouvement ouvrier dans une démocratie». Lorsqu'il publiera les *Matériaux...*, Sorel assortira ce passage d'une note dans laquelle il indiquera que son raisonnement eut été bien différent en 1899 s'il avait eu une meilleure connaissance du « pluralisme ». Qu'entend-il ici par pluralisme? Il ne le dit pas, et le propos demeure obscur. Quoi qu'il en soit, dans cette dernière année du siècle, incontestablement, Sorel approuve les rapprochements entre socialistes, anarchistes et radicaux à l'occasion de la défense de Dreyfus, et

[191] Préface à Colajanni, in *Matériaux*... p. 178-179.

voit dans le «mouvement» socialiste agissant dans un cadre démocratique l'instrument de la réalisation des idées éthiques.

*

En 1901, il publiera dans trois numéros de la *Revue socialiste* un long article intitulé « L'Eglise et l'Etat » qui fourmille de vues originales et contient quelques remarques sur l'Affaire Dreyfus permettant de mieux éclairer les raisons de son choix dreyfusard. Il s'agit de défendre des valeurs éthiques, certes, mais aussi de lutter clairement contre la réaction devenue virulente. Combattre pour Dreyfus, selon Sorel, revient à lutter contre le cléricalisme et le militarisme puisque l'Eglise et l'Armée qui s'acharnent contre lui sont des institutions de réaction.

L'Eglise? Elle cherche à dominer la société. Sans l'opposer pour l'instant explicitement aux objectifs du prolétariat, il y voit - expression significative - une armée « qui soutient une lutte contre une autre armée » et estime que nulle part ailleurs que dans l'histoire ecclésiastique on ne trouve aussi nettement, « la notion de lutte des classes ». Ayant perdu ses moyens légaux de domination, elle s'efforce de les remplacer par l'enseignement qu'elle contrôle et qui n'a pas seulement pour objet de faire des chrétiens, « mais de développer des conditions capables d'amener des élèves à combattre pour elle ». Ses écoles sont « des succursales des comités politiques » et des « organes du journalisme parlé ». Le développement de l'esprit de liberté exige que l'on mène la lutte contre elle. Or, l'anticléricalisme impose - l'expression est de Sorel - l'amalgame des classes sociales, parce que le prêtre est en contact journalier avec le citoyen et que ses méfaits touchent tout le monde. Sorel s'en prend avec indignation aux « procédés barbares » pratiqués par les prêtres et les frères dans leurs établissements scolaires où, au lieu de se concilier les sentiments populaires par la douceur, l'Eglise utilise des janissaires bornés qui de temps à autres se livrent à des excès. Bien inspirée, elle fermerait ses écoles, pépinières de l'anticléricalisme. Mais loin d'entrer dans cette voie, elle paraît vouloir développer de plus en plus ces établissements, assurant ainsi « les beaux jours de la haine du peuple contre le clergé ». Ainsi donc l'Eglise génère l'anticléricalisme qui alimente les progrès du socialisme. Sorel achève son réquisitoire en écrivant: « Cette politique aveugle de l'Eglise est tout à l'avantage du socialisme, qui pénétrera d'autant plus dans les masses restées longtemps rebelles à sa propagande que l'Eglise soulèvera davantage l'indignation contre sa tyrannie. »

L'Armée? Elle est aussi un instrument de domination. Mais lutter contre le militarisme est chose plus difficile que lutter contre l'Eglise. Pour le faire comprendre Sorel effectue un détour par l'école publique. Si par ses méthodes d'éducation l'école religieuse suscite la haine de ceux qui l'ont fréquentée, en revanche ceux qui ont suivi l'enseignement primaire public demeurent imprégnés profondément de ce qu'on leur a appris. Cet enseignement dont l'objectif politique est très précis: habituer les jeunes Français à assimiler République, Patrie, France, a été très efficace dans la mesure où le peuple utilise désormais le vocabulaire républicain et socialiste qu'on lui a appris à manier. Les élèves de l'école publique sont républicains parce qu'ils ne peuvent arriver à se représenter une autre forme de gouvernement et patriotes, toutes leurs pensées sur la politique générale étant déterminées d'avance par les formules qu'on leur a inculquées à l'école. Si bien qu'en temps normal, il n'est pas possible de s'attaquer au militarisme. Cela reviendrait à s'attaquer au patriotisme. Pour y parvenir, des circonstances exceptionnelles comme celles engendrées par l'Affaire Dreyfus sont indispensables. Encore faut-il - pour rendre la lutte efficace - être en mesure d'effectuer un amalgame entre les partis, « de telle sorte que cette lutte ne puisse pas prendre l'allure d'un mouvement antipatriotique ».

Une telle observation permet de comprendre l'évolution du dreyfusisme de Sorel. En 1901, il ne place plus la défense de la vérité en première ligne, ne louange plus Jaurès de son attitude. Son argumentaire s'est déplacé. Etre dreyfusard désormais ne doit pas consister à défendre les valeurs éternelles bafouées par la condamnation de l'innocent - aucune allusion dans cet article à l'innocence de Dreyfus - mais revient à lutter contre l'Eglise et l'Armée, instruments de tyrannie. Par conséquent, les socialistes et les démocrates ont eu un intérêt commun à être dreyfusards. « Quelques auteurs - écrit-il - mal informés des principes du socialisme moderne, ont trouvé ce bel argument que Dreyfus était riche et que les malheurs d'un riche ne devaient pas intéresser les pauvres. [...] Et après? L'argument aurait pu avoir quelque valeur s'il se fût agi de savoir quel degré de sympathie méritent les victimes des conseils de guerre; or il ne s'agissait pas de cela, mais de savoir quelles sont les circonstances les plus favorables pour réunir des forces suffisantes en vue de lutter contre la domination de la classe militaire. »[192] Viendra le temps où Sorel (et d'autres) déploreront le comportement politique des « vainqueurs » dans l'Affaire Dreyfus et s'attaqueront aux profiteurs politiciens du dreyfusisme.

***

[192] « L'Eglise et l'Etat », *Revue socialiste*, octobre 1901, p. 419.

IV

Vers le syndicalisme révolutionnaire

Dans les premières années du siècle, Sorel oriente sa réflexion dans deux directions. D'une part il s'interroge sur la place des organisations ouvrières dans l'économie contemporaine et sur leurs capacités révolutionnaires. D'autre part, il poursuit une réflexion sur la religion, la situation de l'Eglise catholique et celle de son idéologie opposéEà celle du prolétariat.

Plusieurs textes de cette époque sont consacrés aux organisations ouvrières et à l'économie. Notamment la Préface à l'ouvrage de Pelloutier *Histoire des Bourses du Travail,* un petit article paru en 1903 dans *Pages libres* de Guyesse: « Qu'est-ce qu'un syndicat? » et surtout *l'Introduction à l'économie moderne.* Ils montrent l'évolution de la pensée de Sorel vers une conception précise de l'organisation de la production au sein de l'atelier, et l'importance qu'il attache désormais au syndicat comme instrument d'action révolutionnaire. Mais déjà on perçoit chez lui des perspectives plus nettement tracées concernant l'utilisation révolutionnaire de l'idéologie marxienne, conçue non plus comme explication scientifique du devenir des sociétés économiques capitalistes, mais comme un **mythe** social destiné à entraîner les énergies prolétariennes. Pour la première fois, quoique de manière sommaire, Sorel développe ce qui deviendra sa théorie du mythe, qu'il n'oppose pas encore terme à terme à l'utopie.

L'atelier

La transformation de la société repose selon Sorel sur les modifications successives du système des machines. Or à cet égard, dans ses aspects modernes la production présente des caractères profondément nouveaux. Autrefois, elle consistait dans une addition de tâches séparées par de brefs temps morts que le chef d'atelier s'efforçait de réduire en tentant de faire travailler davantage l'ouvrier, qui de son côté résitait à cet effort en considérant que toute accélération des rythmes de travail se traduisait pour lui par une spoliation.[193] Tant que cet état d'esprit l'emporte, la discipline apparaît destinée à contraindre l'ouvrier à un surcroît de travail et à l'empêcher de saboter celui-ci.. Cette situation est appelée à disparaître. Les ouvriers sont désormais en mesure d'acquérir la maîtrise de l'usage « progressif » de la machine mise entre leurs mains, ce qui doit permettre « le passage au socialisme [...] qui ne peut se comprendre que si la volonté du maître se dissout dans le corps général des travailleurs ».[194] Pour autant, les «directeurs « ne disparaîtront pas des ateliers organisés selon les principes nouveaux. Mais alors qu'ils étaient choisis plutôt en fonction de leur énergie à faire respecter la discipline que de leur savoir technique, désormais ce sera l'inverse. Une telle vision des choses montre que Sorel a eu l'intuition de ce que sera l'esprit « technicien », le technicien n'apparaissant plus comme un garde-chiourme, mais comme un homme armé d'un « savoir » qu'il applique à l'activité de l'atelier: « Les nouveaux directeurs apportent des habitudes d'esprit, insoupçonnées de leurs devanciers; formés dans les laboratoires ils ont eu besoin pour leurs recherches théoriques de l'aide d'ouvriers habiles, intelligents, désireux de voir réussir les expériences. [Pour eux] l'usine tout entière n'est

---

193 *Introduction à l'économie moderne*, Paris , 1903, p. 205.
194 *Ib.*, p. 204.

qu'un vaste laboratoire; les procédés sont toujours provisoires et il est essentiel que tout le monde ait l'attention tendue vers les moindres particularités du travail. L'industrie progressive a pour type idéal une combinaison parfaite de la science et de la production - du laboratoire et de l'atelier - des qualités de l'inventeur et de l'exécutant. »[195] Ainsi la routine industrielle établie à partir d'un savoir figé, et la production moderne qui place dans les mains de l'ouvrier une machine multifonctionnelle, destinée à être utilisée de manière imaginative sont radicalement opposées. L'économie américaine, telle du moins qu'il se l'imagine, montre la confiance mise dans l'ingéniosité des ouvriers et l'importance accordée à des modes de rémunération qui la favorisent. Alors que les perspectives d'avenir manquaient dans l'ancienne industrie, dans l'atelier constitué en fonction de la technologie moderne l'ouvrier se considérera comme propriétaire de l'outillage et se préoccupera d'améliorer l'emploi des machines, agissant comme si l'avenir lui appartenait.

Ces analyses effectuées au tout début du siècle peuvent décevoir en raison d'un certain schématisme. A cette époque ce qui frappe dans l'économie américaine c'est plutôt l'implantation du travail à la chaîne. Pourtant les conséquences envisageables du taylorisme échappent totalement à l'attention de Sorel. L'atelier moderne lui semble caractérisé par la relation « personnelle » - si l'on peut s'exprimer ainsi - entre l'ouvrier et sa machine. C'est-à-dire en fin de compte une relation que les nouveaux modes d'organisation de l'entreprise commencent à condamner. Les considérations de Sorel sur l'atelier « socialiste » sont encore en 1903 assez vagues. Il ne fournit pas d'explications bien claires sur les modalités des changements « positifs » concernant l'attitude des ouvriers vis-à-vis de leurs machines et du travail en général. Pourquoi ceux-ci devraient-ils devenir « innovateurs » comme par un coup de baguette magique? Du simple fait des transformations mécaniques? Il est difficile de s'en persuader.

---

[195] *Ib.*, p. 208-209.

La réponse à ces questions ne viendra qu'avec *les Réflexions sur la violence* et *les Illusions du progrès,* sans pour autant d'ailleurs convaincre pleinement. Dans le second ouvrage, Sorel estime que la relation entre la machine et le travailleur a été traitée de manière superficielle et que la comprendre vraiment exige d'abord de s'arrêter « aux sentiments d'affection qu'inspirent à tout travailleur vraiment qualifié les forces productives qui lui sont confiées ».[196] Si l'on en croit Sorel, on a eu tort de lier trop étroitement l'intérêt au travail et la propriété en focalisant l'attention sur l'attachement du paysan pour sa terre. Un tel lien est inexistant en ce qui concerne l'ouvrier, ce qui ne veut pas dire pour autant qu'il est condamné à se désintéresser de son travail . On aurait dû accorder moins d'attention aux effets de la propriété elle-même qu'à l'existence d'un lien entre la manière de travailler et certaines vertus (identifiables dans le monde rural). S'il existe « une agriculture grossière dans laquelle on chercherait vainement les vertus attribuées à la propriété »,[197] une autre (celle consacrée à la culture de la vigne), célébrée par les poètes, supérieure aux métiers urbains en raison de la qualification qu'elle exige - l'observation, l'innovation - fait apparaître le paysan comme un véritable artiste. C'est vers cela que l'on doit tendre dans l'atelier moderne, «...champ d'expériences qui sollicite continuellement le travailleur à la recherche scientifique ». « Un même but peut être atteint par diverses combinaisons et celles-ci sont toujours regardées comme provisoires; il faut donc avoir l'œil continuellement ouvert sur les difficultés que présente la manière actuelle de produire. Ici encore nous devons faire appel a des constatations faites depuis longtemps sur l'agriculture; on a souvent signalé combien est observateur, raisonneur et curieux de nouveauté, le vigneron qui ressemble bien plutôt à l'ouvrier des ateliers progressifs qu'au laboureur; il lui serait impossible de se contenter de la routine car chaque année apporte un tribut de difficultés nouvelles. »[198] Le sens de l'inno-

---

196 G. Sorel, *Les Illusions du progrès*, Paris, Rivière, 5e éd. 1947, p. 281.
197 *Ibid.,* p. 282.
198 *Ibid.*, p. 282-283.

vation chez les ouvriers de l'avenir doit être affiné et au passage Sorel déplore que les écoles techniques « soient beaucoup plus occupées d'enseigner la routine que d'éveiller un véritable esprit scientifique ». Mais si l'on veut faire correspondre le travailleur au système moderne des machines, il ne doit pas seulement être animé d'un grand esprit d'innovation, mais aussi être pénétré d'une morale du travail. Sorel, à ce propos, ne se paie pas de mots. Puisqu'une nouvelle organisation du travail doit faire disparaître dans l'atelier une hiérarchie reposant sur la discipline contraignante exigée par l'ancienne, la question est de savoir comment les hommes deviendront des « producteurs libres », refusant de s'abandonner à la facilité et à la paresse. Comme il le fait fréquemment pour mener à bien son analyse, Sorel prend pour repoussoir la conception de Kautsky selon qui les syndicats, assez forts pour faire sortir les ouvriers des ateliers et les lancer à l'assaut de la forteresse bourgeoise, devraient l'être aussi pour les ramener à l'atelier et les faire travailler dans l'intérêt général. Malheureusement, estime Sorel, aucune comparaison n'est possible entre la discipline exigée de l'ouvrier pour qu'il arrête le travail et celle nécessaire pour « faire marcher des machines avec une adresse supérieure »[199] qui doit correspondre beaucoup moins à une contrainte extérieure qu'à « des ardeurs de l'âme profonde ». Inutile d'aller chercher des modèles dans l'histoire des anciennes corporations, génératrices de routine. De même le trade-unionisme qui s'est, selon Sorel, inspiré de leurs pratiques, ne peut fournir d'indications utiles. Quant aux méthodes démocratiques, reposant sur l'existence de réglementations dont l'application est surveillée et les manquements sanctionnés, elle ne peuvent convenir. La discipline qui en découlerait serait faite de contrainte extérieure « fort analogue à celle qui existe dans les ateliers capitalistes ». Utilisant quelques exemples - à vrai dire peu convaincants - puisés dans le droit pénal, Sorel affirme que les conditions dans lesquelles la discipline est exercée dans l'atelier capitaliste est même supérieure à celle de la société démocratique réduite à la pratique de ses institutions répressives.

---

[199]*Réflexions sur la violence*, Paris, Rivière, 11e éd., 1950, p. 368.

En fin de compte, les qualités que le travailleur « libre » doit posséder dans une société progressive sont comparables à celles déployées par les soldats engagés dans les guerres révolutionnaires, les guerres de la Liberté (et non pas les guerres de Napoléon dans lesquelles on dresse de minutieux plans de campagne, alors que ceux-ci n'ont eu qu'une faible influence sur la marche des opérations sous la République). « Le soldat révolutionnaire - écrit Sorel - était un homme libre (que l'on opposait volontiers aux automates des armées royales). Les batailles n'étaient nullement des jeux de stratégie. Du côté révolutionnaire elles devenaient des accumulations d'exploits héroïques, accomplis par des individus qui puisaient dans leur enthousiasme les motifs de leur conduite. »[200] Si personne n'a protesté contre les mots héroïques, la plupart vraisemblablement apocryphes, c'est que chacun y retrouvait son âme intime « sous des détails fantastiques ». A partir de là, Sorel transposera aux conflits entre patrons et ouvriers les schémas propres aux guerres révolutionnaires. La grève générale syndicaliste exige les mêmes qualités héroïques que la participation à la guerre révolutionnaire. A la manière du soldat des armées révolutionnaires, chaque ouvrier se lance dans la lutte avec le plus d'ardeur possible - Sorel va même jusqu'à écrire qu'il opère pour son compte! - et ne se préoccupe guère du plan d'ensemble, s'il existe. Comme lui, l'ouvrier syndicaliste lancé dans la grève « porte témoignage de la présence de la force individualiste dans les masses soulevées ».

Pour stimulante qu'elle soit une telle analyse ne conduit-elle pas le lecteur de Sorel à lui appliquer le reproche dont il accable Kautsky? Peut-on être certain que l'enthousiasme du gréviste, déployé dans des actions exceptionnelles, sera maintenu au sein de l'atelier dans les temps de calme du travail industriel? L'extériorité de la discipline ne risque-t-elle pas, en fin de compte, de s'imposer? A peu près au même moment un homme jeune (il n'a

---

200 *Ibid.*, p. 372.

pas trente ans), Georges Valois, publie un ouvrage intitulé *l'Homme qui vient,* dans lequel il considère que l'homme est guidé par le souci « du moindre effort », qui présente l'avantage d'introduire des progrès, dans la mesure où il favorise les recherches destinées à économiser de la fatigue, mais exige en contre partie d'être discipliné de l'extérieur. Laisser l'atelier sans chef, ou encore choisir le chef selon les procédés démocratiques, c'est-à-dire en fait désigner le moins exigeant, reviendrait à favoriser la stagnation de l'économie. Il est vrai que Valois prend l'homme tel qu'il est, alors que Sorel exige au préalable, nous y reviendrons, une véritable réforme des mœurs.

Le syndicat et les Bourses du Travail.

Sorel a concentré son attention sur deux institutions ouvrières: le syndicat et les Bourses du Travail.

Concernant le syndicat, Sorel en distingue deux formes. La premiere est le trade-union anglais ayant pour objet de garantir aux ouvriers la conservation d'un travail régulier et bien rémunéré,[201] ce qui contribue à le faire ressembler à la fois aux anciennes corporations et aux syndicats de producteurs dont l'objectif est de maintenir les prix en réprimant les excès de la concurrence. Ils ont tendance au monopole plus ou moins accentué en fonction de l'élasticité de la production et de la faiblesse numérique de la main-d'œuvre et conservent beaucoup de l'esprit de compagnonage, en ce sens qu'ils recherchent surtout des ouvriers qualifiés. Pour que les patrons aient intérêt à négocier avec de tels syndicats, ceux-ci doivent être composés de l'élite de la profession et non d'une masse ouvrière sans qualification.

La seconde catégorie de syndicats est celle dont Fernand Pelloutier a été le théoricien. Alors que toute contestation entre les

---

201 « Qu'est-ce qu'un syndicat », in Larry Portis, *op. cit.*, p. 221.

patrons et les syndicats du premier type ont tendance à prendre la forme « d'une contestation entre deux commerçants » il en va ici différemment. « A propos de tout incident portant parfois sur un intérêt assez secondaire, écrit Sorel, le syndicat cherche à développer l'esprit d'opposition, à montrer que la lutte des classe pénètre toute la vie du travailleur. »[202] Les adversaires finissent sans doute ponctuellement par s'accorder, mais cela n'équivaut nullement à la cessation des combats, puisque l'objectif de ce syndicalisme est de détruire le salariat et non de se borner à régler les salaires par arbitrage « comme on règle un mémoire d'entrepreneur par expertise ». Moyen éventuel d'obtenir un avantage salarial, la grève doit surtout permettre aux salariés de prendre conscience des mensonges qu'on leur débite. Alors que les patrons invoquent des impossibilités économiques pour refuser les augmentations de salaires réclamées, ils cèdent rapidement lorsque la grève risque de présenter de trop graves inconvénients pour eux. Les ouvriers peuvent alors aisément en tirer la conclusion « que la détermination du salaire est, dans une très large mesure, livrée au hasard, qu'il n'y a pas de rationalité dans l'économie capitaliste, que par suite le monde ne pourra devenir raisonnable que le jour ou le salariat aura disparu et que ce résultat dépend à son tour des progrès de la raison ».[203] Mais les progrès de la raison ne consistent pas à conquérir le pouvoir politique afin d'effectuer de manière autoritaire des changements dans le système économique. Les syndicalistes doivent se garder de toute tentation de participation au pouvoir et c'est là que l'on voit souligné par Sorel le rôle éminent des Bourses du Travail dans la révolution.

C'est dans la Préface à l'ouvrage de Pelloutier que l'on trouve analysé ce rôle essentiel des Bourses et c'est peut-être dans ce texte que Sorel a le mieux exprimé les raisons qui l'ont conduit au syndicalisme révolutionnaire. Vers 1880 - selon Sorel - « on était pleinement révolutionnaire ». Dix ans plus tard tout a changé, les guesdistes sont candidats aux élections municipales et pour ne

---

202 *Ibid.*, p. 205.
203 *Ibid.*, p. 226.

pas effrayer, adoptent des positions minimalistes. Le discours de Saint-Mandé (prononcé, rappelons-le, par Millerand) apparaît comme le couronnement de cette évolution, générée par « des lois psychologiques de notre esprit » conduisant à passer de l'utopie du changement radical au possibilisme, dont l'éventail « peut varier » depuis la simple démagogie jusqu'au socialisme des professeurs qui se donne pour but l'assainissement du régime. A partir de là, deux types de conduite sont possibles. La première consiste à utiliser une vague philosophie de l'histoire favorisant la passivité révolutionnaire (Sorel songe aux conceptions guesdistes, mais aussi au kautskysme dénoncé par Bernstein); le vieux formulaire se conciliant alors avec l'opportunisme le plus plat et « l'intransigeance la plus absolue avec un souci bien entendu des intérêts politiques immédiats ». Mais une autre attitude peut être pratiquée par des socialistes « avisés ». Elle consiste à rompre totalement avec la politique, comme le font les anarchistes, et à faire du syndicat un instrument spécifique de la lutte ouvrière. Sans doute, les vieilles idées syndicales ne sont-elles pas mortes. La C.G.T. elle-même en demeure pénétrée, car elle place le combat sur le terrain économique, mais elle commet l'erreur de ne pas affirmer avec assez de clarté sa spécificité et d'avoir adopté une démarche « unitaire ». Se référant à un article de presse datant d'octobre 1901, dans lequel on pouvait lire que le mouvement ouvrier mourait de centralisme et que le mal provenait de l'esprit étatiste dont les ouvriers demeuraient pénétrés, Sorel exprime la crainte de voir la C.G.T. devenir, dans cette perspective, « une sorte de Conseil officieux du travail, une académie des idées prolétariennes qui présentera des vœux au gouvernement, comme le font les grandes sociétés d'agriculture ».[204] Cette réticence à propos de la C.G.T. rejoint celle de Pelloutier à l'égard de certains de ses dirigeants trop sensibles

---

204 Pour étayer sa thèse Sorel cite Corbon (p. 59): « Les révolutions successives n'ont pu ruiner dans l'esprit des populations ouvrières le caractère omnipotent de cet être de raison qu'on appelle l'Etat. Oui ce peuple d'élite... en est encore à croire que l'Etat est le résumé de l'intelligence et de la puissance générales..., la providence visible de la société et particulièrement celle des classes déshéritées. »

aux projets de Millerand concernant la création d'instances de conciliation dans les conflits du travail.[205]

Les Bourses du travail s'efforcent en revanche de donner une unité intellectuelle au prolétariat et d'éviter tout excès de centralisation en privilégient les liens locaux qui limitent les dérives jacobines. « Dans le plus grand nombre de cas, les ouvriers d'une même ville ont plus d'intérêts communs que les ouvriers d'une même profession habitant les villes éloignées [...]. Les ouvriers d'une même ville ont beaucoup de parents et d'amis communs, ils ont été à l'école ensemble; leurs manières de vivre et leurs conditions générales d'existence sont très semblables. »[206] Une économie de petites unités de production, dont la struture éparpillée est maintenue grâce à la pression des élus qui obtiennent du gouvernement « des mesures propres à protéger les situations acquises » et à maintenir des ateliers travaillant pour l'Etat, se prête à une action ouvrière « décentralisée » efficace. En France où tout devient rapidement objet de marchandages politiques, l'action locale présente moins de risques de compromissions. Les Bourses peuvent agir dans cette direction: organiser les secours de chômage et l'orientation des chômeurs; embellir les villes;[207] prendre en charge l'instruction des ouvriers;[208] maintenir des relations avec les jeunes gens sous les drapeaux.[209]

---

[205] Voir sur ce point Peter Schotller, « La commune ouvrière en formation? Georges Sorel et les Bourses du travail » in *Georges Sorel en son temps*, *op. cit.*, p. 53.

[206] G. Sorel , Préface..., *op. cit.*, p. 61.

[207] « Il n'est pas du tout indifférent que les villes s'embellissent comme au Moyen-Age, par des travaux ou se manifeste une main-d'oeuvre supérieure. » (p. 65).

[208] Sorel souligne que les Universités populaires peuvent être une bonne chose à condition que les conférenciers ne s'érigent pas en maîtres et traitent des sujets dont leur auditoire éprouvent le besoin (p. 65).

[209] Dans ce texte Sorel fait montre d'un antimilitarisme dur lié à l'Affaire Dreyfus, qui a rendu « l'armée à moitié folle ». Les officiers sont devenus tellement ridicules qu'il sera aisé de montrer aux travailleurs ce qui se cache de bassesses, souvent de saletés, derrière des masques

On s'est posé la question de savoir si l'image que Sorel donnait des Bourses du travail correspondait bien à la réalité des choses. Peter Schotller estime que l'on en était loin; en particulier que l'idée selon laquelle la « décentralisation » des Bourses préservait les ouvriers des pressions et des compromissions de la politique était inexacte. En effet, les municipalités versaient des subventions et tentaient d'obtenir plus ou moins clairement, en échange, une attitude de modération dans les conflits du travail, en contradiction avec l'étiquette anarchiste que les Bourses se donnaient. En 1896, une enquête du ministère de l'Intérieur sur l'influence des anarchistes dans les Bourses révéla que seulement 6 sur les 23 au sujet desquelles un rapport avait été fait pouvaient être qualifiées de libertaires. Il semble donc - écrit à juste titre Peter Schotller - que Sorel fait consciemment ou inconsciemment « abstraction des structures de démocratie locale (spécifiques de la France de l'époque) qui permettaient parfois une certaine participation ouvrière, un socialisme municipal dans lequel beaucoup de Bourses s'engagèrent. »[210] D'ailleurs devant les critiques émanant de certains provinciaux au sujet de la direction de la Fédération, Pelloutier lui-même fera, sans doute pour éviter une telle dérive, l'éloge de la centralisation. P. Schotller conteste en outre la lucidité de Sorel au sujet des services rendus par les Bourses: le secours de route (le *viaticum*), le placement des chômeurs notamment. Le premier n'aurait fonctionné que de manière irrégulière, le second serait dû à une initiative de Millerand liée au désir de voir repartir le plus rapidement possible en province (réflexe des conservateurs de 1848) les ouvriers venus à Paris pour effectuer les travaux de l'Exposition universelle. L'objectif atteint, les crédits furent coupés et le service périclita. Ces observations sont loin d'être inexactes, mais si l'on se réfère au petit ouvrage consacré aux Bourses par Paul Delesalle[211] on s'aperçoit que le résultat de leur activité n'est

---

jusqu'alors vénérés. Le service militaire pourra alors devenir non une école de docilité mais une école de révolte. » (p. 67).

[210] Article cité in *Sorel en son temps*, op. cit., p. 63.

[211] *Les Bourses du travail et la C.G.T.*, Paris, Rivière, 1910, voir p. 20-21. Et en ce qui concerne l'enseignement, voir pages 30-31. « Dans les

pas présenté de manière aussi réservée. Certes, elles n'ont pas été « la commune ouvrière en formation » souhaitée par Sorel en conclusion de sa Préface à l'ouvrage de Pelloutier. Peut-être même n'ont-elles pas échappé « aux mécanismes intégratifs de la politique » et n'ont-elles été réellement autonomes que dans l'imaginaire des militants. Peut-être aussi le subventionnisme a-t-il été un risque pour les Bourses (encore que Delesalle ait affirmé que celui-ci avait été surmonté). Il demeure que celles-ci s'efforçaient de s'affranchir de liens trop étroits avec la politique.

L'Etat, la Démocratie

Avec le temps, les idées de Sorel sur l'Etat et la démocratie se modifient profondément. Après avoir réclamé dans ses premiers écrits un fonctionnement plus rationnel de l'Etat, au moment de l'affaire Dreyfus il lui assigne le rôle d'un garant de la liberté de pensée. Par la suite il s'est essentiellement interrogé sur sa place dans la nouvelle organisation économique. L'Etat lui est apparu comme un mélange de deux principes contradictoires. D'une part, l'Etat « idéaliste », volontariste, éducateur, directeur des volontés et des intelligences, en réalité tout autre chose que la « raison objective » au sens hégélien, puisqu'il est « l'expression de la domination d'un groupe d'hommes qui sont parvenus à s'emparer de la force concentrée et organisée. »[212] D'autre part, l'Etat « administratif », fonctionnant selon des mécanismes faisant de lui plutôt un serviteur qu'un maître dans la société. Pour reprendre une terminologie utilisée plus tard, il apparaît, dans cette perspective,

---

milieux du tissage, à Saint-Quentin, à Lille par exemple, des cours sur cette industrie sont institués et ont chaque année un auditoire attentif. A Saint-Etienne, à Toulouse, à Marseille il y a des cours de menuiserie ébénisterie, mécanique, typographie, carrosserie, coiffure, charpente, etc. » (p. 30).

212 *Introduction à l'économie moderne*, *op. cit.*, p.218.

comme un « Etat fonctionnel ». Rejoignant par certains côtés les conceptions libérales, Sorel considère nécessaire la disparition de l'Etat sous sa forme « idéaliste » puisque son rôle n'est pas de donner une direction à la société, mais d'écarter les obstacles au progrès économique en assurant la « neutralisation » du milieu économique, ce qu'il compare aux efforts pour supprimer des frottements dans une machine. Cet anti-étatisme s'explique par l'hostilité de Sorel à l'égard de la démocratie. Il avait déjà dénoncé, quelques années plus tôt, le risque de voir les intellectuels occuper une place excessive dans les syndicats ouvriers. Désormais, non seulement les intellectuels mais les politiciens se trouvent sur la sellette. D'importants passages de l'*Introduction à l'Economie moderne* sont consacrés à l'opposition entre démocratie et socialisme. Les critiques à l'égard de la première sont parfois formulées à partir de biais *a priori* surprenants. Ainsi, Sorel lie étroitement l'indépendance des fonctionnaires et leur probité. Créée par la royauté pour lutter contre la féodalité, la bureaucratie - indispensable selon lui - a atteint sa perfection sous Napoléon pour décliner ensuite avec la démocratie parlementaire. De ce déclin, il croit trouver l'origine dans la subordination des fonctionnaires aux parlementaires.[213] Encore éclairée, assez impartiale et honnête dans les années 1860, la bureaucratie « est devenue pour la très grande majorité, stupide, servile et amorale (quand elle n'est pas nettement malhonnête)». Comment y pallier tout en assurant un contrôle efficace des services publics? Sorel suggère l'intervention de tribunaux assez indépendants pour ne pas être intimidés par les élus du suffrage universel, et d'actions populaires (au sens juridique du terme) destinées à permettre la répression des abus de l'administration. Pour donner un sens à cela, Sorel souligne la nécessité d'assurer strictement l'exécution des jugements, ce qui - observe-t-il - n'existe pas en France. De telles remarques le conduisent à effectuer clairement la distinction entre socialisme et démocratie. Le contrôle se borne dans la démocratie à l'apprécia-

---

213 « Les intérêts électoraux se trouvaient continuellement en lutte avec les décisions bureaucratiques, et les intérêts électoraux des députés sont des choses très saintes. »(*Ibid.*, p. 233).

tion du comportement de la bureaucratie au regard des intérêts partisans. Le socialisme pour sa part n'accorde aucune importance aux « sentiments de parti » qui ne présentent pour lui aucun intérêt. « Le fonctionnaire - écrit Sorel - est un mandataire chargé d'une gestion; il s'agit de savoir s'il a bien conduit cette gestion et la question ne diffère pas de celles qui peuvent se débattre entre un négociant et son représentant. Nous sortons de l'idéalisme pour passer sur le terrain de la production. » Le terme socialiste désigne ici non le socialisme parlementaire, atteint par les vices de la démocratie partisane, mais le syndicalisme révolutionnaire. Il demeure que l'on comprend mal pourquoi les inconvénients de la dépendance des fonctionnaires à l'égard d'autres autorités seraient automatiquement évités dans le second cas de figure. Remettre aux citoyens, sans précautions, la possibilité d'attaquer en justice les fonctionnaires, c'est sans doute contraindre ceux-ci à prendre le moins possible d'initiatives qui risqueraient de susciter des procès en cascade. De telles conclusions sont tout à fait superficielles.

Les prémisses théoriques de la théorie du mythe

C'est sans doute dans la conclusion de l'*Introduction à l'économie moderne* que l'on trouve la marque la plus nette de l'évolution intellectuelle de Sorel liée à un scepticisme croissant à l'égard non des sciences pures, mais des sciences sociales, favorisé peut-être par la lecture de Bergson. Précisément au moment où des théories sociologiques se déversent à plein tombereau, la possibilité d'une physique sociale lui paraît devenue totalement illusoire. Et il serait vain d'invoquer la « jeunesse » de la sociologie pour excuser à la fois cette hardiesse et cette impuissance, en attendant la formulation de théories plus solides. C'est pourquoi Sorel recommande à la sociologie d'adopter « une allure franchement subjective » et de subordonner toutes ses recherches « au genre de solution qu'elle veut préconiser ».[214] Autrement dit, si on le comprend bien, il est nécessaire afin de demeurer les pieds sur terre, d'assigner à la science sociale des objectifs limités et concrets. Il ne peut s'agir de calquer la démarche de la science sociale sur la géométrie par exemple, constituée « pour étudier les choses immuables, les êtres géométriques, ce qui se conserve et peut toujours se retrouver ». Les faits sociaux ne peuvent pas être comparés à des corps solides. « On serait plutôt tenté de les comparer à des nébuleuses, dont la position, les aspects et les dimensions varient à tout instant. »[215] De sorte qu'en raison de leur « mobilité » le risque existe « de dire à leur sujet tout ce que l'on voudra ». Sorel propose malgré tout une « méthode » pour l'éviter: fixer ce qui est doté d'une invariance identifiable. Pour cela il propose de procéder à une sélection et d'établir un ordre, « de manière à ce que chaque aspect de la nébuleuse ait l'apparence d'un tout organisé, représente un certain type social, puisse subir la critique de l'intelligibilité ».[216] Une telle démarche interdit de s'éloigner de la réalité concrète et de constituer des « modèles » abstraits sans contact avec elle. Tout en opposant sciences « pures » et pseudo-sciences sociales, il admet cependant au sujet des secondes la possibilité de conceptualiser, même si le champ de la conceptualisation doit demeurer étroit. Sorel note que de tout temps on a plus ou moins adroitement employé cette méthode et « remplacé l'ensemble confus que donne la réalité par une série de types susceptibles d'être décrits avec exactitude et clarté ». La démarche est parfaitement justifiée à la condition de ne pas tomber dans l'erreur (trop souvent commise) consistant à y voir « des figures réelles ».

Sorel invoque Marx a l'appui de sa réflexion épistémologique. Loin de se contenter d'un seul point de vue, le philosophe allemand a eu le mérite d'appeler l'attention « sur les diverses faces du phénomène étudié » (ce qui est peu original et le moins que l'on

---

214 *Introduction à l'économie moderne*, *op. cit.*, p. 386.

215 *Ibid.*, p. 369.

216 *Ibid.*, p. 370.

peut exiger d'une démarche qui se veut rigoureuse), et de faire « des efforts singulièrement tenaces pour arriver à épuiser, aux moyens de mots, tout ce qu'offre de variété le résultat de l'activité humaine ». A côté de ces remarques somme toute banales, Sorel, se référant cette fois à Vico et non plus à Marx, donne un conseil de prudence pertinent, qui devrait selon lui être l'étoile de Bethléem de tout théoricien en science sociale: n'exercer sa réflexion que sur « des institutions, des usages et des règles empiriques ayant acquis dans la pratique *des formes bien déterminées* ». Mais lui qui combat avec la dernière énergie l'idéalisme au point de dénier à Cabet, mais aussi - ce qui est plus surprenant - à Fourier, tout intérêt[217] succombe à l'erreur épistémologique qu'il dénonce en attribuant au présent l'instrumentalité de la connaissance du passé. L'oiseau de Minerve n'est peut-être plus le symbole de la Raison accomplie dans l'Histoire, il l'est au moins de l'Intelligibilité. « Le principe qui idéologiquement est fondamental, ne peut apparaître que le jour où la société a pris tout son développement. » Et déjà Sorel ébauche l'opposition qu'il développera dans les *Réflexions sur la violence* entre l'utopie et le mythe.

La nouvelle approche sorélienne apparaît incontestablement liée à son scepticisme croissant à l'égard d'une réflexion sociale présentant un caractère scientifique. Se référant aux débats idéologiques animant la social-démocratie, il observe qu'ils n'ont pas jeté « beaucoup de lumières sur les difficultés » même si les fameux « dogmes » renferment quelque chose d'essentiel au progrès du socialisme. Ainsi en va-t-il de la conception « catastrophique » - celle qui consiste à croire à l'effondrement inévitable du capitalisme - que tout démontre erronée. « Je me demande (la formulation de Sorel demeure prudente) s'il ne faudrait pas traiter comme des mythes les théories que les savants du socialisme ne

---

[217] « Il est très regrettable que les socialistes aient trop souvent semblé encourager les utopistes contemporains en parlant avec trop de bienveillance des utopistes anciens. Si Fourier et Cabet méritent d'être lus, pourquoi Jaurès et Fournière ne mériteraient-ils pas, eux aussi, d'être comptés parmi les investigateurs bienfaisants de l'avenir? »

veulent plus admettre et que les militants regardent comme des axiomes à l'abri de toute controverse. Il est probable que déjà Marx n'avait présenté la conception catastrophique que comme un mythe, illustrant d'une manière très claire la lutte des classes et la révolution sociale. »[218] Une philosophie sociale révolutionnaire qui doit s'interdire de se donner le statut scientifique, si elle ne veut pas se leurrer elle-même, a besoin de mythes pour exposer ses conclusions. Les théories contestées sur le plan scientifique - il s'agit bien évidemment ici de celles de Marx - apparaissent alors indispensables à l'action révolutionnaire, dans la mesure où le passage des idées à l'action impose le mythe comme vecteur. De sorte qu'il est vain d'élaborer des constructions sophistiquées auxquelles on donne abusivement le nom de science, alors que « le vieux socialisme révolutionnaire est infiniment plus pénétré d'esprit philosophique ».

Les *Réflexions sur la Violence*

Publié au cours des six premiers mois de 1906, dans le *Mouvement socialiste*, et dans *Il Divenire sociale*, édité peu de temps après en volume, *Réflexions sur la violence* est le livre le plus connu - peut- être le seul livre connu - de Sorel. Cela peut s'expliquer parce que c'est celui qui expose avec le plus de clarté, le plus de souci didactique, sa théorie du mythe. Sorel se propose d'étudier le rôle de la violence - qui émerge au moment des grèves - dans le déroulement des processus sociaux, et par conséquent son influence sur le socialisme dont se réclament les grévistes. « Cette étude a pour objet d'approfondir la connaissance des mœurs et non de discuter sur les mérites ou les fautes des personnages marquants; il faut chercher comment se groupent les sentiments qui dominent

[218] *Ib.*, p. 376-377.

les masses. »[219] Sorel considère sa méthode identique à celle de Marx et dès les premières pages il se place sous l'autorité du philosophe allemand, tout en interprétant sa pensée d'une manière originale. Il ne s'agit pas d'emboîter le pas au Marx inventeur d'une théorie sociale « pseudo-scientifique ». D'une certaine manière, Sorel considère lui avoir réglé son compte dans les débats idéologiques des dernières années du XIXe siècle. Il s'agit pour lui de voir seulement en Marx un génial « inventeur » de mythes sociaux indispensables à l'action prolétarienne. De manière sans doute peu logique, mais tout à fait compréhensible dans sa nouvelle perspective, Sorel se désinteresse de la responsabilité de Marx dans les interprétations dogmatiques, mécanistes, de sa philosophie de l'histoire. Le temps n'est plus où, dans la Préface à la *Critique de l'Economie politique*, il ferraillait avec Gentile sur la question de la fatalité du processus historique. Désormais, dans la mesure où l'antagonisme entre bourgeois et prolétaires lui paraît être l'axe d'interprétation de l'histoire de son temps, le lieu géométrique des hypothèses sur l'avenir (Sorel ne dit pas *théories* ou *utopies*, mais *hypothèses*!), la vision d'un capitalisme qui produit, en quelque sorte selon sa nature, des prolétaires adversaires naturels des bourgeois, cadre parfaitement avec cette conception: « Suivant Marx - écrit-il - le capitalisme est entraîné, en raison des lois intimes de sa nature, dans une voie qui conduit le monde actuel aux portes du monde futur, avec l'extrême rigueur que comporte une évolution de la vie organique. Ce mouvement comprend une longue construction capitaliste et il se termine par une rapide destruction qui est l'oeuvre du prolétariat. »[220] Selon cette façon de penser, bourgeoisie et prolétariat sont opposés - classe contre classe - dans une lutte à mort. Cela ne signifie nullement que cette dichotomie se retrouve dans la réalité où les catégories sociales peuvent se diversifier à l'infini. Marx lui-même dans ses ouvrages historiques a établi une typologie bien différente de la dichotomie bourgeoisie/prolétariat. Il n'en demeure pas moins

---

[219] *Réflexions sur la violence, op. cit.*, p. 61.
[220] *Ibid*, p. 112.

qu'il a été parfaitement avisé, dans le *Manifeste* (considéré autrefois par Sorel comme un pur ouvrage de propagande), de ne pas s'en tenir aux réalités empiriques et de présenter le conflit des idées juridiques sous la forme de luttes engagées entre couples antagonistes. Plus d'un demi-siècle après la rédaction du *Manifeste* cette méthode se révèle correcte: « A l'heure actuelle - avait déjà écrit Sorel dans la Préface à Colajani - toutes les solutions des grandes batailles politiques dépendent du mouvement qui se produit dans les classes ouvrières, toute la pensée moderne est occupée à juger ce mouvement, elle lui est favorable ou défavorable. Les consciences, s'inspirant des conflits incessants des classes ouvrières et des classes capitalistes, cherchent à s'orienter entre des thèses contraires et ne peuvent le faire qu'en passant par l'abstraction de la division dichotomique. »[221] Dans le conflit entre bourgeoisie et prolétariat, ce dernier joue un rôle révolutionnaire que Sorel estime indispensable au progrès de la civilisation. Si le prolétariat manquait à sa tâche, la civilisation européenne pourrait entrer dans une ère de décadence comparable à celle de la fin de l'Empire romain.

Cette façon de lier le destin du prolétariat et le sort de la civilisation s'explique par la conception sorélienne de la civilisation identifiée à la réalisation d'un « but » collectif. Sur ce point, il convient de rappeler l'influence de certains aspects de la pensée de Renan sur Sorel. Le savant auteur des *Origines du christianisme* et de l'*Histoire du peuple d'Israël* considérait dans un raccourci sans doute contestable - mais l'important n'est pas là - que la civilisation occidentale reposait sur la religion chrétienne et que le déclin irrémédiable de la religion entraînerait un inévitable abaissement moral et intellectuel. Une phrase de Renan marquera profondément Sorel, qui la citera dans les *Réflexions sur la violence*: « Les personnes religieuses vivent d'une ombre. Nous vivons de l'ombre d'une ombre. De quoi vivra-t-on après nous? »

Une haute civilisation requiert du sublime. Il importe donc de savoir où se trouve son support. Dans la religion? Sorel ne le

---

[221] In *Matériaux...., op. cit.*, p. 187.

pense pas, même si sur ce point son sentiment a varié. Dans *la Ruine du monde antique* il avait dénoncé le christianisme comme le cancer du monde romain et s'était préoccupé de savoir si dans le monde industriel moderne il pouvait jouer un rôle aussi néfaste que dans l'Empire romain. Après 1900, son optique changera. Influencé peut-être par la lecture de Newman cité dans les *Réflexions*, il établit une distinction entre le « modernisme » théologique, désireux de concilier la religion et le siècle, et l'affirmation d'une foi totalement étrangère à la réalité « mondaine ». Le maintien de la pureté de la foi va dans le sens du sublime parce qu'il revient à s'opposer au laisser-aller et exige des efforts, des sacrifices, en un mot parce qu'il se situe aux antipodes de la facilité. Mais si Sorel s'intéresse à ce renouveau religieux, il ne semble guère que son athéisme lui ait permis d'y voir la source d'un véritable renouveau social. De surcroît, disciple conséquent de Marx, il ne pouvait accorder à une « idéologie » sans base sociale quelque chance de peser sur l'avenir.

Poursuivant sa réflexion, Sorel devait inévitablement rencontrer une question à laquelle il lui était nécessaire de répondre: pourquoi ne pas continuer à « miser » sur la bourgeoisie? La réponse est claire. Si le sublime est nécessaire dans la société, s'il est indispensable de raviver la flamme, la bourgeoisie ne peut y contribuer parce qu'elle n'a plus l'élan qui la portait vers lui. De manière implicite, Sorel ici raisonne comme Marx. On sait que le *Manifeste* contient l'un des plus grands éloges qui soit à l'égard de la bourgeoisie conquérante. On sait aussi qu'il s'agit d'un éloge funèbre. Sorel partage cette conception des choses, pour des raisons qui, formulées de manière différente, ne sont pas très éloignées de celles de Marx. Le progrès doit être assimilé à la construction d'un univers mécanique dont l'agencement dominé par la pensée de l'homme permet la maitrise de son environnement. Or, d'une certaine manière - du moins en France - la bourgeoisie ne peut plus répondre à cette attente. Elle n'a plus l'enthousiasme, ni l'abnégation nécessaire. Les éloges prodigués par Sorel aux industriels américains n'ont pas été assez remarqués. Outre-Atlantique les industriels ne songent, selon lui, qu'à la production, à sa croissance, et œuvrent hardiment sans souci de leur bonheur personnel dans le sens des progrès techniques, donc de ceux de la civilisation. Les bourgeois français ne sont pas de cette trempe. Le mépris de Sorel pour le second Empire, qui fut pourtant en France l'ère du développement du capitalisme et la marque du volontarisme industriel, est à cet égard très révélatrice, bien qu'il ne se soit guère expliqué sur les raisons profondes de cette hostilité. Sans doute y a-t-il vu - comme Marx - un régime politique dominé par la « société du dix décembre », par les déclassés, en fait les aventuriers , non pas les aventuriers de l'industrie, mais ceux de la spéculation financière et des basses intrigues politiciennes. Selon lui ce monde faisandé, sans la moindre rigueur morale, a trouvé son système de pensée dans la philosophie du dix-huitiËme siècle, philosophie de la facilité et des idées faussement claires relatives au progrès.

Les Illusions du Progrès

A peu près en même temps qu'il publiera ses travaux sur la violence, Sorel consacrera des études rassemblées sous le titre *Les illusions du progrès*. Prenons garde cependant à la signification de la formule employée. Elle ne vise pas le progrès de la technique, mais «l'idée » de progrès, véhiculée par la philosophie du XVIIIe siècle (et préparée par Descartes au siècle précédent) qui - selon Sorel - a gangrené la bourgeoisie française parce qu'elle l'a muni d'idées simplistes sur l'amélioration de la vie. Il convient ici de s'arrêter sur les « têtes de Turc » de Sorel, moins pour s'interroger sur la pertinence de son jugement que pour en saisir le sens: Descartes essentiellement mais aussi Condorcet.

Descartes est désigné comme le premier coupable. Sorel qui affirme « étudier les doctrines du point de vue du matérialisme historique »[222] considère le cartésianisme comme la philosophie des

---

[222] *Les illusions du progrès*, *op. cit.*, p. 37.

gens du monde qui y ont trouvé des formules capables d'exprimer leurs tendances. L'important lui semble moins être la pensée proprement dite de Descartes, qu'il considère en soi de peu d'importance pour le sociologue, que l'existence entre cette pensée et les « idées courantes » de points d'attache suffisamment nombreux permettant d'en faire la doctrine favorite d'une génération ultérieure. C'est là que doit porter le jugement de l'histoire. Or, Sorel considère les conceptions cartésiennes « infiniment mieux appropriées à la conversation qu'à la véritable science ».[223] « La science cartésienne - écrit-il - n'était pas assez embarrassée de technique mathématique pour que des gens du monde, ayant reçu une bonne éducation libérale, ne pussent discuter avec les professionnels. Descartes était admirable pour improviser des explications, soit des faits naturels connus, soit des expériences nouvelles qu'on lui soumettait; un homme d'esprit, familier avec les raisonnements cartésiens, pouvait trouver réponse à tout: c'est là ce qui constitue le caractère essentiel d'une bonne philosophie pour les habitués des salons. »[224]

Parce qu'il utilise de grandes machines, entendons de grandes constructions intellectuelles plausibles, mais en réalité fausses, le cartésianisme favorise les « rationalistes de bonne société » au détriment de la vraie raison. Fondé ou non, l'argument a en lui-même une grande importance. Ce que Sorel dénonce, c'est « l'idéalisme théorique » détaché du réel, du concret. En même temps - goût excessif du paradoxe? idée brillante mais évidemment dangereuse? - Sorel rejette le doute méthodique cartésien qu'il rapproche des habitudes de l'esprit aristocratique, sans s'arrêter au fait qu'il est aussi l'apanage des révolutionnaires. Finalement, pour Sorel, l'esprit cartésien, fait d'idées claires et d'élégance dans l'exposition, « ne conduit à rien d'utile, ni de certain ». « Le cartésianisme restera toujours le type de la philosophie française parce qu'il était parfaitement adapté aux tendances d'une aristocratie pleine d'esprit, se piquant de raisonner et désireuse de trouver des

---

223 *Ibid.*, p. 44.

224 *Ibid.*, p. 45.

moyens de justifier sa légèreté. »[225] Alors que la véritable science consiste a prendre à bras le corps la réalité dans sa complexité et à essuyer beaucoup d'échecs, le cartésianisme répond à un besoin qui semble à Sorel permanent pour la « société dominante »: celui d'être en possession d'un moyen « d'émettre des opinions sur toute chose sans avoir besoin de traverser une instruction spéciale », d'une certaine manière de pouvoir parler de tout sans rien savoir de précis.

Condorcet n'est pas non plus épargné sur le même sujet et pour des motifs somme toute voisins puisqu'il s'agit de lui faire reproche de souhaiter la diffusion de demi-savoirs. La vulgarisation des connaissances - la diffusion des Lumières ! - considérée comme une tâche prioritaire reviendra seulement à permettre aux nouvelles élites de raisonner suivant les modes des salons de l'Ancien Régime. Diffuser les idées du XVIIIe revient à « mettre les jeunes républicains en état de tenir une place honorable dans une société constituée suivant les conceptions de l'Ancien Régime [et à] placer les nouveaux maîtres au rang mondain qu'occupaient leurs prédécesseurs ».[226] La masse du peuple ne trouvera pour sa part aucun avantage dans cette vulgarisation du savoir. Intellectuellement gangrenée par ces idées fausses la bourgeoisie (mais Sorel ne semble pas reconnaître qu'avec ces mêmes idées fausses elle a contribué au progrès économique au XIXe siècle) est incapable de faire revivre le sublime, d'autant qu'elle n'est plus préoccupée que de ses petits intérêts et pas du tout de ceux de la civilisation .

Vers qui alors se tourner? Vers le prolétariat. Sorel, qui se souvient certainement de l'alternative de Marx: « Socialisme ou barbarie », lui confère une véritable mission: sauver la civilisation. A ce sujet, il indique les conditions auxquelles le prolétariat pourra être la classe porteuse de sublime dans la civilisation et pour le faire comprendre il établit une comparaison entre le prolétariat moderne et les armées de la Révolution.

---

[225] *Ibid.*, p. 49.

[226] *Ibid.*, p. 55.

Si l'atelier moderne exige des ouvriers attentifs à l'innovation, il leur faut posséder aussi des dispositions psychologiques adaptées. Ils ne peuvent attendre en effet de manière individuelle un bénéfice immédiat, voire à court terme, de leur abnégation et de leurs efforts continus. Sorel ne s'est guère soucié de la question du niveau de vie. Janséniste du socialisme comme on l'a parfois désigné, la vie n'est pas selon lui faite pour jouir. Une vie digne de ce nom est faite de réserve, de sagesse, de sobriété. Certes, elle doit se dérouler dans des conditions qui en permettent la dignité. Mais comme Proudhon et Péguy, qui effectueront une distinction entre la pauvreté et la misère, Sorel est partisan d'une vie pauvre, à condition que la pauvreté soit compatible avec la dignité. Quoi qu'il en soit, le travailleur pourrait s'interroger sur la raison d'être d'efforts n'entraînant pas de résultat tangible pour lui. Pour résoudre cette difficulté Sorel établit un parallèle entre les armées révolutionnaires - qu'il appelle constamment les armées de la Liberté - et la classe ouvrière. Celle-ci doit agir en ayant à l'esprit la mentalité des soldats de la Révolution. Bien qu'il se soit toujours montré hostile au jacobinisme et qu'il brocardera Jaurès pour son admiration à l'égard de la Convention, Sorel exprimera constamment son admiration pour les vertus héroiques déployées par les troupes révolutionnaires. Les soldats qui les composaient avaient le sentiment de participer à une épopée qui leur donnait une sorte de gloire collective, de même que, comme le soulignait Renan, les Grecs avaient combattu pour la gloire. Tout comme le soldat de la Révolution qui se conduisait héroïquement sans attendre de récompense proportionnée à son mérite, l'ouvrier doit avoir assez d'abnégation pour ne pas chercher a tout prix une récompense individuelle. Il doit avoir en tête ce modèle. Mais cela peut-il suffire pour susciter en lui l'enthousiasme? « Le progrès économique dépasse infiniment nos personnes - écrit Sorel - et profite beaucoup plus aux générations futures qu'à ceux qui le créèent; mais donne-t-il la gloire? Y a-t-il une épopée économique qui puisse enthousiasmer les travailleurs? Le ressort de l'immortalité que Renan regardait comme si puissant est évidemment sans efficacité ici, car on n'a jamais vu des artistes produire des chefs d'œuvre sous l'influence de l'idée que ce travail leur procurerait une place dans le paradis (comme les Turcs se font tuer pour jouir du bonheur promis par Mahomet)... Il faut savoir s'il y a dans le monde des producteurs des forces d'enthousiasme capables de se combiner avec la morale du bon travail, en sorte que dans nos jours de crises, celle-ci puisse acquérir toute l'autorité qui lui est nécessaire pour conduire la société dans la voie du progrès économique. »[227] La morale du bon travail, à laquelle Sorel fait référence, va par exemple consister dans le souci d'une parfaite exécution du travail pour obtenir un produit sans reproche. Prenant le contrepied de certains syndicalistes révolutionnaires et s'appuyant sur Marx qui estimait que la tromperie ne correspondait pas au système moderne des affaires (!!!), Sorel souligne l'importance de la probité dans le travail (tout comme l'avait fait avant lui Péguy) et il en fait découler l'exigence des ouvriers à l'égard de la compétence de ceux qui les dirigent (dans le travail et dans les grèves). Là aussi la comparaison peut être entretenue avec les armées révolutionnaires: « Le soldat des guerres de la Liberté attachait une importance presque superstitieuse à l'accomplissement des moindres consignes. De là résulte qu'il n'éprouvait aucune pitié pour les généraux ou les fonctionnaires qu'il voyait guillotiner après quelque défaite, sous l'inculpation de manquement à leur devoir; il ne comprenait point ces événements comme peut les juger l'historien d'aujourd'hui; il n'avait aucun moyen pour savoir si vraiment les condamnés avaient commis une trahison; l'insuccès ne pouvait être expliqué à ses yeux que par quelque faute très grave imputable à ses chefs. »[228] Mais cette morale du bon travail, Sorel y insiste, doit se combiner avec la grève générale qui insuffle dans l'âme des producteurs un état d'esprit épique. Et c'est là que la pensée de Marx prend une portée nouvelle.

---

[227] *Ibid.*, p. 386-387.
[228] *Ibid.*, p. 381.

Grève prolétarienne et grève politique

Etablissant la distinction entre les deux, Sorel met en garde la classe ouvrière contre une confusion possible. La grève générale prolétarienne est une guerre contre les adversaires de classe: c'est-à-dire la bourgeoisie capitaliste. Pour le comprendre l'approche théorique de la grève exige de rompre avec « les anciennes chapelles officielles, utopistes et politiques ».[229] Fait d'hypocrisie - et à cet égard l'analyse sorélienne correspond à une réalité clairement perçue qui ne s'est pas démentie - le socialisme officiel se réclame bruyamment de la lutte de classes tout en invoquant la Nation et les solidarités qu'elle exige. On s'affirme à la fois internationaliste et patriote. « Un peu d'internationalisme écarte de la Nation, beaucoup en rapproche. » On prétend que l'émancipation des travailleurs doit être leur œuvre, et en même temps on les invite à voter pour un « professionnel de la politique » assurant à celui-ci une bonne situation. L'Etat doit disparaître - fidélité à Engels oblige - mais surtout dans un avenir lointain. En attendant, on doit s'y préparer en l'utilisant « pour gaver les politiciens de bons morceaux ». Finalement, le socialisme officiel est caractérisé par la conciliation entre l'intransigeance des formules et l'opportunisme le plus souple. C'est à ce socialisme « bruyant, bavard et menteur, qui est exploité par les ambitieux de tout calibre, qui amuse quelques farceurs et qu'admirent les décadents » que s'oppose le syndicalisme révolutionnaire dont le but sera de mettre en pleine lumière les oppositions existantes. Mais - et c'est là l'un des apports de Sorel au socialisme - le langage ne suffit pas. « Il faut faire appel à des ensembles d'images capables d'évoquer en bloc et par la seule intuition, avant toute analyse réfléchie, la masse des sentiments qui correspondent aux diverses manifestations engagées par le socialisme contre la société moderne. »[230] Peut-être influencé par Bergson auquel il se réfère expressément, Sorel veut faire

[229] *Réflexions...*, *op. cit.*, p. 169.
[230] *Op. cit* , p. 173.

prévaloir la connaissance intuitive sur l'analyse en affirmant que le socialisme se résume dans la grève générale, et qu'il est inutile de disserter sur les difficultés de détail et la possibilité pour celle-ci de réussir. Rappelant - ce qu'il affirme depuis qu'il écrit - qu'à son sens aucun procédé scientifique ne permet de prévoir l'avenir, ni même de faire un choix au sujet de la plus grande validité de telle hypothèse par rapport à telle autre, Sorel souligne la nécessité d'utiliser des mythes sociaux comme point d'appui pour l'action. Le mythe, considéré comme un levier pour l'action, est présent dans toutes les grandes aventures historiques. Les premiers chrétiens attendaient la fin du monde et l'instauration du royaume de Dieu, qui ne sont pas venus, mais cette espérance a été un aliment pour la foi. Par ailleurs, si l'exaltation de certains prédicateurs de la Réforme n'a plus guère de sens à l'heure actuelle, est-ce la raison de contester « l'immense résultat qui est sorti de leurs rêves de rénovation chrétienne? » De même, la Révolution a pu décevoir, mais sans les tableaux enchanteurs qui avaient enthousiasmé ses premiers adeptes, « aurait-elle pu vaincre? » Les mythes porteurs de la Révolution étaient sans doute mêlés d'utopie, peu importe. Ils ont été un moyen d'agir sur le présent et il en ira de même du mythe de la grève générale. Compte seul le mythe pris comme un tout. Dès lors, inutile de se livrer à des analyses sur les « incidents » de la guerre sociale. Même si l'on se fait des idées fausses sur la grève générale, le mythe donne une précision et une rigueur à la pensée socialiste que d'autres manières de penser n'ont pas. Puisque les ouvriers doivent lutter contre la bourgeoisie, la question est donc de faire surgir les « représentations » permettant d'agir sur eux et de les exhorter au combat. Le mythe de la grève générale prend ainsi tout son sens. Employant une formule un peu alambiquée, Sorel le définit « comme une organisation d'images capables d'évoquer instinctivement tous les sentiments qui correspondent aux diverses manifestations de la guerre engagée par le socialisme contre la société moderne. »[231] L'idée de grève générale concentre des images, des rêves plus ou moins précis d'échecs à effacer, de succès

[231] *Op. cit.*, p. 182.

futurs, etc. Elle est un ensemble qu'il ne s'agit surtout pas d'analyser dans les détails, ce qui reviendrait à lui faire perdre de sa force. Finalement, la grève générale prolétarienne ressemble à la guerre. Jouant un rôle historique, le prolétariat se sépare du reste de la collectivité et subordonne tout à son combat, n'attendant que le moment de s'y lancer pour supprimer l'Etat et « expulser les capitalistes du domaine productif et reprendre ensuite sa place dans l'atelier créé par le capitalisme ».[232]

Cette conception de la grève générale affirmée, Sorel s'est ensuite efforcé de prouver, tout en reconnaissant ce que cela pouvait avoir de paradoxal dans la mesure ou les marxistes « autorisés » s'y étaient montrés hostiles pour la plupart, qu'elle correspondait aux « thèses capitales du marxisme ».[233] Citant des textes de Bergson, assez proches, soit dit en passant du galimatias qu'il dénonce habituellement, dans lesquels le philosophe invite pour dégager la matérialité brute des faits connus à « neutraliser les unes par les autres (!?) toutes les idées préconçues et prématurées que les observateurs ont pu déposer, à leur insu au fond de leurs observa-tions », Sorel affirme que « la nouvelle école » s'est débarrassée de la scolastique marxiste des Allemands et a découvert que « la notion de grève générale mettait en mesure d'explorer avec fruit tout le vaste domaine du marxisme » demeuré étranger à ses commentateurs. De manière peut-être plus exacte, il souligne que Marx n'avait pas sous les yeux les expériences qui lui auraient permis de connaître les moyens dont le prolétariat peut disposer pour se préparer à la Révolution. Sorel explique l'emploi fait par Marx de formules abstraites « concentrées » par son désir d'éviter toute référence à des détails trop concrets, ce qui l'aurait conduit à justifier des institutions existantes (les organisations socialistes de son époque sans doute, bien qu'il ne le précise pas) jugées cependant par lui médiocres. « Il n'y a pas de meilleure preuve à donner pour démontrer le génie de Marx, que la remarquable concordance qui se trouve exister entre ses vues et la doctrine que

---

[232] *Op. cit.*, p. 249.

[233] *Op. cit.*, p. 185.

le syndicalisme révolutionnaire construit aujourd'hui lentement, avec peine, en se tenant toujours sur le terrain de la pratique des grèves. »[234]

De quelles « vues » s'agit-il? De la lutte de classe tout d'abord. La grève générale prolétarienne met en pleine lumière deux camps engagés dans la lutte sociale. Dans la vie sociale quotidienne, les conflits entre individus et même entre catégories, peuvent être dictés par des sentiments assez peu honorables, l'envie ou l'amour-propre blessé. Combien de fois le pseudo-révolutionnaire ne le demeure en parole que tant que la bourgeoisie ne lui a pas fait une place honorable? Sorti du peuple, disait ironiquement Clemenceau de Briand... et bien décidé à ne pas y rentrer! Or, ces aspects psychologiques perdent de leur importance avec la grève prolétarienne et le rêve d'embourgeoisement s'évanouit. Du moins Sorel le pense-t-il. « L'idée de grève générale est à ce point motrice qu'elle entraîne dans le sillage révolutionnaire tout ce qu'elle touche. Grâce à elle, le socialisme reste toujours jeune, les tentatives faites pour réaliser la paix sociale semblent enfantines, les désertions de camarades qui s'embourgeoisent, loin de décourager les masses, les excitent davantage à la révolte; en un mot, la scission n'est jamais en danger de disparaître. »[235] Sorel ne néglige cependant pas l'examen des obstacles auxquels se heurte l'idée de grève générale. Les transactions ont toujours existé, le progrès s'est réalisé par des compromis et la mobilité du monde moderne incline à penser que les choses pourraient continuer de cette façon. Ceci apparaît d'autant plus plausible que la domination de la bourgeoisie pourrait se concilier avec des « organisations politiques, des systèmes d'administration et des régimes financiers différents ».[236] C'est justement le mérite de la grève générale de couper court à ce type de politique sociale et d'amener à considérer comme bourgeoises les réformes, mêmes les plus populaires. Elle permet de donner un relief nouveau à la notion de révolution. Marx

---

234 *Op. cit.*, p. 203.
235 *Op. cit.*, p. 193.
236 *Op. cit.*, p. 194.

considère que dans le processus révolutionnaire le prolétariat s'organise et se discipline. Pour sa part, Sorel estime que cela correspond, surtout en France, plutôt à ce que l'on pouvait constater à la fin de la monarchie de Juillet qu'à la situation ultérieure. Mais le jugement de Marx peut être interprété comme une mise en relation de la préparation du prolétariat à la Révolution et de sa résistance « obstinée, croissante et passionnée » à l'organisation sociale existante.

Sorel attire l'attention sur un point effectivement important chez Marx: la nécessité pour la Révolution de se produire dans une situation de progrès économique. Certes, il situait la Révolution - perçue comme un effondrement, une grande catastrophe - au moment d'une crise économique. Mais la crise n'était due qu'aux obstacles créés par les rapports de production au développement des forces de production. La Révolution est comparable à un flot emportant une digue. Sorel ajoute à cela deux considérations. Tout d'abord, les ouvriers sont animés de l'idée de révolte surtout dans des périodes de prospérité et ils n'assimilent pas la transformation sociale à la « décadence économique ». En second lieu, le socialisme est l'héritier du capitalisme et en assure la continuité technologique. « Marx avait au plus haut degré l'idée que la révolution sociale dont il parlait constituerait une transformation irréformable, et qu'elle marquerait une séparation absolue entre deux ères de l'histoire; il est revenu souvent sur ces points et Engels a essayé de faire comprendre, sous des images parfois grandioses, comment l'affranchissement économique serait le point de départ d'une ère n'ayant aucun rapport avec les temps antérieurs. Rejetant toute utopie, ces deux fondateurs renonçaient aux ressources que leurs prédÈcesseurs avaient possédées pour rendre moins redoutable la perspective d'une grande révolution, mais si fortes fussent les expressions qu'ils employaient, les effets qu'elles produisent sont encore bien inférieurs à ceux qui résultent de l'évocation de la grève générale. Avec cette construction il devient impossible de ne pas voir qu'une sorte de flot irrésistible passera sur l'ancienne civilisation. »[237]

Selon Sorel les épigones socialistes ont éprouvé de la difficulté pour reprendre à leur compte une telle conception, notamment en raison du goût des milieux socialistes pour l'utopie. Ce qui le conduit à rappeler le caractère néfaste de l'idéologie scientifique du XVIIIe siècle, qui s'est crue abusivement capable « de corriger la société et d'indiquer les mesures à prendre pour faire disparaître ce que le monde a de déplaisant ». Le socialisme de la « nouvelle école » rejette cette conception de la science fabricatrice d'utopies dont le socialisme allemand est profondément imprégné (Kautsky, notamment). L'utopie ne peut conduire qu'aux illusions positivistes ou encore au regain d'attrait pour les « mystères » du catholicisme opposés au plat rationalisme régnant au sein de l'Université.

Finalement, Sorel considère qu'il y a dans les faits sociaux une région claire et une région obscure « et que celle-ci peut-être la plus importante. »[238] La croyance à la possibilité de mettre en pleine clarté les phénomènes sociaux n'est qu'une illusion. Vraie pour la morale qui possède une partie claire avec « ce qui se rapporte aux relations équitables des hommes », mais aussi une partie obscure « celle qui a trait aux rapports sexuels », l'impossibilité de tout expliquer vaut pour la législation et pour l'économie. A défaut de s'en persuader, la « petite science » engendre des sophismes consistant à tout simplifier par paresse intellectuelle, par exemple à réduire la production à l'échange, alors qu'elle est ce qu'il y a de plus mytérieux dans l'activité humaine et ne peut être décrite avec la clarté propre aux régions superficielles de la réalité. Aucun effort de la pensée, aucun progrès des connaissances, aucune indication raisonnable ne pourront jamais faire disparaître le mystère qui pour cette raison enveloppe le socialisme, greffé sur l'activité productive. C'est parce que le marxisme (selon Sorel) a bien reconnu ce caractère qu'il a acquis le droit de servir de point de

---

237 *Op. cit.*, p. 201.

238 *Op. cit.*, p. 211.

départ aux études socialistes.[239] L'engagement dans la lutte révolutionnaire ne s'établit pas à partir de conseils pratiques. Les seuls procédés utilisables sont liés aux lois de l'action, dont le déroulement des grands mouvements historiques nous donne l'idée. Comprise comme un mythe, la grève générale correspond aux exigences de l'action révolutionnaire parce qu'elle fournit « les images colorées et nettement dessinées » stimulantes pour les énergies ouvrières.

Encore faut-il que le prolétariat ne tombe pas dans le piège de la grève générale **politique** menée exclusivement dans l'intérêt des politiciens. Bêtes noires de Sorel qui les méprise et invite les ouvriers à faire de même, les politiciens - extrêmement habiles à détourner à leur profit l'action des organisations prolétariennes (par exemple les coopératives) - sont loin d'être des adversaires négligeables. « Plus d'un politicien fait les yeux doux à leur caisse [des coopératives] et voudrait obtenir que le parti vécût sur les revenus de la boulangerie et de l'épicerie. »[240] Mais ils tentent aussi de vampiriser les syndicats qu'ils rêvent d'utiliser pour leur propagande électorale. Sorel affirme qu'aux élections de 1902, Millerand aurait été battu dans sa circonscription s'il n'avait reçu un appui marqué du syndicat des cheminots. Les socialistes pourraient ainsi avoir l'idée de détourner la grève générale de ses objectifs. En France, ils ont été tentés pendant longtemps de croire qu'ils ariveraient au pouvoir par le renforcement de leur audience électorale. Or cela devient moins évident après 1905. Puisque la République n'est plus menacée comme au temps de l'Affaire Dreyfus, on a moins besoin d'eux. Leur influence parlementaire se réduit. La période du combisme s'achève et le règne de la « délégation des gauches » sur laquelle Jaurès exercait son autorité incontestée touche à sa fin. De sorte que d'autres tactiques risquent de se révéler nécessaires. La grève pourrait devenir alors un moyen pour les socialistes de faire pression sur le gouvernement. Sorel effectue le rapprochement entre cette tactique et celle utilisée par la

---

[239] *Op. cit.*, p. 217.

[240] *Op. cit.*, p. 222.

Montagne en mars 1793 pour se débarrasser des Girondins. Ce type de grève est à l'opposé de la grève générale **prolétarienne**, puisqu'elle a pour objet de servir les intérêts des politiciens socialistes et, en fait, de renforcer l'Etat et le système capitaliste. Elle aurait aussi pour résultat de faire disparaître dans la lutte sociale la **scission** si indispensable au prolétariat pour qu'il conquiert véritablement ses droits. Elle peut en effet se produire dans n'importe quelle structure sociale et surtout surgir dans une ère de dégénérescence économique. « L'expérience montre que les classes en voie de décadence se laissent prendre plus facilement aux harangues fallacieuses des politiciens que les classes en voie de progrès, en sorte que la perspicacité politique des hommes semble être en rapport étroit avec les conditions qui règlent leur existence. »[241] Lorsqu'elles sont affaiblies par l'évolution économique, les classes qui rêvent d'utopie ont tendance à se tourner vers l'Etat sans chercher vraiment à savoir comment celui-ci satisfera des intérêts divergents. « Il ne manque pas de jeunes avocassons sans avenir qui ont rempli de gros cahiers avec leurs projets détaillés d'organisation sociale. Si nous n'avons pas encore le bréviaire de la révolution que Lucien Herr avait annoncé en 1900, nous savons tout au moins qu'il y a des réglements tout préparés pour assurer le service de la comptabilité dans la société collectiviste. »[242] La situation particulière de la France aggrave cette tendance. On sait depuis Tocqueville et Marx que les révolutions jusqu'ici n'ont fait qu'y renforcer l'appareil d'Etat, de sorte que les financiers socialistes y retrouvent toujours leur compte dans la mesure où un Etat centralisé et démocratique ne manquera pas d'offrir des ressources à leur activité prédatrice. Surtout, le « socialisme sage » a besoin d'ilotes. La société se divise alors en deux: d'un côté ceux qui constituent l'élite partisane, chargés de penser pour la masse; celle-ci de l'autre. Sorel s'en est pris constamment avec une extrême vigueur aux élites pensantes, constituées à la fois par les intellectuels qui font profession de

---

[241] *Op. cit.*, p. 236.
[242] *Op. cit.*, p. 237.

penser et prélèvent un salaire « aristocratique », et l'élite politicienne - autre avatar des intellectuels - qui considère le prolétariat fait pour la nourrir et lui assurer « une vie qui ne rappelle pas trop celle des ascètes ». Dans une telle situation la lutte de classe s'estompe et les oppositions se transforment en un vulgaire antagonisme entre riches et pauvres. La masse malheureuse se borne dans ce cas à faire confiance au génie des démagogues pour améliorer la société, alors que ceux-ci ne sont en réalité que des prédateurs. Leur désaveu du monde tient tout simplement au fait que l'organisation sociale met trop d'obstacles à leurs ambitions. Sorel constate à ce propos un invariant de la politique socialiste. Moins révoltés par l'existence des classes sociales et des inégalités que par l'impossibilité où ils sont d'atteindre les hautes positions dans l'Etat, le jour où ils y arrivent « ils cessent généralement d'être révolutionnaires et parlent savamment de l'évolution ».[243] Face à cet arrivisme, les prolétaires eux-mêmes seront bientôt animés d'une atroce jalousie, celle-ci correspondant à la perception des pratiques totalement dénuées de scrupules dans la lutte pour les positions enviées. Afin d'atteindre leurs ambitions personnelles les politiciens socialistes adopteront alors une tactique simple: faire peur aux riches pour obtenir d'eux des concessions. Tout l'art de la vie politique consistera pour eux à brandir la menace de la Révolution pour obtenir des changements qui les avantagent.

Les producteurs révolutionnaires rejettent radicalement cette optique. Loin de vouloir tirer des avantages matériels de la révolution ils veulent au contraire supprimer l'Etat, instrument de la répartition des avantages en faveur des groupes dominants. Cela conduit évidemment Sorel à aborder la délicate question de la dictature du prolétariat dont Marx avait parlé dans *La Guerre civile en France*. Son propos est à cet égard quelque peu décevant car il ne commente pas Marx, mais les utilisateurs socialistes de la formule, pour dénoncer chez eux l'autoritarisme politicien, le jacobinisme socialiste. Jaurès, l'admirateur de la Convention, fait essentiellement les frais d'une telle critique. Si ses amis et lui

[243] *Op. cit.*, p. 243.

occupaient l'Etat, l'organisation de ce que Sorel appelle l'Etat « postiche » serait plus rigoureuse qu'à l'époque de la Révolution. « On pourrait même supposer - écrit-il - que la transmission de l'autorité s'opérant aujourd'hui d'une façon plus parfaite, grâce aux ressources nouvelles que procure le régime parlementaire, et le prolétariat étant parfaitement encadré dans des syndicats officiels, nous verrions la révolution sociale aboutir à une merveilleuse servitude. »[244]

Force et *violence*

C'est l'occasion pour lui de distinguer au centre des *Réflexions* deux concepts: **force** et **violence**, et de réserver le premier aux actes de l'autorité, tandis que le second concerne ceux liés à la révolte prolétarienne. « Nous dirions donc - écrit Sorel - que la force a pour objet d'imposer l'organisation d'un certain ordre social dans lequel une minorité gouverne, tandis que la violence tend à la destruction de cet ordre. La bourgeoisie a employé la force depuis le début des temps modernes, tandis que le prolétariat réagit maintenant contre elle et contre l'Etat par la violence. »[245] Sur le rapport force/violence Sorel conduit une analyse tout à fait moderne, reprise, sans aveu de filiation d'ailleurs, par des marxistes pourtant bien méprisants à son égard, qui ont néanmoins eu le mérite de faire progresser, en l'utilisant, l'étude des « appareils d'Etat ». A l'origine de la formation du capitalisme, la force n'est pas étrangère - selon Sorel - à l'accumulation primitive, même si les économistes expriment parfois l'idée qu'il fonctionne en quelque sorte à partir des lois naturelles. En réalité, la référence à ces prétendues lois naturelles a pour objectif de faire oublier la force. Tout comme la coercition, l'oppression fiscale ou la législation du travail constituent une manifestation de la force bourgeoise qui

---

244 *Op. cit.*, p. 256.
245 *Op. cit.*, p. 257.

produit l'ordre capitaliste. En revanche, le prolétariat qui cherche à briser le capitalisme use de violence car il ne s'agit pas pour lui de conquérir l'Etat au bénéfice de la basse-bourgeoisie, mais de le détruire. A la vérité, cette distinction est quelque peu scolastique dans la mesure où elle ne repose véritablement que sur la distinction entre les fins poursuivies par ceux qui instrumentalisent l'Etat ou cherchent à le conquérir et ceux qui à l'inverse veulent le détruire. Si l'on suit pas à pas l'analyse menée par Sorel on est frappé d'ailleurs par un certain embarras de sa part. Il présente par exemple la loi de Lynch comme illustration de la violence. Il emploie même des phrases qui portent quelque peu à sourire. « Avant la conquête française - écrit-il - la Kabylie ne connaissait pas d'autre mode de répression que la vengeance privée et les Kabyles n'étaient pas de mauvaise gens » (!!). En même temps, il reconnaît que la violence, lorsqu'elle dépasse une certaine limite, peut être dangereuse pour la moralité. Mais quelle limite lui apporter et comment la faire respecter? Sorel ne s'y arrête pas et cela s'explique assez bien dans la mesure où le prolétariat, animé par les images liées au mythe de la grève générale, ne peut pas s'inquiéter des limites de la violence.

Bien que la violence passe pour l'un des concepts-clé de la pensée sorélienne, la lecture des *Réflexions* ne laisse pas exactement une impression de cette sorte. Il s'agit plutôt d'une notion obscure dont le seul élément vraiment intelligible est qu'elle s'oppose par ses objectifs à la force bourgeoise. En revanche, les analyses de Sorel consacrées aux raisons de son hostilité à l'égard de la « violence » dans la société moderne sont tout à fait intéressantes. Il observe que la manière d'élever les enfants a tendance à changer, et devient plus douce au moins dans l'enseignement public. Dans le monde du travail, de même, les traditions violentes du compagnonage disparaissent progressivement. On s'en félicite, ajoute-t-il, et de manière irréfléchie on est passé à l'idée que toute violence était un mal, alors que la vraie raison de cette évolution psychologique tient moins à des idées morales qu'aux transformations intervenues dans le monde criminel. La férocité ancienne a tendance à être remplacée par la ruse et l'on y voit « un progrès sérieux ». La nouvelle économie - écrit Sorel - a créé dans les pays de haut capitalisme une nouvelle indulgence extraordinaire pour tous les délits de ruse. C'est ce qui explique que l'Eglise a choqué ses propres partisans lorsqu'elle a utilisé des « apaches pieux » pour résister physiquement aux inventaires, alors que les organisations catholiques qui utilisent la ruse ne suscitent pas pas une telle réprobation: par exemple la société de Saint Vincent de Paul « belle officine de surveillance sur les fonctionnaires ». Une telle indulgence touche aussi les loges maçonniques qui surveillent les catholiques! Lorsque l'affaire des fiches éclata, certains dreyfusards, Joseph Reinach notamment, s'indignèrent de tels procédés, mais d'autres, qui connaissaient bien la moralité de leurs contemporains, les approuvèrent. Puis, ajoute Sorel ironiquement; « on vota une loi d'amnistie pour déclarer qu'on ne voulait plus entendre parler de ces vétilles ».

Si les notions de force et de violence utilisées par Sorel manquent de précision, en revanche il s'est exprimé avec beaucoup de clarté au sujet de la place occupée pour la bourgeoisie dans les luttes sociales. Pour lui comme pour Marx, la bourgeoisie ayant épuisé sa mission historique ne peut plus être une classe progressiste mais il lui reste néanmoins un rôle à jouer: celui d'adversaire énergique et par conséquent **stimulant** du prolétariat. On pourrait peut-être se montrer surpris d'un tel propos et estimer que le prolétariat a tout intérêt à ne pas trouver devant lui beaucoup de résistance. La révolution en serait rendue plus aisée. Mais telle n'est pas la conception de Sorel, pour une raison qui tient à son hostilité radicale à l'égard des politiciens socialistes: faible, la bourgeoisie sera tentée, pour défendre ses privilèges, de rechercher des compromis avec les socialistes parlementaires. Sorel insiste sur le fait que lorsque les classes gouvernantes éprouvent la honte de leurs privilèges, elles font des avances à leurs ennemis pour se les concilier, et il devient alors beaucoup plus difficile de maintenir dans le prolétariat l'idée de lutte. C'est la raison pour laquelle il ne cessera de ferailler contre le « devoir social » invoqué par les bourgeois philanthropes. Les syndicalistes - du moins Sorel, à l'époque où il écrit les *Réflexions* l'espère-t-il -

ne s'en laisseront pas conter. Ceux qui seraient tentés par les sirènes de la « paix sociale » devront être considérés comme des traîtres. Cela ne signifie pas que les travailleurs doivent se lancer inconsidérément dans les grèves. A ce sujet Sorel effectue un parrallèle historique tout à fait éclairant entre la situation des syndicalistes révolutionnaires et celle des premiers chrétiens. En effet, le christianisme primitif est le temps des persécutions et des martyrs, si importants dans l'histoire de l'Eglise pour le maintien de la foi chrétienne. Leur nombre pourtant n'a pas dû être très grand puisque la littérature païenne en parle peu. Mais ils ont été reliés « aux catastrophes décrites par les nombreuses apocalypses » et le maintien de ce qu'il y a de pur dans le christianisme sera dû à la conjonction de ces martyres épisodiques et « de l'attente fiévreuse d'une bataille décisive ». On peut donc admettre que les grèves ne soient pas fréquentes (en raison de la nécessité d'éviter des désordres répétés, incompatibles avec les progrès de la production), qu'elles correspondent à des conflits brefs, déployant cependant une force suffisante pour permettre de les relier à l'idée de grève générale, tout comme les martyrs, peu nombreux, pouvaient relier leur situation aux visions apocalyptiques véhiculées par le christianisme.

Logiquement, Sorel associe l'anti-patriotisme à la tactique syndicale. Si la société capitaliste est le champ de lutte à mort entre la bourgeoisie et le prolétariat, la nation n'est évidemment pas le lieu du consensus. Le prolétaire a-t-il une patrie? Sans s'exprimer sur ce point comme le Marx du *Manifeste*, Sorel ne s'interroge pas sur l'intrusion du sentiment patriotique dans les luttes prolétariennes.

***

V

L'heure du découragement

Les doutes de Sorel viendront tôt. Paradoxalement, on peut les faire remonter quelques années avant la parution des *Réflexions sur la violence*, ouvrage qui constitue comme on le sait l'exposé le plus systématique de ses conceptions révolutionnaires. Il écrit à Benedetto Croce le 9 mai 1903 : « Je vois dans la *Rivista* de Colajanni que X devient archi-révolutionnaire: tous vos socialistes italiens me semblent des farceurs et les nôtres ne valent pas mieux; il s'agit de prendre les pauvres diables aux appâts en sifflant des airs de bravoure (...) à mon avis le socialisme ferait bien de dormir quelque temps: les classes ouvrières ne sont guère en état de s'affranchir de la domination qu'exercent sur elles les bavards (....). En France personne ne s'intéresse à rien du tout. »[246] Manie de la persécution ou non, il affirme que « les socialistes tâchent de l'étouffer sous leur mépris et leur silence ». En juillet 1904, il écrit à Berth qu'il n'a pas de nouvelles de Lagardelle qui doit être occupé par les difficultés financières de sa revue. Et il ajoute: « Il perd son temps et son argent pour le seul profit d'arrivistes qui le trahissent et se moquent de lui quand ils ont trouvé un os - et pour la satisfaction d'amour-propre de quelques imbéciles »[247] (parmi

[246] *La Critica*, 1928, p. 32.
[247] *Cahiers Sorel*, n°3, p. 102.

lesquels Edouard Dolléans, professeur de droit et historien du mouvement ouvrier, dont il qualifie les publications d'âneries). Il met en garde Berth contre le « suicide » que constitue la collaboration à une revue qui « manifeste l'impuissance du parti révolutionnaire ». Plus surprenant, dans une lettre adressée à Berth en date du 26 novembre 1904, il écrit: « Je suis, en effet, à peu près décidé à ne plus écrire rien sur le socialisme et, à plus forte raison, à ne plus écrire dans les revues socialistes. La démagogie et la sottise des socialistes qui sont obligés de faire concurrence aux hâbleurs, flatteurs des plus mauvais instincts, me dégoûte au plus haut degré. »[248] Mais c'est surtout après la publication des *Réflexions sur la violence* et des *Illusions du progrès* que, confronté à des situations nouvelles, Sorel sera vraiment envahi par le découragement. Dreyfusard de la première heure, le dreyfusisme lui semble être devenu une sorte de foire sur la place, radicaux et socialistes parlementaires dreyfusistes s'entendant pour se partager les avantages liés à leur proximité du pouvoir. De plus, à ses yeux, l'évolution du syndicalisme vers le réformisme rendra vaine sa conception de « la scission » révolutionnaire.

C'est dans un petit opuscule intitulé *La Révolution dreyfusienne*, qui ne pouvait que lui attirer bien des animosités,[249] que Sorel exprimera avec le plus de force sa lassitude et son dégoût. Songeant à 1848, il est tenté de ne plus voir dans les révolutions qu'un mélange d'héroïsme et de bouffonnerie. « Les révolutions - écrit-il - ressemblent beaucoup aux drames romantiques: le ridicule et le sublime y sont mêlés d'une manière si inextricable qu'on est souvent embarrassé pour savoir quel jugement porter sur des hommes qui semblent être à la fois bouffons et héros. Lorsque l'émotion, propre aux temps troublés,

---

[248] *Ibid*, p. 109

[249] Sorel écrit à Croce le 10 mai 1909 : « Ma brochure sur l'Affaire Dreyfus commence à me valoir beaucoup d'ennemis; parce que je n'ai pas voulu parler de l'innocence ou de la culpabilité de Dreyfus, je trouve beaucoup de gens disposés à me boycotter et à me faire du mal; mais je suis habitué à ce traitement et je continue mon chemin. Cette brochure a remplacé un livre assez gros que j'avais écrit et qui m'a paru inutile. » (*La Critica*, 1928, p. 195)

commence à se calmer, le pays a honte d'avoir supporté tant de choses dont il n'avait pas soupçonné l'absurdité [....]. L'insanité des hommes de 1848 a beaucoup contribué à consolider le second Empire, parce qu'on avait peur qu'une opposition trop forte ne fît revenir les temps de l'ineptie. »[250] S'il paraît désormais voir dans les révolutionnaires non seulement des héros, mais aussi des bouffons, sa colère désigne - comme le titre de l'opuscule en témoigne - une révolution particulièrement dévoyée, résultant du triomphe des politiciens radicaux et socialistes corrompus qui s'efforçent de persuader le prolétariat qu'à leur place ils défendent ses intérêts contre la bourgeoisie capitaliste.

Pour dénoncer la corruption liée aux avatars politiques de « l'Affaire », Sorel s'est presque exclusivement servi du volumineux ouvrage extrêmement documenté de Joseph Reinach: *Histoire de l'Affaire Dreyfus.* C'était évidemment habile puisque l'auteur était lui-même dreyfusard. Or qu'écrit Reinach? Dans le tome VI de son ouvrage, il rappelle qu'au départ les socialistes se sont joints aux dreyfusards sans calcul ni crainte de se compromettre (ce que Sorel avait lui même clairement approuvé) et qu'ils gagnèrent à leurs idées des intellectuels non socialistes, de sorte ajoute-t-il - qu'« il y a tout un socialisme bourgeois, tout un socialisme universitaire, qui sort de l'Affaire. »[251] Agissant ainsi les socialistes renonceront à camper en dehors du camp républicain et se rapprocheront du pouvoir. Malheureusement, continue Reinach, « jamais hommes ne prirent plus vite les bonnes et les mauvaises habitudes qui se contractent aux environs du pouvoir, quand on en partage la responsabilité et le profit. Tout le temps que va durer leur association avec les républicains, il n'y aura pas de politiques plus politiques, d'« opportunistes » plus « opportunistes », comptant avec les faits et avec le moment, ne paraissant occupés que du « possible », enchantés de faire figure de législateurs réguliers, de jour en jour plus avides des faveurs du pouvoir et de décorations pour leur clientèle. »[252] Reinach ajoute néanmoins

[250] G. Sorel, *La Révolution dreyfusienne*, Paris, Rivière, 1909.

[251] Reinach (J.), *Histoire de l'Affaire Dreyfus*, VI, p. 26.

[252] *Op. cit.*, p. 26-27

qu'agissant ainsi ils n'abandonnent rien sur le fond et qu'ils « socialisent » la République. Comme Sorel, on peut cependant en douter et trouver surprenante la confusion des genres entre socialisme et clientélisme. Labori - l'avocat de Dreyfus - écrit lui-même dans les *Débats* du 21 août 1903, qu'il avait vu décorer comme dreyfusards des gens qui pendant cinq ans lui avaient tourné le dos et que, d'événements dont on pouvait espérer qu'il sortirait quelque chose de clair, n'est au final sorti que « la plus complète anarchie morale que ce pays peut-être ait connue depuis plus d'un demi-siècle. »[253] Sorel attribue cette situation, au moins en partie, au besoin que le radicalisme avait du soutien des parlementaires socialistes pour tenir jusqu'aux élections de 1902. Exhalant son mépris des politiciens socialistes rabaissés au rang des radicaux électoralistes, il ne s'étonne pas en revanche d'une telle situation. Dans l'abaissement moral lié au dreyfusisme, qu'il affirme constater depuis le début du siècle, il voit une sorte de nécessité historique. « Une pareille anarchie morale a été dénoncée après toutes les révolutions; elle fait le désespoir de tous les hommes qui ont conservé quelque chose de l'enthousiasme des premiers jours; mais elle est probablement une nécessité historique pour le passage aux temps calmes qui suivent les temps troublés. »[254] C'est sans doute moins l'inévitable corruption ambiante qui choque Sorel que les conditions juridiquement contestables dans lesquelles la révision du procès s'est déroulée.

Se fondant sur les déclarations d'Esterhazy qui avait reconnu être l'auteur du bordereau[255], la Cour de Cassation avait cassé le jugement du Conseil de guerre de 1894 et renvoyé Dreyfus devant un second Conseil de guerre. Rennes « en plein pays breton et catholique », note Reinach, fut la ville choisie pour la tenue de ce procès. La raison qu'il en donne, tout en étant plausible, apparaît assez futile: comme Dreyfus débarquerait à Brest, il serait plus rapidement conduit à la prison où il devait séjourner jusqu'à l'ouverture de son procès... Quoi qu'il en soit, le Conseil de guerre

[253] G. Sorel, *La révolution dreyfusienne*, Paris, Rivière, p. 37.
[254] *Id., Ibid.*
[255] J. Reinach, *op. cit.* , V, p. 101-103.

siégeant à Rennes, reconnut Dreyfus coupable par cinq voix contre deux, mais lui accorda les circonstances atténuantes et le condamna à 10 ans de détention criminelle. Par décret en date du 19 septembre 1899, le Président de la République le grâcia. Les partisans de la révision continuèrent à lutter, si bien que dans un arrêt en chambres réunies la Cour de Cassation cassera le 12 juillet 1906 le jugement de Rennes et, considérant qu'il n'y avait aucun crime et délit à retenir à la charge de Dreyfus, prit, en application de l'article 445 du Code d'instruction criminelle, la décision de ne pas le renvoyer devant un nouveau Conseil de guerre. Le dernier alinéa de l'article 445 prévoyait en effet qu'il n'y aurait pas renvoi si la cassation de l'arrêt concernant un condamné vivant ne laissait rien subsister qui puisse être qualifié de crime ou dedélit.

Si l'on peut parfaitement comprendre ce texte lorsque la criminalité disparait *in rem*, l'interprétation est discutable, si on l'étend à la personne. Reinach[256] prétend qu'il était effectivement défectueux, mais que cette extension de l'interprétation résultait de la jurisprudence de la Cour de Cassation elle-même. Il est inutile d'engager ici un débat juridique. Seul le point de vue défendu par Sorel (juste ou erroné) importe. Or Sorel accuse la Cour de ne pas avoir motivé son arrêt de façon détaillée (ce qui n'est guère exact puisque dans l'ouvrage de Reinach l'arrêt des chambres réunies donné en appendice compte... 24 pages). Surtout, il lui reproche de s'être prononcée « sur diverses accusations accessoires dont le Conseil de guerre n'était pas régulièrement saisi » (la formule se trouve effectivement dans l'arrêt de la Cour). Là se trouvait pourtant un sérieux motif de cassation, et affirmer, comme le fait Sorel, que la Cour n'en était pas elle-même régulièrement saisie est certainement inexact. Excessive, cette critique du jugement de 1906 s'explique par le fait qu'il ne veut y voir que combine et turpitude. « La Cour n'était pas plus régulièrement saisie que le Conseil de guerre; mais elle était en veine de générosité dreyfusarde et elle ne regarda pas à une mesure d'exception de plus pour faire plaisir aux gens puissants. Elle voulut donner à Dreyfus un brevet de parfaite honorabilité, pour lui rendre plus facile sa

---

256 *Op. cit.*, VI, p. 469.

rentrée dans l'armée. Pendant qu'elle y était, la Cour de Cassation aurait pu proclamer que Dreyfus - jadis accusé de manière plausible de ne pas avoir beaucoup de préjugés - était un modèle de vertu conjugale! Il est vraiment regrettable qu'un magistrat ironiste n'ait pas fait compléter l'arrêt par quelque disposition burlesque dans ce sens. »[257] Sorel contestera aussi la composition des chambres réunies. Dans cette formation, par hypothèse, ne siègent pas uniquement les magistrats composant la chambre criminelle. Or il estime que, pour des raisons de « convenances », le président de la chambre civile - dont Reinach lui- même reconnaît qu'il conseilla Scheurer-Kestner, vice-président du Sénat, l'un des premiers à être convaincu de l'innocence de Dreyfus - n'aurait pas dû siéger lors de cette séance. Tout en admettant que l'arrêt ne suscita pas beaucoup de protestations (peut-être tout simplement parce qu'il n'était pas aussi scandaleusement irrégulier qu'il l'affirme), Sorel ajoute: « Il fut ainsi établi que le gouvernement actuel peut se permettre avec la justice autant de liberté que s'en permettait Napoléon lui-même; tout ce qui s'est passé depuis 1906 a montré que les magistrats ne demandent qu'à obéir aux instructions du gouvernement. » Cette hargne s'explique par sa façon de considérer le droit: la lutte de classes correspond, on le sait, à l'existence d'un conflit entre deux systèmes juridiques. Dès lors, tout ce qui en brouille la clarté est malsain.

*

De telles idées concordent assez bien avec un autre pan des réflexions soréliennes de cette époque. S'interrogeant sur les raisons de l'antidreyfusisme des catholiques, il en trouve la source dans l'attitude de Rome qui lui semble *a priori* obscure. Tout en soulignant le rôle des Assomptionnistes dans l'agitation antidreyfusarde, il ne veut pas voir en eux les chefs du mouvement, mais plutôt les « sergents » de Léon XIII, tandis qu'il lave, à la

[257] *La révolution dreyfusienne*, *op. cit.*, p. 47.

différence de Reinach, les jésuites de tout soupçon, sans d'ailleurs en indiquer les raisons. Léon XIII serait donc le véritable instigateur de l'antidreyfusisme catholique. Les raisons? Le Pape espérait tirer avantage de sa politique de "ralliement" et comptait sur la France pour « redevenir souverain d'un petit royaume romain ».[258] Or le voyage officiel effectué par Loubet à Rome traduira sans ambiguïté la volonté française de ne pas appuyer les revendications de la papauté sur quelque territoire que ce soit placé sous la souveraineté italienne. D'où la colère du pape contre la France. [259] L'idée est certes astucieuse, mais Sorel semble oublier que le voyage du président de la République n'aura lieu qu'en 1903 et que l'engagement de la majorité des catholiques contre Dreyfus était antérieure. Sur ce point la chronologie rend son analyse fragile, d'autant plus qu'il fait état des sentiments antisémites de la presse vaticane. En réalité, si, dès 1897, le Vatican adopte cette politique, ce n'est évidemment pas en raison de la déception causée par le voyage de Loubet - postérieur de six ans... Peut être ne faut-il prendre en compte que des causes propres à la situation française, en particulier le krach de la banque catholique, l'Union Générale, imputé à la « banque juive », dont de nombreux petits épargnants catholiques, clients de cette banque, avaient été victimes.

Quoi qu'il en soit, Sorel qui, au début de l'Affaire, affiche clairement son anticléricalisme... se déclare choqué de l'application des lois sur les Congrégations, effectuée selon lui au mépris du droit. La politique de Waldeck-Rousseau consistait à garantir les congrégations autorisées par la loi et à liquider les autres. Or, après les élections de 1902, le même Waldeck-Rousseau abandonne la présidence du Conseil à Combes qui appliquera la loi de 1901 « d'une manière qui scandalisa son auteur » en méconnaissant les

---

[258] *Ibid.*, p. 52.

[259] Sorel montrera un grand mépris pour Léon XIII. Il écrit le 25 septembre 1903 à B. Croce : « L'Eglise mettra cinquante ans pour réparer le désastre où elle s'est jetée elle même par suite de la politique folle de Léon XIII », et au même, le 30 octobre : « On a fait un grand homme de ce personnage qui représente si bien la médiocrité contemporaine » (*La Critica*, 1928, p. 33-34). Au vrai, c'est vraisemblablement plutôt les faveurs du pape pour le catholicisme social qui suscitent la réprobation de Sorel.

promesses de modération faites par son gouvernement. Ces actes, ajoute Sorel, blessaient gravement les habitudes du grand avocat (sous-entendu du grand juriste qui respecte le droit et de manière d'autant plus scrupuleuse qu'il a été à l'origine de son adoption). Il expliquera l'attitude de Combes par la vanité (supposée) du personnage, mais surtout par sa situation de prêtre défroqué. En réalité ancien séminariste, celui-ci n'avait reçu que les ordres mineurs, mais l'important ici est moins l'erreur ou la mauvaise foi de Sorel que la nature même de son argument: « Le plus souvent les ministres étrangers aux traditions administratives se montrent fort timorés dans l'exercice de leur pouvoir; ils s'en rapportent beaucoup à leurs chefs de service et ceux-ci les retiennent sur la voie des précédents; Combes s'émancipa totalement de cette tutelle. On pourrait supposer que son éducation cléricale ne fut pas étrangère à cette attitude; le prêtre n'a déjà pas à un haut degré le respect du droit, mais le prêtre défroqué applique dans la vie le rationalisme le plus mesquin. »[260]

Même mesquin, on saisit mal pour quel motif le rationalisme s'opposerait au respect du droit. En revanche, on comprend pourquoi Sorel attribue à une politique anticléricale menée d'une manière estimée peu scrupuleuse l'inconvénient de saper l'édifice juridique. Non qu'il soit particulièrement préoccupé du sort des religieux en difficulté. Même si pour des raisons de cohérence il met une sourdine à son hostilité à l'égard du cléricalisme, la vraie raison est ailleurs: « Lorsqu'on écrira l'histoire détaillée de la révolution dreyfusienne, écrit-il, on s'attachera beaucoup à la lutte anticléricale actuelle; elle a eu en effet pour résultat d'habituer les esprits à n'attacher qu'une importance minime à la sûreté du droit, sans laquelle il n'y a pas de liberté. »[261]

L'amertume de Sorel n'est pas uniquement nourrie du mépris de la République pour son propre droit, mépris dont il redoute l'extension. Elle s'alimente aussi des craintes éprouvées devant l'évolution du syndicalisme vers le réformisme. Comme il l'indique

[260] *Ibid.*, p. 55.
[261] *Ibid.*, p. 56.

lui-même dans les *Réflexions...*, ce sont les expériences syndicales des toutes premières années du siècle qui lui ont permis d'élaborer sa théorie. Or de 1906 à 1908, le syndicalisme connaîtra des échecs favorisant des orientations nouvelles - à vrai dire réformistes. En 1906 l'adoption de la charte d'Amiens marque le triomphe théorique de l'indépendance des syndicats à l'égard de l'action politique, tandis que la classe ouvrière se prépare pour la journée du 1er Mai dans une atmosphère révolutionnaire. Au mois de mars la catastrophe de Courrières - 1200 morts - entraîne une grève des mineurs animée par un nouveau syndicat plus ardent que celui dirigé par le vieux leader guesdiste Basly. Ministre de l'Intérieur du gouvernement Sarrien, Clémenceau à la veille du 1er Mai montre sa détermi-nation. Il concentre soixante mille hommes de troupe à Paris, dénonce un complot contre la République et fait arrêter Griffuelhes, le secrétaire général de la C.G.T.

Le 1er Mai sera un relatif échec pour la C.G.T. Désormais, les choses deviennent plus claires. Par l'intermédiaire de son gouvernement, la République dreyfusarde victorieuse du cléricalisme frappé de plein fouet par la politique de Combes, victorieuse aussi des prétentions d'un Etat-major peu républicain, fait savoir à la classe ouvrière qu'elle a moins besoin de son soutien et que les menaces excessives contre la société bourgeoise seront combattues avec détermination. Les grèves ne s'arrêtent pas pour autant. En mars 1907, à Nantes, la répression de celle des dockers fait un mort. Le même mois une grève d'électriciens plonge Paris dans l'obscurité. Clémenceau, devenu président du Conseil, fait appel aux militaires pour assurer le service, tandis qu'il révoque facteurs, instituteurs et autres fonctionnaires qui, malgré l'interdiction de la loi, prétendaient se syndiquer. Au printemps 1907, la fameuse grève des vignerons du Languedoc, qui protestent contre la mévente des vins en organisant de grandes manifestations, accentue la tension sociale. Un régiment d'infanterie envoyé pour maintenir l'ordre ira jusqu'à se mutiner. Prenant contact avec Marceelin Albert, l'organisateur des manifestations, Clemenceau en profitera pour le compromettre et le ridiculiser en lui donnant le prix de son billet de retour, ce qui montre le cynisme et l'absence de scrupules du personnage.

Les grèves continueront. A Raon l'Etape la troupe intervient: un mort. La commission confédérale de la C.G.T. publie une affiche intitulée : « Encore du sang. » « Que ce soit dans les milieux où l'action révolutionnaire est implantée depuis longtemps, ou bien que ce soit dans un milieu demi-paysan et nouveau venu au groupement syndical - tel Raon l'Etape - il n'y a qu'une méthode: la violence, la fusillade! Un pareil système de gouvernement - pour sanguinaire qu'il soit - ne parviendra pas à arrêter le développement de l'action ouvrière. »[262] En juillet 1908 six ouvriers seront tués, à Draveil, lors d'un mouvement de grève dirigé par un syndicaliste qui se révèlera être un agent provocateur. La C.G.T. affichera une protestation qualifiant de « gouvernement d'assassins » l'équipe en place. *L'Action française* elle-même dénoncera le massacre. Mettant en exergue une phrase de Kautsky, dans laquelle le leader socialiste allemand affirmait que c'était la France républicaine qui depuis douze ans avait fait couler le plus de sang ouvrier, Maurras intitulera son article du 31 juillet « Bloody », et, dénonçant la provocation policière, écrira: « la journée de Draveil a été ce qu'on a voulu qu'elle fût .»

Arrêtés à la suite d'une grève liée à cette répression délibérément sanglante, Griffuelhes et les membres du bureau confédéral se trouveront en prison lors de l'ouverture du congrès syndical de 1908. Ils feront l'objet de critiques relatives à leur aventurisme, alors que, comme leurs défenseurs l'affirmeront, les événements étaient nés de la spontanéité même de mouvements ouvriers que le comité confédéral n'avait jamais décrétés. Un an plus tard, Griffuelhes abandonnera le secrétariat général de la C.G.T. Son départ est considéré par Edouard Dolléans comme le résultat du travail de sape d'Aristide Briand. Nouveau président du Conseil, bon connaisseur et pour cause du milieu syndical, Briand considère que le mouvement ouvrier comporte des caractères faibles que l'on pourra détourner de leur chemin et qu'il convient d'écarter la manière brutale de Clémenceau, par exemple en offrant des

[262] Dolléans (E.), *Histoire du mouvement ouvrier*, Paris, A. Colin, II, p. 144.

fonctions publiques à des syndicalistes, ou bien en flattant, en séduisant, ceux qui sont susceptibles d'entrer dans les vues du gouvernement.

Pour se débarrasser définitivement de Griffuelhes, Briand aura recours à la manipulation. Expulsée du local qu'elle occupait, la C.G.T. avait fait construire un immeuble pour s'y loger ainsi que les principales fédérations. Conseillé semble t-il par Briand, Lévy, le trésorier de la C.G.T., qui détestait Griffuelhes, accusera ce dernier de malhonnêteté. Ultérieurement blanchi, Griffuelhes abandonnera néanmoins le secrétariat général et y sera remplacé par Niel, un réformiste que Merrheim - autre grand syndicaliste de l'époque - décrira de façon peu flatteuse: « Barbouillé de phrases, Niel est le bavard pontifiant type, qu'on allait installer là où il faut un homme de décision prompte et d'action... Niel marque en quelque sorte le point culminant de la crise. Il a été l'agent essentiel des manœuvres gouvernementales destinées à étrangler le syndicalisme vivant et actif de la Confédération. Que Niel ne se soit pas rendu compte qu'on le faisait ainsi arriver au poste de secrétaire général par l'escalier de service, c'est regrettable. »[263]

*

Sorel a situé son détachement du syndicalisme à la fin de 1908. L'expérience syndicaliste révolutionnaire fait désormais défaut. Pourquoi continuer à théoriser ce qui est mort? Refusant toute divagation utopique étrangère à une expérience sociale concrète, il décide d'abandonner ce terrain d'étude et, dans les *Confessionni* paru en juillet 1910 en Italie, annonce qu'il n'écrira plus sur le syndicalisme. Qui plus est, Sorel renonce désormais à collaborer au *Mouvement socialiste*, trop peu conscient des manœuvres gouvernementales. Il écrit à Hubert Lagardelle une longue lettre dans laquelle il lui fait part de son état d'esprit : « Je suis aujourd'hui absolument décidé à me retirer d'une revue qui est complice des manœuvres qui ont conduit la C.G.T. dans le guêpier

[263] *Mouvement socialiste*, novembre-décembre 1909, p. 196.

Jaurès-Combes [...]. C'est par des manœuvres de ce genre que des personnes habiles ont pu ruiner la confiance des syndicalistes et les rouler. Je ne veux être ni victime ni complice; je m'en vais tranquillement travailler à des œuvres qui pourront être plus utiles que des articles. Du reste, il n'y a pas grand chose à faire contre des courants très généraux; hier j'ai su que des non-lieux ont été ordonnés par Briand qui prépare ainsi *son gouvernement*; parce qu'il doit succéder à Clémenceau à brève échéance; il fera de la C.G.T. une machine politique efficace et exercera son despotisme au moyen du syndicalisme. »[264]

---

[264] *Considerazioni politiche e filosofiche*, *op cit*, p. 200. La lettre est datée du 31 octobre 1908. La manœuvre évoquée par Sorel consistait dans une attaque contre Clémenceau destinée soi-disant à appuyer Briand en vue de la formation d'un nouveau gouvernement. Sorel annoncera à Croce son retrait du Mouvement socialiste - avant qu'il soit effectif semble-t-il. En effet il lui écrit, en juin 1908: « Je me suis tout à fait retiré du Mouvement socialiste; je n'approuve pas qu'on se transforme en courtisans d'aucune faction et mes amis n'ont pas le courage de désapprouver ce qu'ils n'approuvent pas toujours. Je profite de tout le désordre qui existe aujourd'hui dans les organisations pour prendre ma retraite, je tâcherai de faire quelques petits livres, mais je n'ai pas beaucoup de courage, et il faut beaucoup de courage pour écrire des choses utiles. » (*La Critica*, 1928, p. 108). Le même jour il écrit à Delesalle: « Le grand coup que vient de faire Briand, en libérant les accusés de Corbeil, me semble devoir bouleverser toute la politique actuelle; Briand compte sur ceux des politiciens qui ont leurs entrées à la CGT pour faire des syndicats une filiale de son très prochain ministère. Comme vous me le disiez l'autre jour, il faut compter sur les travailleurs; c'est bien aussi mon avis; je suis persuadé que toutes les habiletés des politiciens n'aboutiront pas; mais pour le moment il me semble qu'il ne faut être ni dupe, ni complice. C'est ce sentiment qui m'a dicté la résolution d'abandonner le *Mouvement socialiste*, qui est beaucoup trop à la remorque de l'*Action directe* (principal organe des politiciens à faux nez syndicaliste). Je me retire dans mon trou. » (*Lettres à Paul Delesalle*, op cit, p. 107-109).
Apprenant à Berth sa démission, le 1er décembre 1908, il écrit: « Je n'ai pas voulu être dupe de farceurs qui font des pitreries syndicalistes dans l'espoir d'attraper quelques bonnes places en culbutant des socialistes arrivés. A l'heure actuelle marcher avec les francs-maçons, les combistes et les unifiés contre Clémenceau, c'est d'une stupidité révoltante; la coalition domine presque totalement la C.G.T; tant pis: il ne faut pas tomber dans la démagogie après l'avoir si souvent dénoncée. Je me retire découragé mais sans bruit, de telle sorte que je pourrai dire que ma

Sorel s'expliquera très longuement sur sa rupture avec le *Mouvement socialiste* dans une lettre adressée à Lanzillo, contenant par ailleurs d'autres éléments biographiques. Pour long qu'il soit ce passage mérite d'être cité en entier car il témoigne de la conception sorélienne des luttes sociales.

« Vous me demandez pourquoi Berth et moi avons quitté le *Mouvement socialiste*; c'est à cause des politiciens qui se sont mis en tête d'exploiter le syndicalisme comme un moyen facile de se faire une situation dans le parti socialiste. Quand j'ai repris ma collaboration au *Mouvement* en 1906 [...], je supposais que Lagardelle, dûment averti de la portée des thèses que j'avais exposées en Italie, marcherait dans la voie que j'indiquais; mais il n'en a rien été. Il était entouré d'un groupe de jeunes ambitieux, peu embarrassés de scrupules [....]; ces jeunes gens l'entraînaient à intervenir dans les congrès à titre de chef d'un prétendu groupe syndicaliste, le mettaient en avant et l'applaudissaient de manière à faire croire qu'il avait une grande force derrière lui, alors qu'il était seulement exploité par des gens qui se moquent de lui quand ils sont seuls. »[265] Plus avant dans la lettre, Sorel accuse (tout en reconnaissant ne pas avoir à proprement parler de preuves) certains des politiciens infiltrés dans la C.G.T. d'avoir joué un rôle de provocateur dans l'affaire de Villeneuve Saint-Georges. C'est à ce moment qu'il avertit Lagardelle de son départ. Celui-ci affirme-t-il « aima mieux perdre [sa] collaboration que de rompre avec des gens qui formaient son groupe dans les congrès du parti [....]. Après mon départ, les gens que je regardais comme des traîtres n'eurent pas de repos qu'ils n'eurent dégoûté Berth de rester et il abandonna six mois après moi. Maintenant Lagardelle se trouve fort désorienté et il sent qu'il n'a plus l'autorité dont il disposait alors que Berth et moi étions au Mouvement; il s'est rapproché insensiblement des politiciens du parti et il est maintenant candidat du parti à Lorient; il sera probablement battu; mais il aura posé des jalons pour devenir, un jour où l'autre, un député fort inoffen-

retraite a été acte de pure *probité intellectuelle* et non le résultat d'un différend. » (*Cahiers Sorel*, n°3, p. 147)

[265] Dans *« Cher Camarade... », op. cit.*, p. 116.

sif. »[266] Dans une lettre disparue, Berth tentera de persuader Sorel de ne pas abandonner le *Mouvement social*. Celui-ci se justifiera en affirmant que la revue n'avait aucune direction et qu'elle était sous l'influence d'ambitieux soucieux uniquement de se faire connaître. « En réalité - écrit-il - il n'y a en jeu que les amours-propres et les intérêts de quelques ratés et de quelques politiciens dépourvus de scrupules, qui veulent se faire une arme d'une revue qui a obtenu (malgré eux) une certaine autorité dans le public. »[267]

Désireux de ne plus écrire sur le syndicalisme, Sorel ne va cependant pas se réfugier dans le silence.

***

[266] *Ibid.*, p. 117.

[267] Lettre à Berth, 20 décembre 1908, in *Cahiers Sorel*, n°3, p. 152.

VI

Sorel et l'Action Française

L'idée selon laquelle, à partir de 1908, Sorel se serait rapproché de la droite « radicale » représentée par l'Action Française au point de mener de concert avec elle un combat idéologique voisin a été vigoureusement affirmée par Z. Sternhell, qui en outre a vu en Sorel un précurseur des idées fascistes (ce que nous examinerons plus loin).

La convergence Sorel/Action Française repose sur un malentendu lié à l'intérêt porté en 1902 aux « antidémocrates de gauche » par l'historien Jacques Bainville, lui-même membre de l'Action française et chargé de la rubrique des affaires internationales dans le journal du mouvement. Lagardelle (et non Sorel) avait publié dans le *Mouvement Socialiste* une série d'articles intitulée « Socialisme ou démocratie », dans laquelle il s'interrogeait sur l'avenir des idées socialistes. « C'est une banalité - écrivait-il - de constater que sous l'influence de sophistications habiles, le socialisme risque de perdre de plus en plus - un à un - ses caractères propres. L'action délétère de trop confuses influences tend de plus en plus à le faire dégénérer en un vulgaire démocratisme social. »[268] Dans son commentaire, Bainville observe - ce qui est l'évidence même - qu'existent à l'extrême-gauche des théoriciens critiques à

[268] *Mouvement socialiste,* 1902, p. 625.

l'égard de la démocratie. Il est clair que pour un monarchiste comme Bainville, c'était pain bénit de voir que l'extrême droite n'était pas seule à montrer son hostilité à la démocratie. Mais comme le souligne Sternhell lui-même, sans grand souci de cohérence par rapport à ce qu'il souhaite établir, l'antidémocratisme de l'Action Française était lié à l'apologie du nationalisme (la démocratie est honnie parce qu'*antinationale*) tandis que les syndicalistes révolutionnaires y étaient hostiles parce qu'ils la considéraient *antisociale*... Dans les articles de Lagardelle on ne trouve de référence ni même d'allusion à des convergences éventuelles avec l'idéologie d'Action Française. Que Bainville, voire Maurras, n'aient pas été mécontents du contenu des articles de Lagardelle, c'est plus que vraisemblable! Ils n'ont cependant jamais songé à y déceler des perspectives d'actions communes. C'est par l'intermédiaire de G. Valois qui, après avoir fréquenté les milieux anarchistes, puis le syndicalisme, avait adhéré en 1906 à l'Action Française (après avoir écrit l'année précédente un ouvrage d'esprit nietzschéen: *l'Homme qui vient*), que Sorel entrera en contact avec le mouvement royaliste.

Les deux hommes se connaissaient depuis 1898 et s'étaient rencontrés à *l'Humanité Nouvelle* où Sorel avait publié *l'Avenir socialiste des syndicats*. Sur les relations entre Sorel et Valois les témoignages divergent. Lors des procès entre Valois et l'Action Française, Jean Variot témoignera que Sorel tenait Valois en piètre estime. « Georges Sorel disait de Valois des choses qui n'étaient pas très aimables. Vous dire des propos exacts, je ne me les rappelle pas, mais je sais qu'à un moment donné, quand nous avons eu nos histoires effacées par la guerre, M. Sorel m'a dit: jamais je ne voudrais collaborer avec cet homme-là. »[269] Mais ce propos est sujet à caution, Valois et Variot se détestant depuis le temps de l'échec de la *Cité Française*. Pour sa part René Johannet affirmera le contraire.[270] Avant les péripéties de la *Cité Française* et de *l'Indépendance*, Sorel montrait incontestablement une sympa-

[269] Dans *Basile ou la politique de la calomnie*, Paris, Librairie Valois, 1927, p. 61-63. Cet ouvrage publié par Valois concerne ses procès avec l'Action Française.

[270] Y. Guchet, *G. Valois*, Paris, 2e éd., 1990, p. 26.

thie pour Valois qu'il n'a peut-être plus éprouvée par la suite. Mais quand on sait la facilité avec laquelle il s'en prenait à ses anciens amis, son silence à l'égard de Valois, sans préjuger du maintien de sa sympathie pour lui, permet de croire au moins à celui de sa bienveillance. Quoi qu'il en soit, il écrit à son propos à Croce le 22 Août 1909 : « Vous allez recevoir un volume curieux écrit par un jeune royaliste sur la monarchie et la classe ouvrière. Georges Valois est un employé de commerce dont la valeur littéraire est sérieuse. Il s'illusionne certainement sur les conséquences que peuvent avoir les relations de quelques syndicalistes révolutionnaires avec les royalistes de l'Action Française; mais son livre renferme pas mal d'observations qui montrent que l'auteur a une intelligence élevée et perspicace. Il m'a demandé de le recommander à quelques critiques italiens; je vous serais obligé si vous pouviez lire son ouvrage et en parler. »[271]

En octobre 1906, Sorel ne se sent certainement pas très proche de l'Action française. Dans une lettre à Lagardelle[272] il se moque d'un manifeste antidreyfusard publié dans le journal de Maurras, dont le contenu lui semble « un monument de bêtise », à croire qu'il est dû à la plume de Barrès qui (selon lui) ne sait écrire qu'hors de propos. Toutefois, en septembre 1907, *l'Action Française* publie un article intitulé *la Révolution sociale ou le Roi* qui constate (mais il s'agit là d'une évidence) l'identité d'un objectif commun aux syndicalistes révolutionnaires et aux maurrassiens: la destruction de la démocratie parlementaire. Par la suite Sorel entrera plus avant dans le jeu, bien qu'avec prudence et sans se compromettre, avec la réponse à *l'Enquête sur la monarchie et la classe ouvrière* menée par Valois.

Maurras avait publié en 1900, *l'Enquête sur la monarchie*. Valois aura pour sa part l'idée d'effectuer un travail analogue sur un problème particulier: celui des points d'accord éventuels concernant la question ouvrière entre syndicalistes révolutionnaires et monarchistes. Les réponses furent publiées au cours des années

---

271 *La Critica*, 1928, p. 334-335.

272 Dans *Considerazioni politiche e filosofiche*, *op. cit.*, p. 185.

1908 et 1909, dans la *Revue critique des idées et des livres*, dont le premier numéro était daté d'avril 1908. Dans la liste de ceux qui répondirent à Valois on trouve peu de noms importants appartenant au syndicalisme. Cela n'a rien d'étonnant si l'on reconnaît que l'*Enquête* avait quelque chose d'insolite, pour ne pas dire de loufoque. L'un de ceux qui répondront avouera qu'au reçu de la lettre de Valois, il avait cru à la mystification d'un homme déséquilibré. Néanmoins, quelques syndicalistes répondirent, Emile Janvion notamment. Edouard Berth rédacteur au *Mouvement socialiste* fit comme Lagardelle à qui « il sembla oiseux de protester contre un paradoxe sans danger » et ne répondit pas. Toutefois, il fit connaître son sentiment pour l'édition de 1914 sous le pseudonyme de J. Darville. Parmi ceux qui furent sollicités, Sorel est celui dont la notoriété était incontestablement la plus grande. On peut être étonné qu'il ait daigné répondre. Il n'est pas impossible que ce soit pour bien marquer ses distances et lever des équivoques.

Les questions posées étaient simples. On demandait si la République était un bien pour la classe ouvrière; si les progrès du syndicalisme étaient favorisés par le régime républicain et si son existence même était compatible avec le régime parlementaire; si la réponse était négative, fallait-il aller vers l'Anarchie ou vers la solution monarchique? La réponse de Sorel est claire, même si elle évite trop de franchise désagréable. Après avoir fait observer qu'il n'a jamais vraiment réfléchi à la question, ce qui donne le sentiment qu'à ses yeux elle a un côté saugrenu, il affirme qu'un fait domine son approche: les massacres de la Commune. « Une assemblée royaliste a fait massacrer à Paris plus de 30.000 hommes. Drumont a souvent appelé l'attention sur l'énormité de cet acte de fureur qui rappelle les atrocités chinoises: il y eut plus de tués que de combattants! Les massacres de mai 1871 ont déterminé toute l'histoire de la IIIe République. »[273] Employant sa démarche habituelle, il ajoute que, pour l'historien des idées, actes et intentions sont peu de choses, à l'inverse des images que les

---

273 *L'Enquête sur la monarchie et la classe ouvrière*, Paris, Nouvelle Librairie Nationale, p. 70.

masses s'en font.[274] Or, pour le peuple, « la Commune est la révolte des parisiens contre la royauté et elle se termine par le massacre des ouvriers au nom de la royauté. » Dans son commentaire de la réponse de Sorel, Valois niera l'existence de cette légende en racontant que l'un de ses grands oncles qui avait failli être fusillé lors de la Semaine sanglante, n'accusait pas la monarchie, mais Thiers. Regrettant l'esquive de Sorel, il ajoute: « M. Sorel, s'il eût bien voulu répondre à notre questionnaire, n'aurait pu, chacun s'en rend compte, répondre affirmativement aux trois premières questions : son œuvre entière y répond par la négative. Mais c'est sa réponse à la quatrième question que nous eussions été heureux de connaître et de discuter. »[275] Valois restera sur sa faim.

Il demeure qu'à ce moment Sorel témoigne d'une certaine sympathie à l'égard de l'Action Française, dont il convient de rechercher les raisons. Dans une lettre à Croce, il indique très clairement que dans la médiocrité intellectuelle ambiante, Maurras et quelques autres apparaissent comme d'excellents lettrés. Mais il ne se fait pour autant aucune illusion sur les chances de succès d'un tel mouvement. C'est l'époque où Lasserre s'efforcera d'attirer l'attention en engageant la polémique sur l'enseignement officiel et en critiquant l'ouvrage que Croiset avait consacré aux démocraties antiques. A ce propos Sorel écrit à Croce: « Ce mouvement n'aboutira certainement pas aux résultats politiques qu'en attendent ses promoteurs; mais il aura une influence certaine sur les intelligences parce que Maurras et quelques-uns de ses amis sont

---

[274] C'est ainsi par exemple qu'en matière religieuse, le miracle n'a pas d'importance en soi. Les stigmates de François d'Assise pourraient bien être des cautérisations par le feu. De même la vie posthume de Jésus n'a pas en elle même d'intérêt. Ce qui compte c'est que l'on y a cru (cf la lettre à B. Croce du 6 mai 1907, *La Critica*, 1928, p. 101). On pense en lisant Sorel à la formule de Hegel: « Une idée fausse est un fait vrai ». Pour Sorel un fait improbable peut donner naissance à des idées vraies (c'est-à-dire réelles). S'il ne croit pas que dans l'ampoule de Saint Janvier se trouve le sang du patron de Naples et s'il considère comme des charlatans les pseudo-scientifiques (quoiqu'appartenant à l'Université) qui le proclament, l'important est pour lui que les Napolitains le croient.

[275] *Enquête, op. cit.*, p. 76.

d'excellents lettrés et parce qu'on commence à être dégoûté du monde un peu trop médiocre qui occupe les premiers rangs avec tant d'insolence. »[276] Publié en Italie, un article intitulé « La déroute des mufles » a un ton identique. Totalement sceptique quant aux chances de restauration monarchique en France, Sorel considère néanmoins que les amis de Maurras sont en mesure de rendre de grands services au pays en lui permettant de retrouver le sentiment perdu des valeurs intellectuelles. « Les amis de Maurras forment une avant-garde pleine d'audace qui engage le combat à fond contre les mufles qui ont corrompu tout ce qu'ils ont touché dans notre pays; le mérite de ces jeunes gens paraîtra grand dans l'histoire car nous pouvons espérer que grâce à eux le règne de la sottise prendra fin un jour prochain. »[277] Ce sont là de propos flatteurs. Ils concernent à l'évidence davantage les qualités de lettrés des rédacteurs du journal que la validité de leurs conceptions monarchiques.

Devant cet éloge, l'Action Française ne pouvait ignorer totalement Sorel. L'Affaire Ferrer sera l'occasion de lui marquer de l'intérêt. Anarchiste d'origine bourgeoise, Ferrer avait été condamné à mort à Barcelone pour avoir fomenté des attentats. Les partis démocratiques et les syndicats avaient - en Espagne mais aussi en France et en Italie - émis des protestations et organisé des manifestations en sa faveur. Sorel prend le contrepied de cette attitude. Il ne voit en lui qu'un bourgeois lancé imprudemment dans le terrorisme et, dans son interview au journal de Maurras, il attribue à Briand (désigné avec désinvolture et mépris par son prénom, Aristide, et dont il brosse un portrait au vitriol, parlant notamment de ses mœurs de maquereau) la responsabilité de toute l'agitation artificielle autour de cette affaire. Sorel publiera aussi en Italie un article sur l'affaire Ferrer qui lui vaudra une volée de bois vert. Nous y reviendrons lorsqu'il sera question de sa place dans la vie politique et intellectuelle italienne. L'année suivante les relations entre Sorel et Maurras se traduisent par l'envoi de la deuxième édition de *l'Enquête sur la monarchie...* La lecture attentive des

---

276 Lettre à B. Croce, 27 juin 1909, *La Critica*, 1928, p. 196.

277 Andreu (P.), *op. cit.*, p. 67-68. Cet article est paru dans *Il divenire sociale* le 16 juillet 1909 et dans *l'Action française* le 22 Août 1909 sous le titre « socialistes antiparlementaires ».

remerciements de Sorel révèle leur manque de chaleur. La lettre[278] donne en quelque sorte acte à Maurras de la qualité de son travail. « Il me paraît certain - écrit Sorel - que votre critique de l'expérience contemporaine justifie bien ce que vous aviez voulu établir. Dans la France moderne, la monarchie traditionnelle serait la seule institution apte à exécuter les besognes immenses que les théoriciens actuels de l'Etat assignent au gouvernement d'un grand pays. » Ce premier paragraphe peut être compris comme un hommage sans grande portée à la rigueur de pensée de Maurras et nullement comme une adhésion à ses idées: voulant effectuer une démonstration, Maurras a employé de bons arguments! Sans doute trouve-t-on une formule moins évasive dans le troisième paragraphe: « Je suis, depuis longtemps, frappé de la folie des auteurs contemporains qui demandent à la démocratie de faire un travail que peuvent seules aborder les royautés pleines du sentiment de leur mission. » Mais pour un auteur qui considérait l'expérience sociale comme le levain des idées, où pouvaient bien se trouver ces royautés? D'autant plus que Sorel compare l'Etat démocratique de son temps et les anciennes monarchies avilies. « Cet agrandissement de l'Etat démocratique auquel nous assistons convient fort aux démagogues; ceux-ci nous ramènent aux jours les plus tristes des monarchies atteintes de décadence: nous voyons encore une fois les courtisans de Ruy Blas se partager les dépouilles du pays: il y a beaucoup d'analogie à établir entre les mœurs de notre démocratie et celle des cours les plus avilies. » Démocraties et monarchies sont bonnes à mettre dans le même sac. Le moins qu'on puisse dire c'est que l'éloge de la monarchie « théorique » s'accompagne d'un sérieux pessimisme sur sa validité « pratique ». N'est-ce pas là une remarque ironique d'un homme qui doit trouver Maurras un peu léger sur la question et souhaiterait le voir sonder l'histoire avec moins de désinvolture?

La fin de la lettre est constituée par un commentaire du jugement de Taine sur Rousseau, mal compris, selon Sorel, par les maurrassiens (et Maurras lui même) qui qualifiaient Rousseau de

[278] Cette lettre est publiée dans P. Andreu, *op. cit.*, p. 325-326.

romantique alors que Taine y voyait un classique.[279] S'abandonnant à son tempérament Sorel ici fait la leçon de son haut.

Finalement, cette lettre ne peut en rien passer pour une sorte d'acte d'allégeance ou une invite à une collaboration intellectuelle. Maurras de son côté ne cherchera pas à resserrer les liens et ne verra pas non plus l'utilité d'un rapprochement. Dans un article de *l'Action Française* du début de 1910, il écrit: « Georges Sorel appartient par sa grande curiosité des êtres et des choses à cette race d'esprits critiques dont la préoccupation principale se porte sur les efforts de l'histoire plutôt que sur ses résultats; sur les itinéraires plutôt que sur les points d'arrivée. »[280] Dire que Sorel éprouve une grande curiosité des êtres et des choses et louer son esprit critique ne peut passer pour le témoignage d'un enthousiasme sans réserve. Parler de son relatif désintérêt à l'égard des points d'arrivée, n'est-ce

---

[279] Même si l'on peut dire que Sorel n'a jamais puisé son inspiration chez Rousseau, il lui est arrivé de prendre la plume pour dénoncer fortement la légèreté des critiques formulées contre lui par un universitaire mondain, Jules Lemaître (qu'Edmond de Goncourt soit dit au passage a fortement étrillé dans son *Journal*). Profitant de l'occasion pour rappeler que Bernard Lazare avait traité Lemaitre de « singe de Renan », il écrit: « Doué d'une très faible originalité il [J.Lemaitre] lui était peut êre difficile d'apprécier le rôle du génie qui a le plus fortement marqué de son empreinte notre littérature depuis Corneille. »(« Jean-Jacques Rousseau », *Le Mouvement socialiste*, 1907, p. 508). Lemaître se gaussait du fait que Rousseau, familier du duc de Luxembourg, se plaisait aussi à souper avec son voisin « le maçon Pilleu ». Sorel écrit: [Rousseau] se tenait pour un ouvrier manuel, ayant un rang élevé dans la hiérarchie d'une cité républicaine, mais devant en France respecter la hiérarchie nobiliaire. Il la respecte infiniment mieux que Voltaire: celui-ci voudrait se faire passer pour un authentique gentilhomme, mais les gentilshommes le traitent comme un simple littérateur. Il ne faut donc pas s'étonner si la haute aristocratie a beaucoup plus choyé Rousseau que Voltaire et a été souvent fort indulgente pour ses défauts; il avait à ses yeux une qualité maîtresse: il n'était pas un parvenu. » (*Ibid.*, p. 516). On comprend qu'aux yeux de Sorel c'est aussi une grande qualité. Dans le même article il rappelle que Maurras a traité Rousseau, qu'effectivement il déteste comme l'ensemble du romantisme, « d'espèce de faune trempé de la fange natale ». On comprend aisément combien il réprouve ce jugement lorsqu'il indique que Lemaître, auquel il ne passe rien, a atténué l'expression tout en conservant le jugement.

[280] Cité par P. Andreu, *op. cit.*, p. 69.

pas reconnaître implicitement son indifférence (évidemment fâcheuse) à l'égard de la monarchie?[281]

L'Action Française accueillera cependant un article de Sorel qui révèle de la part de son auteur un réel changement d'optique à l'égard de l'armée et du patriotisme. Rendant compte favorablement du *Mystère de la Charité de Jeanne d'Arc* de Péguy, il accuse de nouveau la révolution dreyfusienne, d'avoir tout bouleversé en France, permis de déverser des tombereaux d'immondices sur l'armée, autorisé quelques uns des maîtres de l'Université à raisonner comme des déments de Bicêtre, et constate en même temps que « la farce est terminée » et que le patriotisme reparaît. Il se félicite aussi de voir un ancien dreyfusard revendiquer « pour les idées patriotiques le droit de diriger la pensée contemporaine. » Dans le même article, Sorel écrit : « Tous les mufles sentent que le pouvoir politique dont ils jouissent aujourd'hui est menacé par une affirmation si âprement catholique de la tradition française. » Ce sera le seul article publié par lui dans le journal de Maurras. Encore faut il noter, comme le fait P. Andreu, qu'il s'agit de la reproduction d'un article déjà publié dans *la Voce* de Florence. Sorel ne cherchera pas à en publier d'autres. Cela peut être interprété comme l'expression de la froideur de ses sentiments envers l'Action Française. En effet, s'il pouvait aisément publier dans les revues italiennes, il ne disposait plus, depuis qu'il avait quitté le *Mouvement* socialiste, de revue française pouvant accueillir régulièrement ses articles. Dans une lettre à Pierre Lasserre datée du 27 juin 1909, Sorel s'en plaint explicitement. Ayant probablement de réels points communs avec Maurras, Sorel se serait efforcé de faire passer des articles dans son journal. Bien au contraire, il cherchera à fonder avec son ami Edouard Berth, Jean Variot, Pierre Gilbert et Georges Valois, une revue: *La Cité Française* qui d'ailleurs ne verra jamais le jour en raison de la mésentente entre Variot et Valois.

---

[281] Dans sa revue de presse qu'il signait Criton, Maurras avait commenté un article de Maurice Reclus au sujet de la « conversion » de Péguy. Il fait à ce sujet allusion à Sorel et il écrit: « M. Sorel est traité de royaliste, épithète qu'il ne mérite pas, croyons-nous ». (cf *Cahiers Sorel*, n°4, note 113).

Faisant part à Croce de ce projet il écrit: « Je vous envoie le prospectus d'une revue qui commencera à paraître le 1er novembre; nous n'avons adressé le prospectus qu'à des amis afin déviter d'être attaqués avant l'apparition du premier numéro. Nous voudrions donner à cette revue une bonne allure littéraire et philosophique. La tâche sera dure; les universitaires peuvent écrire sans inconvénient toutes les insanités qui leur passent par la tête, pourvu qu'ils n'attaquent pas la démocratie; le monde universitaire français nous sera donc étranger. »[282] Sorel souligne par ailleurs qu'il n'a accepté la direction de la revue que parce qu'on a jugé sa présence indispensable et qu'il compte laisser rapidement celle-ci à Berth, auquel il désire donner la possibilité de se faire une situation (Berth était intendant dans un hôpital et son activité professionnelle ne lui laissait que peu de temps pour la réflexion philosophique). Par la même occasion il annonce à Croce avoir adressé un prospectus à Pareto.

*

Cet épisode est d'une très grande importance pour la connaissance de l'évolution de la pensée de Sorel dans la mesure où il avait rédigé un texte intitulé *Préface pour une oeuvre nouvelle* qui était en quelque sorte un état de sa pensée en 1910 et l'annonce d'un programme de travaux pour la nouvelle revue. Sorel y marque son éloignement du syndicalisme (sans montrer le moindre rapprochement avec l'idéologie maurrasienne) et précise ses nouveaux centres d'intérêt.

Dans ce texte, Sorel insiste sur le sort peu enviable du philosophe penché sur les questions sociales, tantôt pris pour l'avocat intellectuel d'un parti, tantôt méprisé par les hommes d'Etat qui ne trouvent pas dans ses écrits des recettes pour mener leur politique, tantôt rejeté par les gens de bon sens qui déplorent chez lui le manque d'esprit pratique. Ainsi E. Renan, dont les « les merveilleuses investigations psychologiques » exprimées dans la *Réforme intellectuelle et morale* n'eurent aucune influence après 1870 et ne

[282] Lettre à B. Croce, 5 septembre 1910, *La Critica*, 1910, p. 341.

furent comprises que trente ans plus tard. Pourtant, le devoir du philosophe est de ne pas céder à la mode, au charlatanisme et notamment à la pente naturelle qui conduit la littérature socialiste à n'être qu'une variété de journalisme destinée à défendre les intérêts électoraux du parti. De ce point de vue, Sorel estime devoir mettre tout le monde dans le même sac. « Pour comprendre l'état malheureux dans lequel se trouve cette littérature - écrit-t-il - il faut se rappeler à quel point le socialisme a toujours été contaminé par des préjugés démocratiques. Parmi les hommes qui déclament avec violence contre les parlementaires, il y en a fort peu aux yeux desquels un délégué ne soit pas un individu apte à juger les choses d'un point de vue supérieur. Dans les réunions de propagande syndicale, exactement comme dans les réunions électorales, l'orateur semble avoir bien moins la volonté d'instruire que le désir de faire valoir son talent de parole; et ses auditeurs viennent bien moins pour apprendre quelque chose que pour savoir si le militant a assez de qualités séduisantes pour mériter d'être admis dans la classe des maîtres. Aussi ne faut il pas s'étonner si l'on confond si souvent les socialistes avec les démagogues. »[283] Tout oppose l'écrivain sérieux et le démagogue socialiste/syndicaliste de même qu'il convient de ne pas opérer de confusion entre un ouvrage de qualité et les paillettes de l'éloquence des meetings.

Selon Sorel, la critique apparaît d'autant plus incompétente pour juger d'un livre que celui-ci est plus original, ce qui le conduit à rappeler combien il fut outré de la légèreté et de la niaiserie avec laquelle à la fin du siècle on traitait l'économie (Malon faisant les principaux frais de ce commentaire). « On ne se serait guère douté à cette époque que Proudhon et Marx eussent laissé des livres. »[284] Surtout, il analyse à grands traits les raisons du déclin du syndicalisme. L'affaire Dreyfus a contribué à tout brouiller. Les ouvriers ont participé à la vie politique républicaine, tandis que les parlementaires socialistes tout occupés « de ce qui se passait à la Chambre » continuaient sur les estrades à tenter de concilier « la participation au pouvoir et la lutte de classes. » Cependant, « de

[283] « Georges Sorel », Ed. de l'Herne, *op. cit.*, p. 304.
[284] *Ibid.*, p. 305.

grandes grèves se présentaient sous un aspect tel qu'on pouvait croire que le principe de la lutte de classe allait reprendre toute sa valeur et qu'ainsi le socialisme se retrouverait dans une situation encore mieux définie que celle qu'il avait occupée jadis en face de la démocratie. »[285] Ce sursaut n'a été qu'un feu de paille. Le 1er Mai 1906, la population parisienne avait eu peur parce que les chefs reconnus de la démocratie n'avaient aucune véritable influence sur le mouvement ouvrier. Mais à la fin de 1909 on peut évaluer le chemin parcouru. Sous l'influence des Loges, « une procession » d'ouvriers défile « pour protester contre l'exécution d'un riche franc-maçon espagnol» (il s'agit bien entendu de Ferrer), tandis que le 1er Mai 1910 à la différence de ce qui s'était passé quatre ans plus tôt la presse, loin de se faire l'écho des peurs bourgeoises, se moque des fanfaronnades syndicales. « Cette journée - écrit Sorel - peut être regardée comme ayant marquée l'achèvement d'une évolution qui ramenait le syndicalisme au rang que le socialisme avait accepté en 1899. »[286] C'est-à-dire un mouvement ouvrier dans une démocratie.

Pourquoi cette déchéance? Sorel l'impute au défaut d'idéologie. De manière quelque peu surprenante, il rend hommage à Guesde en soulignant ses efforts pour retarder la dissolution du socialisme comme mouvement spécifique, et en évoquant son talent de propagandiste infatigable. Malheureusement « le syndicalisme n'a pas eu la bonne fortune d'avoir un J. Guesde. » Et Sorel reprend en quelques lignes d'une admirable précision les thèses contenues dans les *Réflexions*: le syndicalisme a besoin d'une idéologie pour lutter contre la concurrence de la démagogie; les grèves peuvent développer chez les travailleurs un désir de révolution dévoyé dans une lutte des pauvres contre les riches, alors qu'il s'agit au contraire de développer des sentiments d'héroïsme guerrier étranger à cette démagogie. Malheureusement une « loi psychologique », tout naturellement, ramène à la médiocrité les hommes à qui des circonstances extraordinaires ont imposé la grandeur. C'est pourquoi, « la pratique des grèves modernes engendrera la déma-

[285] *Ibid.*, p. 307.
[286] *Ibid.*, p. 308.

gogie plutôt que le syndicalisme, si celui-ci n'est pas soutenu par des conceptions de la destinée prolétarienne propres à écarter les sentiments bas. »

Ces considérations le conduisent à s'emparer d'un nouveau champ de réflexion - l'Eglise catholique et son avenir - en dépit du fait que beaucoup le considèrent dénué de tout intérêt : « Je n'ai pas attendu que les tendances nouvelles fussent généralement reconnues pour m'intéresser, avec une anxieuse curiosité, aux destinées du christianisme. Les recherches que je faisais pour éclaircir les théories du mouvement ouvrier ne m'empêchaient pas de consacrer une grande partie de mon temps à réfléchir sur l'histoire chrétienne; ce que j'ai écrit sur ce sujet ne le cède probablement pas en importance à ce que j'ai écrit sur le socialisme. Je ne me trouve pas du tout désorienté en ce moment où je cesse de poursuivre mes recherches sur le syndicalisme: devant moi est ouvert un champ immense sur lequel j'ai déjà appris à pousser mes investigations. »[287] Sorel estime que c'est à tort que l'on annonce parfois le déclin irrrémédiable de l'Eglise, d'autant que les catholiques réagissent contre les conceptions aboutissant à réduire à peu de choses le contenu théologique du catholicisme. Depuis le pontificat de Pie IX, ils comprennent la nécessité d'une idéologie « qui soit bien à eux » (alors que le prolétariat a totalement perdu le sens de cette même nécessité pour lui). Signe de cette renaissance, le succès du bergsonisme dû, selon Sorel, moins à l'ingéniosité de la pensée de Bergson qu'à sa correspondance avec les aspirations religieuses du moment, dans la mesure où elle propose d'approfondir les problèmes de l'évolution en formulant des hypothèses « valables » sur le surnaturel.

C'est l'occasion pour Sorel de reprendre des idées déjà exprimées dans *la Ruine du monde antique*. Le succès de l'Eglise s'explique par son refus du syncrétisme dès ses débuts et son engagement délibéré, « jusqu'au paradoxe », avec des hommes comme Tertullien, dans le sens de la scission idéologique. L'Eglise

---

[287] *Ibid.*, p. 309.

commence à comprendre, comme par le passé, qu'elle n'a rien à gagner en s'engageant dans la voie de la conciliation idéologique avec le monde moderne. Le montre clairement, dans un autre domaine, l'erreur commise par les chefs socialistes qui, ayant estimé imprudent d'attaquer les idées essentielles de la démocratie n'ont réussi qu'à laisser ces idées contaminer le socialisme, pour finalement l'entraîner là où il se trouve désormais, c'est-à-dire « au rang assez peu honorable de variété démocratique ». D'une manière somme toute logique par rapport à sa conception de la « scission », Sorel exalte les couvents où se réunissent des hommes qui sont - comme l'avait dit Bossuet, cité à plusieurs reprises - « un Evangile vivant. » Les ordres religieux sont en définitive pour l'Eglise ce que les syndicats révolutionnaires auraient dû être pour le socialisme.

Si l'on veut comprendre Sorel correctement, l'attention qu'il porte à l'Eglise n'est pas dans une sorte de ralliement confessionnel qui viendrait doubler un monarchisme supposé. Elle correspond à son intérêt pour une institution dont le sort dépend d'une « scission » avec les lignes de force de la société moderne, de même que le destin du prolétariat et du syndicalisme dépendait (l'affaire est désormais entendue) de sa « scission » avec le socialisme réformiste et la démocratie parlementaire.

Sorel s'affirmant à l'aube d'une « œuvre nouvelle», il lui faut aussi préciser son épistémologie, sa conception du travail sur la matière historique et philosophique. Selon lui, être historien signifie « pouvoir vivre en son âme » les passions, les sentiments qui ont animé les protagonistes du drame. La sécheresse de l'abstraction est sans portée. C'est pourquoi l'histoire de la philosophie composée aujourd'hui « d'un amoncellement de formules biscornues » lui semble inutile. « Le vrai philosophe, aux yeux de l'historien de la philosophie, est celui qui après avoir fait de longues études sur les diverses branches du savoir, a élaboré son butin de manière à le rendre méconnaissable, a construit une architecture spirituelle qui est bien à lui, et a expliqué à ses contemporains quelles sont ses conceptions du monde. Pour bien entendre une métaphysique il faudrait pouvoir suivre dans ses détails le processus de conviction chez des personnages exceptionnels dont la pensée a mérité d'être conservée; on peut tout au moins chercher à connaître quelques unes des raisons qui ont dirigé ce processus; on arrive ainsi à verser quelque peu de vie dans des formules qui sont d'ordinaire peu intelligibles sous la forme abstraite que considère seule l'érudition. »[288]

Deux choses ressortent en définitive de cette *Préface*. En premier lieu, Sorel ne souhaite plus écrire sur le socialisme, d'une manière plus précise - entendons sur le syndicalisme révolutionnaire devenu réformiste - mais étudier le destin de l'Eglise et du christianisme, pour mettre en lumière dans cet univers les mécanismes de la « scission ». En second lieu, il entend pratiquer une épistémologie spécifique, éloignée de l'exhumation érudite et morte des divers courants de pensée. Il n'est pas certain que tout ceci traduise des orientations vraiment nouvelles. Il s'agit toujours de s'intéresser à des mouvements s'efforçant de rejeter les platitudes intellectuelles propres au monde moderne. Hier, le syndicalisme révolutionnaire, hélas désormais exsangue; aujourd'hui le christianisme perçu en plein renouveau. Cela n'implique nullement un rapprochement avec l'Eglise (Sorel ne sera jamais chrétien), mais la marque d'un intérêt pour un mouvement idéologique estimé plein de sève. Une lettre adressée à A. Lanzillo le montre: « La mission du philosophe est de voir et de comprendre les mouvements qui lui semblent importants, il n'est pas obligé pour cela de prendre parti pour les hommes qui font le mouvement. J'ai écrit sur des questions religieuses sans appartenir à l'Eglise, mais je ne vois pas pourquoi il faudrait être catholique pour comprendre le catholicisme et en parler avec le sérieux que le sujet comporte. »[289]

Sorel et les autres fondateurs de *la Cité française* co-signeront une déclaration d'un ton moins élevé que la *Préface pour une œuvre nouvelle,* dont il ressort que l'objectif poursuivi est de « libérer l'intelligence française de toutes les idéologies » et de combattre la démocratie qui « constitue le plus grand péril social pour toutes les classes de la cité, principalement pour les classes ouvrières. » Mais aussi de lutter « contre la fausse science qui a servi à justifier

---

288 *Ibid.*, p. 318.
289 *Ibid.*, p. 321.

les idées démocratiques, contre les systèmes économiques qui sont destinés, par leurs inventeurs, à abrutir les classes ouvrières, contre l'œuvre des faux historiens qui font de l'histoire une genèse démocratique. » Cette déclaration présente aussi un côté « ordre moral », jdanovien avant la lettre, puisqu'elle dénonce les méfaits des « anarchistes de la littérature » qui, pour « le plaisir des bourgeois dégénérés », véhiculent les plus basses valeurs morales, méconnaissent les conditions de l'œuvre d'art (*sic*) et soumettent les classes ouvrières « à l'influence des histrions. »[290]

Le projet ne verra jamais le jour. Sorel semble avoir pressenti l'issue. Il écrit à Berth le 11 novembre 1910: « Valois me semble prendre Variot en grippe, leurs caractères ne sont guère faits pour sympathiser; j'ai peur qu'il n'ait en vue d'expulser doucement Variot de la revue; cela est de toute impossibilité; nous avons formé une équipe, il faut qu'elle se maintienne comme elle est; le débarquement d'un fondateur manquerait tout à fait d'élégance et ce serait la mort de la revue. Je tâche d'adoucir les frottements, tâchez d'en faire autant de votre côté. »[291] Dans cette affaire il désapprouve la conception que Valois avait de la revue: « Valois se trompe totalement quand il croit que nous avons qualité pour prononcer des jugements sur le monde; nous n'avons pas encore l'autorité nécessaire et il ne faut pas qu'on nous accuse d'être une petite revue. »[292] Dans la même lettre à Berth, il indique qu'il ne convient pas de s'abaisser à polémiquer avec des seconds couteaux, comme Guy-Grand, Sangnier, et Bouglé qu'il appelle les « apaches de la sociologie » et il se montre en plein accord avec Variot sur la conception même de la revue. « Variot est tout à fait de mon avis sur le niveau auquel nous devons tâcher de maintenir notre revue. »[293] Le 17 novembre 1910, il annonce à Berth qu'il se

[290] Ce texte est cité dans Pierre Andreu, *op. cit.*, p. 327-328.

[291] In *Cahiers Sorel*, n°4, p. 123.

[292] *Id., ibid.*

[293] Dans sa lettre à Berth il montre quel cas il fait de Variot: « Il est essentiel, pour votre sauvegarde, que vous conserviez Variot qui est un lansquenet alsacien, tout à fait sûr, qui ne flanchera jamais pour défendre ses chefs de file. Sans lui, nous serions dévorés. » Il indique aussi les conditions nouvelles de sa collaboration: « 1) Mon nom ne figurera plus

dégage des responsabilités directoriales et indique les conditions du maintien de sa collaboration. Variot a par la suite confirmé les raisons de l'échec. « *La Cité française* ne paraît pas, et je dois dire que j'en suis la cause à mon grand ennui. Valois et moi nous ne nous entendons pas du tout. Il est convenu que je serais secrétaire de la rédaction de *la Cité française*; cela ne plaît pas à Valois qui met des bâtons dans les roues. Je propose à M. Sorel de me retirer, ne voulant pas que *La Cité française* où Sorel doit écrire soit mort-née. Sorel ne veut rien savoir. Il envoie promener *La Cité française*. Le voilà sans tribune. »[294] Annonçant l'échec à Croce, Sorel en donne une explication qui montre assez clairement qu'il n'a pas voulu se mettre à la remorque de l'Action Française, ce qui aurait pu se produire si la revue avait vu le jour.

Ainsi les bisbilles entre Variot et Valois n'auraient été qu'une des raisons de l'échec. « La revue *La Cité française* ne paraîtra pas; les deux fondateurs qui appartiennent à l'Action française ont trop voulu faire les maîtres; j'aurais été impuissant tout en ayant la véritable responsabilité morale. Le premier numéro a été imprimé mais n'a pas été mis en vente. »[295] Sorel fera aussi part dans cette même

---

comme co-directeur de la revue. 2) On supprimera mon article: « Indépendance française », qui a trop une allure d'éditorial. 3) Le premier numéro ne renfermera pas mon article: « Préface pour une œuvre nouvelle ». 4) Ma collaboration durera seulement un an. 5) Elle cesserait dans les cas où la revue ne paraîtrait plus à la maison Rivière. 6) Je ne m'engage pas à donner plus de 80 pages d'articles; ces articles pourraient être des discussions de livres. 7) Je fournirai en plus autant de pages de comptes-rendus de livres; ces livres me seront fournis sur les indications de la revue. Au cas où ces sept conditions ne seraient pas acceptées, je me retirerais complètement et mon nom devrait être rayé de la liste des fondateurs. » (*Cahiers Sorel*, n°4, p. 126).

294 Variot (J.), *Propos de G. Sorel*, *op. cit.*, p. 262.

295 Lettre à Croce, 25 janvier 1911, *La Critica*, 1928, p. 343. Dans une lettre à Berth, Sorel attribue essentiellement à Valois la responsabilité de l'échec de la revue. « L'affaire de la C[ité] F[rançaise] est très simple. Valois et Gilbert nous apportent un public sur l'importance duquel on n'est pas fixé, mais ils éloignent de nous beaucoup de collaborateurs. Si nous avions fondé une revue sans eux, nous aurions sûrement mieux réussi; j'en ai aujourd'hui la certitude; mais ce qui est fait est fait. Je comptais compenser le défaut de collaborateurs (en quantité et en qualité) par une collaboration exceptionnelle; je comptais faire plus des 2/5 de la revue à

lettre du mépris qu'il éprouve désormais à l'égard de Lagardelle. Celui-ci se serait inquiété de la parution de la revue, craignant - alors qu'il était candidat à la députation - que ses amis socialistes lui reprochent son ancienne collaboration avec Sorel. Lagardelle avait publié une brochure - *Le socialisme ouvrier* - dans laquelle il indiquait que contrairement à Sorel il n'avait jamais voulu *détruire* la démocratie, mais la *dépasser*,[296] ce qui était évidemment plus rassurant. Sorel s'emparera de cette formule pour ironiser sur une telle pauvreté mitonnée à partir du vocabulaire hégélien mal assi-

---

moi seul, de manière à l'imposer au grand public; peut être serait-il ensuite venu des collaborateurs sérieux. » (*Cahiers Sorel*, n°4, p. 124-125). Il n'est pas mécontent de mettre Valois et Gilbert dans l'embarras, dans la mesure où ils auront des difficultés à expliquer pourquoi il abandonne ses responsabilités de directeur. Lorsqu'il s'agira de préciser les responsabilités financières, il écrira à Maurras pour lui expliquer, comme il le dira à Berth, que « l'échec provient de ce que l'on a cherché à nous metre dedans ». Le texte de la lettre à Maurras est le suivant: « Je n'ignorais pas que l'entreprise à laquelle je prenais part présentait d'énormes difficultés, mais je croyais que tous les fondateurs m'aideraient avec un égal dévouement. J'avais besoin d'avoir un secrétaire de rédaction qui fût tout à moi. M. J. Variot était l'homme qui convenait parfaitement à cette fonction: sa fidélité a été inébranlable. M. Valois a cherché à diminuer M. J. Variot. Après de longs pourparlers, j'ai reconnu que je ne pouvais demeurer dans cette affaire; mon nom et mon travail étaient nécessaires pour le succès, mon autorité eut été cependant nulle. La responsabilité morale de l'échec incombe entièrement à MM. Valois et Gilbert dont les prétentions étaient inadmissibles (*Cahiers Sorel*, n°4, p. 131)

[296] Lagardelle avait écrit : « Si l'on m'oppose l'accord récent de Georges Sorel suivi d'Edouard Berth, avec les amis de l'*Action Française*, je répondrais que deux hirondelles ne font pas le printemps. J'ignore d'ailleurs les termes de cette entente et si elle est une alliance d'idées ou une coalition de colères; mais je sais qu'avec Sorel, et après lui, nous avons toujours conçu le socialisme syndicaliste comme un mouvement issu de la démocratie. » (cité dans les *Cahiers Sorel*, n°4, p 128). Sorel écrira à Berth à ce sujet : « Evidemment, notre ami Lagardelle ignore totalement le sens du mot *dépasse*, dans la langue hégélienne et marxiste. Si le socialisme prétend dépasser le capitalisme, c'est apparemment avec l'intention de détruire les institutions capitalistes; si la grande industrie a dépassé le métier, ça été en le supprimant; le christianisme a dépassé le judaïsme mais en marchant sur son cadavre. » (*Cahiers Sorel*, n°5, p. 144).

milé. « Le pauvre garçon se couvrirait de ridicule si son livre devait être lu par des gens capables de comprendre le langage philosophique. »

Au delà de cette hargne s'abattant sur Lagardelle, qui s'explique par les motifs de son départ du *Mouvement socialiste* et se trouve redoublée par les obstacles rencontrés dans la mise sur pied d'une revue, Sorel insiste toujours sur la nécessité d'une idéologie pour le socialisme. « Je crois comme vous (Croce) que le socialisme est tombé à terre; l'exemple de Lagardelle suffirait à montrer que le socialisme n'a plus d'idées [....] Le socialisme, en tournant à la politique, perd le moyen de se forger une telle idéologie; le syndicalisme a pu un moment paraître propre à avoir une idéologie élevée; mais il est tombé entre les mains d'hyper-démagogues qui ne comprennent rien à la valeur des idées (....) C'est en constatant cette situation que j'ai résolu de ne rien écrire sur le syndicalisme. Il y a des questions plus intéressantes à examiner depuis que le mouvement ouvrier ne fournit plus d'expériences propres à s'adapter à l'idéologie. Je laisserais donc Lagardelle et ses émules *dépasser* la démocratie; pourvu qu'ils ne la dépassent pas en impudence! On m'a dit que Lagardellle va porter l'Evangile de l'hyperdémocratie en Italie. Bon voyage. »[297]

*

Responsable de l'échec en raison de sa brouille avec Valois (ou pour avoir voulu trop joué les maîtres) Variot, qui dispose d'un peu d'argent propose alors à Sorel la création d'une autre revue. Celle-ci paraîtra à partir de mars 1911. Sorel lui-même en choisira le titre - *l'Indépendance*. Valois n'y partipera pas - et pour cause - mais Berth non plus. Très lié à Valois à cette époque, ce dernier se récusera. La revue sera publiée de mars 1911 à juillet 1913: 48 numéros paraîtront.[298] Le Manifeste de la Revue signé notamment par Jean et Jérôme Tharaud, René Benjamin, Variot et bien entendu Sorel, justifiait son titre par la volonté des signataires de

---

[297] *Ibid.*, p. 345.

[298] Z. Sternhell, *Naissance de l'idéologie fasciste*, *op. cit.*, p. 116.

ne pas s'inféoder: « *L'Indépendance* ne sera pas l'instrument d'un parti politique ou d'un groupement littéraire. Toutes les périodes de l'Histoire ont eu leurs erreurs. Si cependant la France a pu nous transmettre, en l'enrichissant, l'héritage classique de la Grèce et de Rome, c'est que durant plusieurs siècles, ses penseurs, ses poètes, tous ses artistes se sont gardés de confondre le désordre avec la liberté, l'originalité avec le manque de goût. Il est possible que les malfaisants et les bouffons ne soient pas plus nombreux aujourd'hui qu'ils ne le furent de tout temps; mais par crainte, par ignorance ou par désir illusoire de nouveauté, on leur a laissé prendre une importance qu'ils n'ont jamais obtenue[299].»

Avec Variot, Sorel sera le principal collaborateur de la revue, mais Barrès, Bourget et F. Jammes appartiendront au comité de rédaction. Pareto, Le Bon, donneront des articles. A maintes reprises, comme en témoigne sa correspondance, il réclamera de la copie à Croce, qui ne semble pas s'être empressé d'obtempérer. Comme il l'avait fait pour *le Devenir social*, il fournit lui-même non seulement des articles mais aussi des comptes rendus, il est vrai la plupart du temps assez brefs. L'article paru dans le premier numéro est intitulé: « L'Indépendance française. »[300] S'adressant aux « hommes de raison », tout à la fois « écœurés par le sot orgueil de la démocratie, les balivernes humanitaires et les modes venues de l'étranger », Sorel affirme la nécessité de redonner toute sa vigueur au goût classique qui consistera à bannir « les emprunts, le plus souvent malheureux faits à des littérateurs étrangers », et tout spécialement les folies slaves chères à Melchior de Vogüe (qui avait fait découvrir la littérature russe aux français en publiant un ouvrage intitulé *Le Roman russe*). La difficulté de l'entreprise peut être mesurée à la méconnaissance que les Français et tout spécialement les socialistes, qui occupent une grande place dans le monde intellectuel, ont de Proudhon.

A ce propos Sorel va loin dans une certaine mauvaise foi en affirmant que le socialiste franc-comtois est écarté au bénéfice de Marx parce que sa pensée est nourrie des meilleures traditions

[299] Ce texte se trouve dans P. Andreu, *op. cit.*, p. 332.
[300] *Ibid.*, p. 329.

françaises. Il oublie que pendant de très longues années lui-même commentait Marx davantage que Proudhon, qu'il s'intéressait aussi de très près à la vie intellectuelle italienne, que sa correspondance avec des intellectuels étrangers était particulièrement fournie et qu'enfin les socialistes français, depuis la fin du *Bernsteindebatte*, étaient étrangers à toute controverse théorique d'une certaine ampleur. On peut même ajouter que dans la *Préface* (analysée plus haut) écrite pour paraître dans *la Cité française*, loin d'expliquer l'ignorance dans laquelle Proudhon était tenu par l'existence d'un complot du silence, Sorel le rendait lui-même responsable des difficultés de compréhension de sa pensée. « La réputation de Proudhon souffre beaucoup de la forme volontairement saugrenue qu'il a donnée à sa pensée..[..] jamais homme n'a asservi son génie à des règles qui lui fussent moins adaptées. »[301] L'article se termine par une charge renouvelée contre la démocratie: « La démocratie a tiré parti de toutes les illusions qui ont égaré nos anciens; elle ne cesse de travailler à répandre les erreurs qui assurent sa domination; peu de personnes osent entrer en lutte contre les idées de partis politiques triomphants. Nous sommes arrivés à nous convaincre que reculer devant la lutte à entreprendre contre la démocratie, c'est renoncer à tout espoir de supprimer les mensonges qui empêchent nos contemporains de bien connaître la valeur des choses. C'est pourquoi nous faisons appel à tous ceux qui ont senti la vanité des déclamations démocratiques pour qu'ils nous aident à mener à bonne fin l'œuvre que nous entreprenons. »

On a parfois affirmé que par rapport à la production intellectuelle antérieure de Sorel le ton a changé. P. Andreu voit désormais en Sorel un nationaliste. Z. Sternhell estime que pendant toute la période de *l'Indépendance*, Sorel est un simple satellite (!?) de l'Action Française.[302] Le même ajoute qu'en dépit de sa volonté d'indépendance, comme l'indique son titre, la revue constitue un simple supplément, beaucoup moins bien fait, moins mordant et moins sophistiqué de la revue maurrassienne. Il en voit la preuve

---

[301] « Georges Sorel », Ed. de l'Herne, p. 318.

[302] Z. Sternhell, *op. cit.*, p. 116.

dans une formule employée par Sorel en 1912, désignant Maurras comme le premier défenseur de la culture française. L'impression que l'on retient de la lecture de certains articles de Sorel, par exemple : « l'Abandon de la revanche » ou encore : « Responsabilités de 1870 » n'est cependant pas exactement celle-là.

Dans le premier des deux, analysant un ouvrage (portant le même titre) publié par Juliette Adam, l'ancienne maîtresse de Gambetta, il s'élève contre la légende d'un Gambetta revanchard. Sans plus. « Gambetta sut employer, pour le succès de sa politique, les ressources que lui offrait la tendance pacifique si bien observée par Renan, quelques années auparavant; les esprits superficiels croyaient que cette tendance avait été recouverte par une volonté de revanche; Gambettta a eu assez de pénétration pour reconnaître la puissance des forces cachées. Les procédés qu'il mit en œuvre ne furent sans doute pas plus irréprochables que ceux qu'on trouve dans les biographies de tous les hommes d'Etat; leur détermination morale importe peu. » On voit mal ce que de tels propos concluant l'article peuvent avoir de nationaliste et consister dans une « campagne » contre Gambetta. A moins qu'il ait en 1920 dans les dernières années de sa vie complètement changé d'idée au sujet de Gambetta par rapport à ce qu'il pouvait en penser en 1912 une telle appréciation est bien légère, puisque, commentant plutôt défavorablement le livre consacré par P. Deschanel à Gambetta, Sorel verra en ce dernier un homme incapable, en raison de ses origines italiennes, de devenir « un bourgeois », « comme il arrive si souvent en France à ceux qui occupent des postes importants. »[303]

Le second article concerne le commentaire d'un ouvrage d'Emile Ollivier. Deux choses en ressortent. Tout d'abord la haine (exprimée depuis toujours) de Sorel pour le Second Empire, dominé par des hommes de finances, des trafiquants et par le monde interlope des demi-mondaines - mais c'est aussi l'opinion de Marx et l'impression que laisse la lecture du *Journal* des Goncourt. Ensuite l'idée que ce n'est pas la roublardise de Bismarck qui a fait tomber l'Empereur dans le piège de la guerre, mais la volonté délibérée de la Cour, par ailleurs infiltrée d'agents de l'Allemagne.

[303] Z. Sternhell, *op.cit.* p. 116.

E. Ollivier est présenté comme un benêt qui a laissé la France s'engager dans une aventure perdue d'avance. Où est le nationalisme? Comment ne pas voir dans de tels propos l'écho du Sorel qui accueillera la guerre de 1914 avec désespoir et verra (à tort ou à raison, le problème n'est pas là) dans la défaite de l'Allemagne un risque pour la civilisation elle-même? Comment imaginer le même embouchant quelques années plus tôt les trompettes du nationalisme? En revanche, l'hostilité de Sorel à l'égard de la Sorbonne et des intellectuels sorbonnards engagés dans la voie de l'érudition à l'allemande, comme le souhaitait Renan, au détriment de la tradition classique française (« l'érudition n'a qu'un rapport lointain avec la culture classique »), ne se dément pas, bien au contraire. Mais le nationalisme n'a rien à voir là-dedans. Selon Sorel l'érudition est en fait le moyen utilisé par les sorbonnards pour se distinguer des gens pétris de culture classique. Elle est la forme prise dans les milieux intellectuels par ce que l'on appellera plus tard « la distinction », doublé d'un souci très pratique de faire de l'érudition un moyen de carrière. « Le dogme fondamental de l'ordre social, tel que le conçoivent nos producteurs universitaires, écrit-il, est le droit à la vie reconnu en faveur de gens qui ont subi l'apprentissage de l'érudition. »[304] Et encore: « Ce que nous observons est à peu près tout l'opposé de ce que Renan attendait: nous rencontrons une oligarchie d'érudits, hallucinée par l'idée du despotisme, qu'entoure une clientèle pauvre, qui flatte les masses populaires pour arriver à mieux dominer l'Etat. »[305]

Finalement, l'indépendance intellectuelle de Sorel demeure intacte comme le confirme le fait de ne plus écrire à cette époque sur le socialisme, sans pour autant renier son œuvre passée, ce que note volontiers Pierre Andreu. En février 1912, publiant une troisième édition des *Réflexions*, il écrit: « On m'a demandé bien des fois, dans ces derniers temps, si je n'ai pas observé depuis 1906 des faits qui infirmeraient quelques unes des thèses exposées dans ce livre. *Je suis au contraire plus convaincu que jamais de la*

[304] De même qu'en cette fin de XXe siècle ont surtout droit à la vie intellectuelle ceux qui appartiennent à la chapelle de tel professeur au Collège de France...

[305] *L'Indépendance*, 15 avril 1911, p. 325.

valeur de cette philosophie de la violence. » C'est tout au contraire le nationalisme de certains autres collaborateurs de la Revue qui vont l'amener en 1913 à l'abandonner.

Fin novembre 1912, déjà malade, Sorel fait part à Croce de son désir de se retirer et en indique les raisons à demi-mot. « Je viens d'avoir une crise de gravelle qui a été beaucoup plus violente que les précédentes (...) J'ai bien envie de profiter de cet accident pour cesser de collaborer à *l'Indépendance*; je trouve l'esprit de la majorité des jeunes rédacteurs fort compromettant pour un vieil homme tel que je le suis. Je n'aime pas la manière (si parisienne) de trancher les questions dont on ne connaît pas grand chose. »[306] A Pâques 1913, Sorel demande à Variot de venir le voir. Ce dernier rapporte l'entretien : « *L'Indépendance* est étiquetée réactionnaire et nationaliste, à tort ou à raison. Je ne discute pas, mais le fait est là, et cela m'est très désagréable. Je vais prendre prétexte de ma pierre pour m'en aller. »[307] Variot tentera de défendre les collaborateurs de la Revue et de les distinguer des nationalistes fin de siècle, en soulignant l'existence d'un danger éminent. Mais peut-être y a-t-il dans le départ de Sorel la lassitude de voir des efforts menés en vain. « J'ai encore un ou deux livres à écrire... J'écris parce que je ne peux faire autrement. Mais je ne m'illusionne pas sur ce que peuvent apporter mes travaux au prolétariat. Je l'aurai servi sans nourrir l'espoir que mon nom soit connu de lui [...] Vous n'avertissez personne avec votre *Indépendance*. On n'avertit pas les peuples avec des revues qui tirent à cinq cents exemplaires! Est ce que j'ai la prétention d'avertir les peuples avec mes livres qu'achètent mille lecteurs?»[308]

L'Indépendance continuera sa parution quelques numéros sans lui, puis disparaîtra. Alors qu'elle s'achemine vers son terme un jeune homme, Henri Lagrange, nationaliste et monarchiste, aura l'idée de créer un cercle dans lequel seraient discutées les questions du temps. Ainsi devait renaître, sous une autre forme, *la Cité française*. Ce sera le Cercle Proudhon. Ses fondateurs étaient

---

306 Lettre à B. Croce, 20 novembre 1912, *La Critica*, 1928, p. 438-439.

307 Variot (J.), *Propos, op. cit.*, p. 41.

308 *Ibid.*, p. 43-44.

Edouard Berth, Henri Lagrange, Gilbert Maire, René de Marans, qui dirigeait la *Revue critique des idées et des livres*, André Pascalon et Albert Vincent (qui n'était ni monarchiste, ni syndicaliste). La déclaration liminaire indique les objectifs: « Le Cercle Proudhon luttera sans merci contre la fausse science qui a servi à justifier les idées démocratiques et contre les systèmes économiques qui sont destinés par leurs inventeurs à abrutir les classes ouvrières, et soutiendra passionnément les mouvements qui restituent aux Français, dans les formes propres au monde moderne, leurs franchises, et qui leur permettent de vivre en travaillant avec la même satisfaction du sentiment de l'honneur que lorsqu'ils meurent au combat. »[309] Incontestablement, le rapprochement du sentiment de l'honneur au travail et de l'honneur au combat évoque Sorel. Mais il faut s'interroger sur la référence à Proudhon. Surprenante, elle s'explique pourtant. Les fondateurs du Cercle se réclament d'un Proudhon qui a combattu le principe des nationalités et la révolution jacobine. Valois affirmera d'ailleurs que c'était moins les idées de Proudhon qui animaient les fondateurs du Cercle, que l'esprit de son œuvre (Maurras avait de son côté barré la route à toute dérive en indiquant: « les idées de Proudhon ne sont pas les nôtres », alors que dans une large mesure elles étaient celles de Sorel). Dans « Pourquoi nous rattachons nos travaux à l'esprit proudhonien? », article publié dans les *Cahiers* du Cercle Proudhon, Valois écrit qu'il se réclame du Proudhon « qui a la passion de la construction, de la vie organisée, ordonnée, disciplinée », de celui qui avait hélas subit l'anarchie intellectuelle du XVIIIe siècle (jugement qui étonne, car Proudhon a été peu influencé par le XVIIIe), mais « dont les mains paysannes, ouvrières, formées par le labeur aux arts de la vie, reproduisent les gestes traditionnels du travail et dont l'intelligence disciplinée par les siècles recherche l'ordre dans ce monde nouveau où elle n'aperçoit plus que les signes de désordre. »[310]

Le Cercle Proudhon, à la différence de *l'Indépendance,* est d'inspiration monarchiste et gangrené par la xénophobie. Valois

---

[309] Andreu (P.), *op. cit.*, p. 84.
[310] *Janvier-février*, p. 38-39.

insistait sur les moyens propres à détruire « l'ordre étranger, et tout particulièrement la prépondérance juive, et à restaurer la monarchie, pièce maîtresse de l'ordre français. »[311] Les *Cahiers* devaient en principe débattre surtout d'économie. En réalité de décembre 1911 à février 1912, il fut principalement question d'idéologie (Proudhon, Pelloutier, Sorel); de la nation et de la valeur du nationalisme ensuite. Ainsi plus ou moins consciemment, le « politique d'abord » de Maurras dominait les travaux du Cercle.

« Le Roi d'abord et au travail ensuite », avait écrit Valois quelques années auparavant. Le Cercle n'échappera pas à cette priorité. Inutile de dire que Sorel ne pouvait approuver cette orientation. Dès le début il s'en ouvrira à Berth et lui conseillera la prudence puis le retrait d'une affaire ne pouvant donner de bons résultats. « En réfléchissant hier soir au Cercle Proudhon, je me suis persuadé que cette entreprise est condamnée à ne pas avoir le moindre succès; je redoute même qu'elle ne contribue à rendre les jeunes gens moins aptes à comprendre Proudhon, parce que pour entendre celui-ci il faut faire abstraction de tous projets politiques[312] et ce cercle se trouve sous des patronages qui lui donnent une couleur très politique; l'A.F. en subordonnant tout à la politique, entendue au seul plan scholastique de forme de gouvernement, se montre très hostile au cours d'idées dans lequel il faut se placer pour juger Proudhon. Il me semble que vous feriez mieux de ne pas vous associer à une affaire qui ne peut donner de bons résultats. Valois trouvera 4 ou 5 personnes pour le suivre; mais tous ses amis

---

[311] *Ibid*, p. 42.

[312] Une lettre qui a été attribuée à Sorel, reproduite dans les *Cahiers*, reprend ce point de vue. « Il est très important d'observer, dès qu'on commence à lire Proudhon, que son œuvre est délaissée par les socialistes; il appartient désormais à tout le monde et il a le droit d'entrer triomphalement dans la littérature française [....]. Le mouvement historique qui a pratiquement exclu Proudhon du socialisme montre mieux que toutes les dissertations scolaires que les parties qui furent jadis si acclamées par les socialistes ne sont pas les parties durables de son œuvre. C'est en dehors de ce qui se rattache très directement au socialisme qu'il faut donc chercher les doctrines qui assureront à Proudhon une place éternelle dans notre pensée [...]. Proudhon est étranger aux idées qui sont fondamentales dans la démocratie avancée.» (*Cahiers Sorel*, n°5, p. 175).

sont aussi antiproudhoniens qu'on peut l'être; il faut la légèreté de Jacques Bainville pour avoir réduit Proudhon à quelques études anti-italiennes. »[313] Pourtant, le Cercle Proudhon fera comme si l'entente existait. En 1912, pour le premier anniversaire de sa fondation, un dîner sera offert en l'honneur de Sorel, dîner auquel celui-ci de manière significative ne participera pas. En août, un numéro d'hommage lui sera consacré.[314] Sans doute Berth et Valois ont-ils été sincères dans leur entreprise: associer le syndicalisme et un ordre qui plaçait la réforme politique au premier plan en dénonçant la primauté des intérêts partisans qui devraient céder le pas devant l'autorité monarchique.

Rallié au bolchevisme après la guerre, Berth avouera qu'il s'était avant 1914 très sensiblement rapproché de l'Action Française. Il ajoutera: « En fondant avec Georges Valois le *Cercle Proudhon*, où nous nous proposions de lutter contre la démocratie du double point de vue national et syndical, nous avions fait presque *du fascisme avant la lettre.* »[315] Mais cela ne pouvait concerner Sorel. En quelque sorte instrumentalisé, celui-ci n'a suivi l'expérience que de loin. S'il se jette dans l'aventure de *l'Indépendance* après l'échec de *la Cité française* cela tient à ce qu'il n'a plus, en France tout au moins, de revue susceptible d'accueillir ses écrits. Mais les *Cahiers* du Cercle Proudhon ne sont pas indépendants. Il n'y collabore pas, et c'est abusivement que l'on invoque son patronage. Personne ne peut reprocher à Sorel d'avoir été annexé par certains membres de l'Action Française, eux-mêmes en marge: Valois, mais aussi R. Johannet.

Peut-être l'amitié pour Berth a-t-elle encore joué un rôle très important dans cette affaire. « Ce qui fait que j'aime Edouard Berth, a confié Sorel à Variot, c'est la noblesse de son caractère. Il

---

313 Lettre à Berth du 24 déc 1911, *in* « Georges Sorel », Ed. de l'Herne, p. 336, et *Cahiers Sorel*, n°5, p. 168.

314 Sorel était éloigné des *Cahiers*. Dans une lettre à Berth du 12 mars 1912, il écrit qu'il vient de s'y abonner [!!!] et il ajoute immédiatement: « Je doute que l'on puisse produire 6 cahiers intéressants sur Proudhon chaque année » (*Cahiers Sorel*, n°5, p. 172).

315 E. Berth, *Guerre des Etats ou guerre des classes*, Paris, Rivière, 1924, Avant-Propos, p. 19.

est d'une incomparable droiture et d'une rare solidité dans ses attachements. Il ignore l'arrivisme. Ce n'est pas lui qui écrira pour faire une carrière. »[316] Et il ajoutera, ce qui accroît encore la force du propos: « Je n'aime pas seulement Berth comme un fils, à cause de la dignité de sa vie et de son caractère, je l'aime comme un ami, ce qui n'est pas moins qu'un fils, un ami dont les affinités, dont parlait Goethe, sont certainement les plus intimes avec ma doctrine et mes idées, parmi celles de mes autres amis. » Cette force de sentiments a peut-être incité Sorel à garder vis-à-vis du Cercle Proudhon un silence qu'il eût pour lui mieux valu rompre pour éviter les malentendus. C'est pourquoi les raisons données par Sternhell quant à la distance maintenue entre Sorel et le Cercle Proudhon manquent quelque peu de sérieux. Sternhell ne cite pas les textes produits ici. En revanche, il en cite un dans lequel Sorel propose à Berth, pour les Cahiers du Cercle Proudhon, un texte devant normalement être utilisé par l'éditeur Rivière dans *Matériaux d'une théorie du prolétariat*, mais que celui-ci pourrait écarter de l'ouvrage. Sans doute, peut-il être décevant de voir un homme tel que Sorel proposer pour une revue dont il n'approuve pas les orientations un texte éventuellement rejeté ailleurs. Curieusement, Sternhell ne retient pas cet aspect des choses, alors qu'il s'efforce cependant d'expliquer le comportement de Sorel vis-à-vis du Cercle, non par les idées, mais par des traits de caractère.

Le propos de Sternhell mérite d'être reproduit dans la mesure où il situe le niveau de l'explication. « Ce n'est donc pas pour des raisons d'ordre intellectuel ou politique que l'on ne trouve pas le nom de Sorel au comité de rédaction des *Cahiers*. Les véritables raisons résident dans le fait que [Sorel] n'est pas l'homme des entreprises collectives. Le côté autoritaire, souvent mesquin de sa personnalité, son incapacité à collaborer de manière suivie avec quiconque refuse de s'effacer totalement devant lui apparaissaient déjà douze ans plus tôt, lors des débuts du *Mouvement socialiste* [...]. Au moment où Berth et Valois se lancent dans une nouvelle aventure, Sorel, à l'issue de tant de batailles perdues, est déjà un vieil homme peu enclin à reprendre le collier dans une salle

[316] Variot (J.), *op. cit.*, p. 161.

de rédaction. »[317] Sentant peut-être cet argument *ad hominem* un peu léger, Sternhell en utilise un autre qui selon lui règle la question. Il concerne le fait que Sorel a préfacé le livre de Berth, *Les Méfaits des intellectuels*, paru en 1914, considéré par l'historien comme le couronnement de l'œuvre du Cercle Proudhon. Cette préface cautionnerait l'ensemble des idées contenues dans l'ouvrage. On trouve effectivement sous la plume de Berth des phrases compromettantes. Comme celle-ci : « De l'alliance fraternelle de Dionysos et d'Apollon est sortie l'immortelle tragédie grecque [...]. De même, *l'Action française* qui, avec Maurras, est une incarnation nouvelle de l'esprit apollinien, par sa collusion avec le syndicalisme, qui avec Sorel, représente l'esprit dyonisien, va pouvoir enfanter un *nouveau grand siècle*, une de ces *réussites historiques* qui après elles laissent le monde longtemps ébloui et comme fasciné. »[318] Cette phrase se trouve page 355 d' un ouvrage qui en comporte 358. Elle est tirée de la longue conclusion intitulée « La victoire de Pascal ». Sortie de son contexte, et au moins à première vue, elle semble effectivement appeler une synthèse Sorel/Maurras (que Sorel ne désavouera pas en préfaçant l'ouvrage). Mais l'interprétation peut en être différente. Berth pourrait simplement estimer que selon une logique toute sorélienne l'indispensable violence syndicaliste, *la barbarie syndicaliste* selon sa propre expression, appelle l'ordre, « comme le sublime appelle le beau ». Après avoir qualifié Maurras d'allié, Berth achève son ouvrage par cette phrase, qui éclaire peut-être mieux son propos: « Socrate et Descartes sont vaincus, le XVIIIe siècle définitivement dépassé, et complète s'annonce la victoire de Pascal. » Même en admettant que Berth ait souhaité un synthèse du monarchisme et du syndicalisme, rien ne prouve que Sorel, bien qu'il ait rédigé la Préface de l'ouvrage, ait approuvé ces formules, d'ailleurs pompeuses. La lecture attentive de cette préface permet de s'apercevoir qu'il n'est jamais question de l'ouvrage proprement dit pas plus que de l'Action Française et de Maurras. L'absence de critique de la part de Sorel à l'égard de telles formules, trouverait meilleure

[317] Z. Sternhell, *Naissance...*, *op. cit.*, p. 121.
[318] E. Berth, *Les méfaits des intellectuels*, Paris, Rivière, 2e éd., 1926.

explication par le recours à des données personnelles: la vive amitié de Sorel pour Berth qui devait le porter à l'indulgence (sans doute une indulgence excessive). Quoi qu'il en soit, ajouter, après avoir cité la phrase de Berth: « Telle est la signification historique du sorélisme »[319] laisse perplexe. Qu'en Italie des syndicalistes révolutionnaires aient versé dans le nationalisme, personne ne le nie. Ce n'est pas de cela qu'il s'agit, mais de Sorel lui-même, qui s'est toujours tenu à l'écart des sentiments nationalistes. Son orientation en 1914 le montre clairement. Si l'on veut à toutes forces identificier Sorel à un nationaliste, seul l'amalgame et les dérives par petites touches est possible. Z. Sternhell n'hésite pas à se servir du procédé: « En dépit de son attachement formel au syndicalisme ouvrier, il [le socialisme sorélien] devient comme un effort de régénération morale de la société dans son ensemble et de sauvetage de la classe ouvrière. Le révisionnisme sorélien constitue en fait un révisionnisme idéaliste, et son langage ouvriériste ne change rien à l'affaire. La facilité avec laquelle se fait le glissement de Sorel vers le nationalisme et l'antisémitisme, quelques années à peine après les *Réflexions...*, montre combien superficiel était cet ouvriérisme anti-intellectualise. »[320]

Nous examinerons plus loin ce qu'il en est de l'antisémitisme de Sorel. Pour ce qui concerne le nationalisme, le soi-disant « glissement » qu'il opère est impossible à identifier. Si effectivement il a considéré que le maintien d'une civilisation élevée allait de pair avec la présence d'une éthique exigeante, il a aussi toujours pensé que seul le prolétariat pouvait être le porteur de cette éthique. Qu'il ait considéré à partir de 1906 la classe ouvrière inférieure à sa mission historique en raison des manipulations politiciennes dont elle avait été victime, c'est un fait. Qu'il ait songé à un autre vecteur historique, voilà qui est impossible à démontrer si l'on s'en tient à ses écrits. Impossible à identifier, le glissement doit donc être postulé et considéré comme inévitable parce que logique. Dans l'optique que Z. Sternhell prête à Sorel, la déception relative au

---

[319] Z. Sternhell, *Naissance...*, *op. cit.*, p. 122.

[320] « Georges Sorel, le syndicalisme révolutionnaire et la droite radicale au début du siècle », in *Sorel en son temps*, *op. cit.*, p. 82.

destin de la classe ouvrière **ne peut être** que le signe infaillible du recours à la nation envisagée comme seule catégorie historique de substitution. « Le moment venu - écrit Sternhell [mais de quel moment s'agit-il?] - la nation remplace le prolétariat et la transition logique du syndicalisme révolutionnaire au socialisme national s'opère tout à fait naturellement. Au moment où il devient clair que le prolétariat ne possède ni les moyens, ni l'énergie, ni la volonté de jouer le rôle de sauveteur des valeurs héroïques, il est remplacé par ce qui apparaît être la grande force montante, la nation dans toutes ses classes rassemblées. »[321]

Sorel aurait sans doute considéré que Z. Sternhell raisonne comme P. Lafargue. C'est-à-dire, à ses yeux, fort mal.

*

C'est pendant cette période que se situera la rupture avec Péguy. Longtemps Sorel a fréquenté la boutique des *Cahiers de la Quinzaine*. De manière indirecte Péguy évoquera Sorel dans *Notre jeunesse*[322], en brossant un portrait de Bernard Lazare (que Sorel étrillera sans ménagement à propos de son ouvrage sur l'anti-sémitisme). « Il [Bernard Lazare] aimait beaucoup deviser avec M. Sorel, écrit Péguy. Je dois dire que leurs propos étaient généralement empreints d'un grand désabusement. Il avait un goût secret, très marqué, très profond et presque très violent pour M. Sorel. Un goût commun de désabusement; des gens à qui on en contait point. Quand ils riaient ensemble, quant ils éclataient au même moment, car tous les deux avaient le rire jailli, c'était avec une profondeur d'accord, une complicité incroyable. Cet accord saisissant de l'esprit, du rire qui n'attend pas, qui ne calcule pas, qui d'un coup atteint au plus profond, au dernier point, éclate et révèle. Qui d'un mot atteint au dernier mot. Tout ce que disait M. Sorel le frappait tellement qu'il m'en parlait tous les autres matins de la semaine. Ils étaient comme deux grands complices. Deux grands enfants terribles. Deux grands enfants qui eussent très bien connu

---

321 *Ibid*, p.83

322 C. Péguy, *Œuvres en prose, 1909-1914*, Paris, Gallimard, Coll. *Pléiade*, 1961, p. 558.

les hommes.» Sorel donnera en 1901 et 1902 quelques textes aux *Cahiers*, dont l'un consacré à Proudhon. Fort peu, note à juste titre Pierre Andreu, si l'on tient compte de l'ensemble de sa production intellectuelle. Cependant, signe de son admiration pour Péguy, il donnera un compte rendu particulièrement élogieux du *Mystère de la charité de Jeanne d'Arc*.

Pendant des années, Sorel viendra le jeudi aux *Cahiers* s'entretenir avec quelques fidèles, les frères Tharaud notamment. Marcel Péguy a insisté dans une brochure publiée en 1930,[323] sur la distance qui cependant existait avant leur rupture entre son père et Sorel, matérialisée en quelque sorte par la topographie des lieux: d'un côté le bureau de l'administrateur, où Sorel dissertait, et de l'autre l'arrière boutique où se tenait Péguy, séparés par une cloison de verre. « Ainsi la mince cloison de verre se trouvait séparer deux des esprits les plus différents des années d'avant-guerre. D'un côté était enseignée *la théorie des mythes* et prêchée la violence, de l'autre survivait encore l'enseignement de *la cité harmonieuse* de *la république socialiste universelle*, simplement promue en une république chrétienne universelle.» Les chemins vont se séparer à partir de 1913.[324] En décembre 1912, Péguy enverra à Sorel un pneumatique dans lequel il l'accusera d'œuvrer contre les *Cahiers* : « Je reconnais votre main dans tout ce qui se fait contre les *Cahiers*. Je vous prie à l'avenir de ne plus revenir le jeudi. » On en a cherché les raisons dans plusieurs directions. La première pourrait s'appeler « l'Affaire Benda ». Julien Benda, le futur auteur de la *Trahison des clercs* souhaitait obtenir le Goncourt pour un roman intitulé *l'Ordination*, ce que désirait aussi Péguy qui avait publié certains de ses textes et qui espérait semble-t-il voir le succès éditorial lié au

---

323 *La rupture entre Charles Péguy et Georges Sorel*, Cahiers de la Quinzaine, 1930, p. 8.

324 Pierre Andreu souligne que dans les lettres qu'il écrivait à Berth dans les années 1910-1911-1912, Sorel traitait déjà Péguy sans indulgence. Dans une lettre du 3 mai 1911, il écrit à propos des *Morceaux choisi* de Péguy, « qu'il y a beaucoup plus de mauvais que de bon dans ce volume qui fait apparaître Péguy comme un fétu agité par le vent, dépourvu d'idées et beaucoup trop occupé à allonger des développements sans raison » (*op. cit.*, p. 279).

prix Goncourt rejaillir sur les *Cahiers*. Selon Marcel Péguy, qui affirme le tenir de Berth, Sorel comprenait la formule employée par Péguy - je vois votre main, etc. - comme une accusation directe portée contre lui au sujet de manœuvres ourdies contre Benda qui effectivement n'obtiendra pas le prix.

Variot a donné sa propre version de cette affaire. Sorel ne disposait en fait que peu de moyens d'intervention auprès des jurés de l'Académie Goncourt. Il n'y connaissait qu'Elemir Bourges. Il pouvait donc difficilement peser sur la décision. Sorel lui aurait dit: « Péguy s'imagine que c'est à cause de moi que Benda a été le blackboulé du prix Goncourt! C'est cocasse! »[325] La véritable raison serait ailleurs (bien qu'elle ne « corresponde » pas au sens que l'on peut attribuer à la fameuse phrase de Péguy). Péguy publiait dans les *Cahiers* sa *Jeanne d'Arc* que Sorel admirait beaucoup. Mais le contenu de ce texte devait dérouter une partie du lectorat dreyfusard des *Cahiers*. « Les instituteurs socialistes ne comprirent pas qu'un dreyfusard pût écrire sur une aventure du temps de l'obscurantisme. Les intellectuels de la Sorbonne jugèrent Péguy maladroit, parce qu'il leur semblait peu opportun qu'un talent [s'appliquât] à ce qu'ils appelaient des jeux littéraires sur des "choses cléricales " qui n'étaient plus de mode. »[326] Un tel désarroi ne pouvait qu'avoir des incidences sur les *Cahiers* dont la situation financière n'était pas florissante. Un certain nombre d'abonnés risquaient de s'éloigner. Or semble-t-il Sorel plus qu'un autre s'est inquiété de cette situation. C'est la raison pour laquelle il suggéra à Variot d'aller en parler à De Mun - censé disposer des moyens de soutenir financièrement Péguy. Variot promit, en exigeant pléalablement d'en avertir Péguy qui « sauta au ciel » en apprenant ce projet. « Le père Sorel est inouï! Parfois, il a d'extraordinaires naïvetés. Les choses ne sont pas toujours simples, mais lui il les exagère... Alors c'est terrible. Il me voit sur la paille et la boutique des *Cahiers* fermée parce que quelques uns de mes amis ne sont pas contents de la *Jeanne d'Arc*. Mais ce n'est pas d'hier que j'ai secoué Jaurès... Est-ce que le père Sorel croit que ça n'a pas fait de bruit, plus de bruit que la *Jeanne*

---

[325] J. Variot, *op. cit.*, p. 251.
[326] *Ibid.*, p. 254.

d'Arc dans son temps. »[327] Finalement Péguy considérait qu'il ne faisait pas le grand écart entre les admirateurs d'une *Jeanne d'Arc* passablement cocardière et les dreyfusards abonnés des *Cahiers*, et que cela ne risquait pas de mettre la revue en péril. Surtout, il semble que Sorel se soit un peu mêlé de ce qui ne le regardait pas. Péguy pouvait être considéré en 1913 comme un converti au catholicisme. Mais il n'avait fait aucun acte public consacrant cette conversion intérieure. Il n'allait pas à la messe et ne s'approchait pas des sacrements. Or, Sorel considérait qu'il s'agissait là d'une inconséquence. « Son œuvre nouvelle le force à se tourner vers ce qui est catholique et national. En tout cas, s'il s'est converti ou plutôt s'il est revenu à la religion, il doit le déclarer publiquement. »[328]

P. Andreu note de son côté qu'habitué à ne jamais transiger avec les exigences de sa pensée, Sorel réclamait des autres et spécialement de Péguy la même lucidité. Quoi qu'il en soit il n'a certainement jamais fait part à Péguy de ce sentiment. Peut-être ce dernier en a-t-il eu connaissance indirectement. Est-ce cela qui a entraîné la rupture? C'est possible. D'autres raisons ont peut-être joué. Variot a laissé entendre qu'entre 1909 et 1911 que Sorel avait des idées très originales, abandonnées par la suite. Il voit même en 1935 une « rencontre d'idées » (*sic*) entre Hitler et le Sorel de cette époque. Ces idées sont en fait celles exprimées dans *l'Indépendance* et on voit mal le rapprochement que l'on pourrait - si peu que ce soit - faire entre celles-ci et l'hitlérisme. Mais si l'on néglige cette absurdité, Variot n'a sans doute pas tort de noter : « Les "péguystes" n'aiment pas Sorel. Il a dit sur la démagogie socialiste des choses meurtrières. On les lui aurait passées, comme à Péguy, s'il était resté dans un état d'esprit socialiste. Le perpétuel malentendu, au sujet de Sorel, se manifestait une fois de plus. Les

---

[327] *Ibid.*, p. 257.

[328] *Ibid.*, p. 258. Dans une lettre à Lotte, citée par Marcel Péguy (*op. cit.*, p. 38) Sorel écrit: « Le cas de Péguy est évidemment pour le grand public assez singulier. Voilà un homme qui est l'un des plus profondément religieux de ce temps. Mais d'autre part il faut bien constater qu'on est ou qu'on n'est pas catholique selon que l'on suit ou que l'on ne suit pas les commandements de l'Eglise. »

“péguystes” ne comprenaient pas du tout que Sorel n'était pas un socialiste comme eux, quand il étudiait le socialisme. Pour eux, gens de parti, on devait être d'un parti. Sorel se mettant à étudier le nationalisme, ils l'accusaient d'être devenu nationaliste. Comme il avait publié un article dans l'Action Française, il était devenu royaliste. Comme Paul Bourget avait déclaré que sa pièce *La barricade* était inspirée des idées soréliennes, Sorel était devenu réactionnaire. Pour eux le scandale était grand et ils ne tarissaient pas d'épithètes malsonnantes sur le théoricien de la violence. »[329] Il n'est pas impossible que Péguy, qui, selon Variot, ne voulait pas que les jeudis des *Cahiers* devinssent des « meetings », ait commençé à trouver Sorel embarrassant et reculé devant l'idée de publications soréliennes dans les *Cahiers*, ce qui aurait contribué à rendre difficiles leurs rapports. Confortant cette hypothèse, Sorel écrit à Berth (il est vrai en 1910): « Je suppose que les juifs ont dû le [Péguy] mettre en demeure de revenir à eux. Ce sont eux évidemment qui l'ont empêché de publier mon article sur le livre de Boutroux; il me l'avait demandé; je l'avais corrigé pour l'améliorer; il m'a dit qu'il ne pourrait le publier cette année. »[330]

Dans un article consacré à Péguy et publié en Italie en avril 1919[331] Sorel donne quelque prix à cette hypothèse en mettant en relief ce qu'il considère comme la dépendance de Péguy à l'égard des juifs, désireux de publier leur prose et leurs vers dans les *Cahiers*, avec l'espérance « que leurs élucubrations seraient lues par un millier d'abonnés cultivés. » Il ajoute que cela ne rapportait financièrement que peu de choses à Péguy, mais que celui-ci craignait de les mécontenter car ils auraient pu naufrager son œuvre. Quoiqu'il en soit si Sorel n'a cessé de s'intéresser à Péguy (cf les lettres à Lotte et après la mort de celui-ci, celles à Quoniam), il conservera à son égard une très forte rancune Dans l'article italien déjà cité il note (ce qui est certainement à ses yeux positif) que Péguy ne s'était jamais plié aux conventions bourgeoises auxquelles les enfants de la bourgeoisie se plient aisément, et avait toujours été

---

329 *Ibid.*, p. 260.
330 Cité par P. Andreu, *op. cit.*, p. 282.
331 In *Da Proudhon a Lenin*, *op. cit.*, p. 59 et suivantes.

traité comme un rebelle par des gens totalement étrangers à ses instincts populaires (*istinti popolari*). Il lui sait aussi gré de n'avoir pas été un Intellectuel (au sens où il entend ce mot). Mais il raconte aussi que Péguy, ayant un enfant malade, fit le pélerinage de Chartres pour demander à la Vierge sa guérison (qui intervint effectivement). Et il ajoute: « Si comme le prétendent aujourd'hui quelques uns de ses admirateurs, Péguy avait eu une âme de catholique, il aurait éprouvé le besoin de célébrer, en termes enthousiastes, le miracle qui avait correspondu à ses prières.[....] Comme la plus grande partie de nos paysans, Péguy ne nourrissait aucune préoccupation religieuse; mais presque tous nos paysans, malgré leur irréductible incrédulité, ont une vive inclination pour le merveilleux qui se relie, à travers des siècles de christianisme, aux anciennes superstititons païennes. Chartres, la culture de la statue noire et de la robe de la Vierge témoignent évidemment de telles survivances; Notre-Dame de Chartres est beaucoup moins la mère du Christ que la grande fée de la Beauce: c'est par elle que Péguy fut attiré et lui demanda, selon les rites pratiqués par les pélerins, la guérison de son fils. Mais la messe, la présence réelle, les cérémonies qui aboutissent à la transubstantiation, constituaient un symbole sacramentel qui offensait le sens critique d'un ex-élève de l'Ecole normale, sans procurer aucun aliment à une imagination avide du merveilleux qui plait aux paysans. Puisque Péguy n'avait jamais fait acte public de conversion, il ne pouvait semble-t-il porter attention dans le catholicisme[332] qu'à ce qui se rattachait au merveilleux païen. »

***

[332] De manière significative il reprochera *post mortem* à Péguy d'avoir négligé l'oeuvre du cardinal Pie, qui selon lui faisait revivre l'esprit des Pères de l'Eglise!

VII

Sorel antisémite?

Il est aisé de mettre au compte de Sorel des rapprochements idéologiques avec Maurras et l'Action Française qui n'ont en réalité jamais existé. L'est-il tout autant de le disculper du reproche d'antisémitisme? Poser le problème exige de le situer dans son contexte historique et de ne pas traiter la question au futur antérieur. Soyons clair: Sorel est contemporain de Drumont et non d'Hitler.

Il faut se demander tout d'abord pourquoi la France a connu une vague d'antisémitisme à la fin du XIXe siècle. L'une des raisons tient sans doute au fait que la hiérarchie militaire et l'Eglise, hostiles à la République, rattachent le succès de celle-ci à l'influence juive (de même qu'après 1917 on imputera la Révolution bolchevique aux juifs), et à la place croissante et discutable occupée par la finance juive dans la vie économique de la France.

L'affaire de Panama est à ce sujet éclairante. Lorsque, près de la faillite, la société du Canal cherchera de nouvelles ressources, les banques n'y consentiront que sous la garantie des emprunts par l'Etat, qui exigeait un vote du législateur. Pour obtenir l'approbation du Parlement on « arrosa », selon le terme de l'époque, les parlementaires, les fameux « chéquards ». Deux juifs, Jacques de Reinach, pour le côté droit de la Chambre, et Cornelius Herz pour les radicaux, se chargeront d'effectuer la distribution. Finalement, l'emprunt ne se fit pas et Reinach se suicida (Barrès a raconté cela de manière un peu confuse dans *Leurs Figures*). Mais avant de se suicider il fournit à *la Libre parole* de Drumont la liste des « chéquards » dont la publication fut faite par petites doses avec un sens aigu du suspense. Ce scandale montra que les intermédiaires entre l'appareil d'Etat et les affaires étaient des juifs et surtout qu'ils étaient des nouveaux venus. Hannah Arendt qui s'est penchée sur la question de l'antisémitisme en France à la fin du XIXe siècle, explique la place prise dans cette affaire par des juifs implantés de fraîche date, par le fait qu'après 1871 les Rotschild, qui avaient négocié pour la France avec Bleichröder, le financier de Bismarck, les clauses financières du traité de paix, vont prendre parti pour la monarchie, ce qui contribua à leur faire perdre leur influence politique au profit d'autres milieux juifs plus récemment établis.

Dans un passage capital de son ouvrage, H. Arendt souligne qu'à la fin du XIXe siècle les hommes au pouvoir entretiennent des relations étroites avec des juifs, de même qu'autrefois chaque maison royale avait ses juifs de Cour. Mais une énorme différence sépare les deux situations. Les juifs de Cour « avaient assumé un rôle productif dans l'économie européenne », tandis que des hommes comme Reinach et Herz ne faisaient qu'épaissir le mystère des relations scandaleuses entre le monde des affaires et celui de la politique. H. Arendt écrit: « Ces parasites dans un organisme corrompu fournirent à une société totalement décadente un très dangereux alibi. Comme il s'agissait de juifs, on pouvait au besoin s'en servir comme de boucs émissaires pour apaiser éventuellement l'indignation publique [...]. Les antisémites pouvaient désigner les parasites juifs d'une société corrompue pour prouver que partout, les juifs n'étaient que les termites d'un organisme et d'un peuple par ailleurs sains. [...] Les antisémites, qui s'intitulaient patriotes, introduisirent ce nouveau genre de sentiment national qui consiste avant tout à nier les torts des siens et à accabler en bloc tous les autres peuples. »[333]

Sorel conduit au sujet de Panama une analyse voisine de celle de H. Arendt, tout en insistant sur l'amplification du scandale due aux méhodes de *La Libre Parole*. Les responsables du scandale n'étaient pas juifs. Vraisemblablement peu nombreux, les juifs qui

[333] Arendt (H.), *Sur l'antisémitisme*, p. 217.

avaient trempé dans l'affaire, pense-t-il, n'en étaient pas moins représentatifs. « Les antisémites - écrit Sorel - furent assez habiles pour prendre la direction des attaques contre les panamistes: les promoteurs de Panama avaient été des gens du dernier bien, des hommes pleins d'honorabilité; des purs Français de France (comme dirait M. Drumont); la grande banque juive s'étant tenue à l'écart, à peu près complètement; on lui avait même plusieurs fois reproché de ne pas avoir donné son appui à une œuvre si nationale; mais quelques agents d'affaires israélites avaient été mêlés aux négocia-tions véreuses; Panama devint, grâce à M. Drumont, une affaire juive. *Les légendes concentrent toujours les crimes et les hauts faits sur un petit nombre de personnages représentatifs*: [c'est moi qui souligne]. Arton, Herz, Reinach, devinrent les héros du Panama dans la légende arrangée par M. Drumont. »[334]

Hannah Arendt est moins persuadée que Sorel qu'il s'agit d'une légende et considère que les juifs - anciens et nouveaux mêlés - poursuivent tous un même but: « ...aider la société à s'enrichir au dépens de l'Etat. » Cette instrumentalisation politique de l'antisémitisme sera favorisée par la réaction nationale et religieuse provoquée dans le pays par la défaite de 1870 et la Commune. C'est le temps des Eglises construites en expiation des « péchés » de la France et de la recrudescence des pélerinages (Pontmain, La Salette, Lourdes). C'est le temps aussi des catholiques sans la foi, qui réclament le renforcement de l'autorité et soutiennent l'Eglise, facteur d'ordre, d'autant plus fermement qu'ils sont incroyants. Les conservateurs ont vu dans l'antisémitisme le moyen de détourner la colère qui aurait pu se reporter sur eux en raison de leurs manipulations et malversations.

Il convient d'ajouter que la situation en Algérie a aussi contribué à favoriser l'antisémitisme. Adopté par le gouvernement de la Défense Nationale en 1870, le décret Crémieux avait fait des israélites indigènes des citoyens français, non plus soumis à un statut personnel comme par le passé, mais à la loi française, ce qui engendrera un mouvement antisémite tant de la part de la communauté arabe que des Français non juifs. Dans *la France*

[334] Sorel (G.), « L'Eglise et l'Etat », *La Revue socialiste*, 1901, p. 409.

Juive, Drumont cite un article du *Courrier d'Oran* publié en 1882 dans lequel on peut lire au sujet du décret Crémieux: « Cette mesure nous a fait grand tort dans l'esprit des indigènes qu'elle a blessés cruellement. Elle n'était justifiée par aucune nécessité pas plus que par les mérites de ceux qui ont profité de cette faveur exceptionnelle.[..] On dirait que c'est pour les juifs que la France a entrepris la conquête de l'Algérie. Tirés par nous de l'ignorance où sous la domination arabe ils étaient maintenus par des préventions séculaires, ils envahissent insensiblement notre société, non pour s'assimiler à elle, mais pour rester une caste à part qui veut dominer. Ils pénètrent partout, audacieux et arrogants; la fortune publique passe dans leurs mains usuraires et comme si ce n'était déjà trop, ils briguent les fonctions électives avec un succès menaçant. »[335] Les socialistes eux-mêmes, Viviani notamment, expliqueront les actes antisémites commis en Algérie par « la tyrannie » juive, tandis que Jaurès à la suite d'un voyage rapportait un lot d'impressions peu favorables sur les juifs d'Algérie.

*

Pendant longtemps Sorel ne sera contaminé par aucun antisémitisme. Il y verra même une idéologie sommaire et démagogique à l'opposé du socialisme et donnera dans ses écrits une image positive du juif ancien (mais il est vrai, non du juif moderne). Dans les articles consacrés à « la fin du paganisme » parus en 1894, il oppose radicalement l'Ancien et le Nouveau Testament, le premier, selon lui, fait pour les travailleurs, le second pour un peuple de mendiants. « La Bible a une grande valeur sociale, parce qu'elle est le livre d'une démocratie paysanne: les travailleurs des champs revendiquent la justice contre les gens de la ville, les magistrats, les prêtres qui les oppriment. La Bible est un livre écrit pour les travailleurs; les Juifs ont plus qu'aucun peuple admiré le travail et ils sont encore aujourd'hui d'excellents ouvriers dans les pays méridionaux. Il est utile de remarquer que Saint Paul,

[335] Drumont (E.), *La France juive*, p. 51.

suivant en cela la tradition rabbinique, gagnait sa vie comme tailleur, tandis que les autres apôtres inauguraient l'apostolat professionnel et que la plupart des docteurs talmudistes furent des travailleurs manuels. L'Evangile au contraire semble avoir été écrit pour des mendiants. » L'antisémitisme selon Sorel n'est que la rancœur de ratés qui font grief au juif de mieux réussir qu'eux. Dans un article intitulé « Sémites et cléricaux » il souligne qu'on accuse les juifs de constituer une société fermée alors que bien au contraire ce sont leurs accusateurs qui désirent maintenir leurs privilèges. Plusieurs passages de l'article donnent du juif une image positive: il cultive la science, il est l'homme le moins théologien du monde, etc. Du côté de l'Eglise l'antisémitisme correspond au désir de celle-ci de supprimer la volonté de penser. « Pour nous autres socialistes, nous devons considérer l'Israélite comme un auxiliaire des plus précieux; grâce à lui aucune réaction durable ne pourra s'établir en Europe et l'esprit révolutionnaire ne faillira jamais. Il faut être bien naïf pour voir dans le mouvement antisémitique un auxiliaire du socialisme; ce mouvement ne tend qu'à donner le champ libre à la hiérarchie ecclésiastique et à rendre impossible toute liberté de pensée. »[336]

Au moment de l'Affaire Dreyfus, Sorel considère les choses de la même manière. Bien que peu intéressé par le cas personnel de Dreyfus, il dénonce le danger de laisser le champ libre aux cléricaux et aux nationalistes qui désirent instaurer un césarisme, une sorte de nouveau bonapartisme, renouvelé de l'ancien. C'est pourquoi dans une lettre à Lagardelle (15 août 1898) il prendra le contrepied de Deville qui se montrait réservé à l'égard du dreyfusisme, craignant qu'il entraîne une véritable réaction.[337] Il demandera à Lagardelle de publier un article de Lafarge (qu'il appréciait peu, on le sait) montrant le *péril pratique* de l'antisémitisme pour le peuple.[338] A ses yeux, loin de marcher vers le socialisme, la France de la fin du siècle penche vers le césarisme redouté. « Le mouvement apparaît maintenant parce qu'il y a une

336 G. Sorel, art. cité, p. 328.

337 *Considerazioni...*, op cit, p. 132.

338 Lettre du 22 décembre 1898, *op. cit.*, p. 136.

pierre dans l'engrenage; les dents grincent et se cassent; ce n'est pas la pierre qui a fait naître l'engrenage, mais elle force les aveugles à s'apercevoir qu'elle existe. » Dans un article de 1900[339] et dans plusieurs écrits de cette époque, Sorel met en garde contre l'illusion qui ferait de l'antisémitisme un phénomène passager, « une aberration due à l'influence perverse de quelques hommes », et encourage les socialistes à « examiner de près les causes de ses progrès. » Pour sa part, il lui paraît être un moyen commode, quoique faux, « de rendre compte du mécanisme du capitalisme moderne », identique à la vertu dormitive de l'opium. Il estime cependant - ce qui correspond à la conception qu'il se fait de la force des sentiments et des idées dans les processus sociaux - que l'antisémitisme, tout redoutable qu'il soit, a un talon d'Achille: son absence de dogmatique et de solutions positives.

Shlomo Sand fait remonter à 1902 le changement d'attitude de Sorel. En réalité si ultérieurement Sorel expliquera dans *la Révolution dreyfusienne* combien il avait été choqué par le combisme, qu'il considère comme l'expression politique de la coalition dreyfusarde, et qu'il juge trop peu scrupuleux et légaliste dans la conduite de sa politique anticléricale, à cette époque on ne trouve pas dans ses écrits de propos antisémites et il faut vraiment solliciter les textes pour affirmer le contraire. Dans *l'Introduction à l'économie moderne*, il parle certes de Lueger, le maire de Vienne, démagogue et antisémite, mais c'est pour souligner le lien (jugé fâcheux) entre son succès électoral et la pratique du clientélisme favorisée par l'extension des services municipaux viennois. Si l'expérience de la révolution dreyfusienne ramène Sorel à ses critiques anciennes de la démocratie et rend celles-ci tout à fait virulentes, elle ne le porte nullement vers un antisémitisme quelconque. Bien au contraire, dans un article consacré à Léon XIII, il reproche à l'Eglise d'avoir favorisé la démocratie des antisémites. Et lorsqu'il rédigera *Le système historique de Renan* sans doute évoquera-t-il les prophètes hébreux de manière ironique (à la manière de Renan), mais cela n'implique nullement une marque de

339 « Les aspects juridiques du socialisme », *Revue socialiste*, XXXII, oct. 1900, p. 397.

mépris à l'égard du judaïsme. « Si je ne me trompe, le génie hébraïque - écrit Sorel - aurait donc rendu à la civilisation moderne des services bien autrement grands que ceux que lui attribue Renan; car c'est à son héritage que nous devions d'être demeurés en contact avec la tradition classique. »[340]

A partir des *Illusions du progrès* on peut cependant déceler un changement de ton. On sait que cet ouvrage a consisté à dénoncer les illusions idéologiques des gens du monde éloignés de l'activité productive et portés à construire des systèmes utopiques en dehors de toute réalité. Or, Sorel cherchant à expliquer le goût que *des* juifs *riches* (il ne dit pas *les* juifs) peuvent avoir pour les utopies et les allures socialistes qu'ils se donnent, écrit : « Je laisse ici de côté naturellement ceux qui voient dans le socialisme un moyen nouveau d'exploitation; mais il y en a qui sont sincères. Ce phénomène n'est pas à expliquer par des raisons ethniques: *ces hommes vivent en marge de la production*; ils s'occupent de littérature, de musique et de spéculations financières; ils ne sont pas frappés de ce qu'il y a de nécessaire dans le monde et leur témérité a la même origine que celle de tant de gentilshommes du XVIIIe siècle. »[341] Dans l'édition de 1911 du même ouvrage, Sorel a introduit en note des observations de G. Ferrero sur les juifs allemands tirées de son livre *L'Europa giovane*. Elles concernent le fait que de nombreux juifs n'ayant pas à souffrir d'injustices personnelles, vivant comme les autres bourgeois, retrouvent aisément les voix de leur race pour protester contre les défauts de l'humanité. Or Sorel ajoute textuellement: « *Il me semble que presque tout cela peut s'expliquer sans faire intervenir l'atavisme.* »

Shlomo Sand, dans son article des *Cahiers Sorel*, considère que *Les Illusions du progrès* masque l'amorce d'une hostilité à l'égard des juifs. L'auteur a-t-il écrit *masque* ou s'agit-il d'une coquille d'impression pour *marque*? Si c'est bien *masque* qu'il convient de lire, le procès d'intention fait à Sorel est absurde. Celui-ci se borne à chercher des explications au goût de certains juifs pour les idées utopiques auxquelles lui-même a constamment

---

[340] Sorel (G.), *Le système historique de Renan*, p. 172.

[341] Sorel (G.), *Les illusions du progrès*, *op. cit.*, Ed. 1947, p. 213.

été hostile. Dans la mesure où il a toujours consi-déré que s'éloigner de la production entraînait à penser n'importe quoi, n'importe comment, il n'y a rien d'étonnant qu'il trouve l'explication du goût de certains juifs pour l'utopie par leur distance prise à l'égard de l'activité productive. Aucun antisémitisme là- dedans. Si Shlomo Sand a voulu écrire *marque*, « l'amorce d'une hostilité » évoquée est malaisément perceptible.

Il n'en est pas moins tout à fait incontestable que Sorel commence à s'en prendre clairement aux banquiers et spéculateurs juifs. La raison de cette acrimonie tient aux modalités de financement de *l'Humanité* que Schlomo Sand qualifie de rumeurs: des juifs agissant comme prête nom de Rotschild consentent un soutien financier à *l'Humanité*. Ce sera le prétexte de ce que l'on peut effectivement qualifier de glissement. Sorel déteste que des banquiers interviennent dans le financement d'un journal socialiste, et *donc objectivement* le corrompent, car leur aide vise à favoriser la paix sociale au moment même où Clémenceau, dreyfusard parmi les plus notoires, lutte vigoureusement, d'abord comme ministre de l'Intérieur, puis comme président du Conseil, contre le mouvement ouvrier. Or, ces banquiers sont juifs. Il ne faut pas perdre de vue que l'on est à cette époque en pleine publication des *Réflexions sur la violence*, ouvrage dans lequel la lutte des classes apparaît un combat sans merci entre la bourgeoisie et le prolétariat, destiné à donner naissance à autre chose que le capitalisme. Que peut signifier pour Sorel que des banquiers vraisemblablement peu enthousiasmés par les grèves se proposent d'apporter leur soutien à un journal socialiste, et qu'en outre celui-ci attire à lui des syndicalistes révolutionnaires comme Griffuelhes et Pouget? Schlomo Sand écrit que Sorel ressent la chose comme une trahison personnelle. Il n'est nul besoin d'avoir recours à des explications psychologiques pour comprendre l'attitude de Sorel. C'était toute sa conception de la lutte sociale qui était mise en question et de manière d'autant plus concrète et directe que le *Mouvement socialiste* auquel il collaborait risquait de disparaître en raison même des défections parmi sa rédaction et en tout cas cesserait d'être crédible.

Sorel écrit à Lagardelle : « J'ai vu Pirrodi à la Nationale; il m'a dit que Griffuelhes et Pouget étaient sur le point d'entrer à *l'Humanité*; peut-être ne se rendent-ils pas compte exactement des conséquences inévitables de cette tactique, qui revient à un lâchage (*un abandono in piena regola*). Le *Mouvement* doit être immédiatement supprimé s'ils entrent à *l'Humanité*; c'était une chance inouïe pour des syndicalistes d'avoir cette revue à leur disposition et ils ne retrouveront pas une semblable chance. Je pense qu'en présence d'une menace de disparition du *Mouvement*, ils hésiteront à aller chez les juifs. »[342] Schlomo Sand parle d'extrême vulgarité au sujet du vocabulaire utilisé par Sorel pour qualifier les juifs (le texte qu'il cite emploie le mot *youpin*, qui ne se trouve pas dans la traduction italienne que j'utilise, qui donne « Ebrei »).[343] Le ton de Sorel demeure pourtant modéré par rapport à celui utilisé par d'autres syndicalistes révolutionnaires. Au lendemain des perquisitions policières effectuées à la C.G.T. après le 1er Mai 1906, Paul Delesalle proteste avec véhémence dans les *Temps nouveaux* contre un article d'un dénommé Soubervielle, qualifié par lui de juif à tout faire, et déplore que les rédacteurs de *l'Aurore* n'aient pas réagi. Surtout il écrit : « Bien mieux, ils eurent le toupet, le jour-même où paraissait la saleté du juif Soubervielle d'envoyer à la confédération un autre juif, sale et puant, nommé Seligmann, vraisemblablement

[342] Lettre du 11 juin 1906, *Considerazioni... op. cit.* , p. 175. S. Sand cite le passage de la façon suivante : [A propos de Grifuellhes et de Pouget] « ils doivent choisir entre *l'Humanité* et le *Mouvement*, s'ils entrent chez les grands Youpins, le *Mouvement* disparaît en criant au lâchage. » (S. Sand, « Sorel, les juifs et l'antisémitisme », in *Cahiers Sorel*, n°2, 1984, p. 25).

[343] Je reproduis le texte italien que j'ai traduit : « Ho visto Pirrodi a la Nazionale; mi ha detto che Griffuelhes e Pouget stavano per entrare all'*Humanité*; forse non si rendono conto esattamente delle conseguenze inevitabili di questa tattica, che é une abbandono in piena regola. Il *Mouvement* deve essere soppresso immediatamente se entrano all *Humanité*; era une fortuna inaudita per i sindacalisti avere questa rivista a loro disposizione e non ritroveranno mai più une simila fortuna. Presumo che in prezensa di una minaccia di soppressione del *Mouvement*, esiterebbero ad andare dagli Ebrei.» Il est très éloigné de la transcription de Sand.

pour moucharder ce qui se disait à la C.G.T.[344] Les *Temps Nouveaux* mettront fin à la collaboration de Delesalle à la suite de cet article, et il sera question à son propos de « haine de race.» C'est douteux, mais le vocabulaire employé sous le coup de la colère y correspond. Sorel n'aura, lui, aucune « haine de race » et son vocabulaire serait plutôt à rapprocher de celui que l'on trouve parfois dans la correspondance de Marx.

*

On peut toutefois se demander si, après avoir lui-même quitté le *Mouvement socialiste*, l'hostilité de Sorel ne s'est pas déplacée des banquiers et spéculateurs juifs vers le judaïsme ou encore « l'ethnie juive ». Sa correspondance avec Croce contient des remarques primaires sur la « psychologie » juive. C'est ainsi par exemple qu'il note: « Les juifs se vantent un peu trop entre eux. »[345] Ayant lu dans un journal « sioniste » que d'Annunzio a des ascendances juives, il exprime ses doutes en ajoutant: « les juifs aiment assez annexer à leur nation les personnages illustres quand même il n'y a pas de preuves des origines juives. »[346] Sa rancœur demeure et il est quelquefois pris par l'obsession du complot juif. C'est ainsi que, dépréciant un livre de Benda consacré à Bergson et clairement hostile à sa philosophie, Sorel rappelle que l'auteur a d'abord essayé de se faire connaître en publiant des contes pornographiques, et que son ouvrage est d'une telle médiocrité que personne n'en parlerait « si des compères juifs ne s'étaient mis à le discuter. »[347] Il continue néanmoins de critiquer l'antisémitisme. Dans *Il giornale d'Italia* du 16 février 1911[348] il déplore chez Maurras le mélange de l'antisémitisme et de ce qu'il considère comme une œuvre « éducative », mélange

344 Maitron (J.), *Paul Delesalle*, Fayard, 1985, p. 145.
345 Lettreà Croce du 20 fév. 1910, *La Critica*, 1928, p. 337.
346 Lettre à Croce du 11 août 1912, *La Critica* 1928, p. 436.
347 Lettre à Croce, 3 sept. 1912, *La Critica*, 1928, p. 437.
348 Cité par S. Sand p. 28.

favorisé par la confusion entre une entreprise intellectuelle et une propagande nourrie de contingences. Certes, il y a au passif de Sorel les articles parus l'année suivante dans *l'Indépendance* (« Urbain Gohier »; « Quelques prétentions juives »; « Aux temps dreyfusiens ») sur lesquels il convient de s'arrêter longuement afin de savoir quelle est l'importance de ce passif.

S. Sand, analysant le premier de ces articles, cite sa dernière phrase, qui évidemment rend clairement un son antisémite (et il s'en tient là). « Urbain Gohier a-t-il donc tort de soutenir que les Français doivent défendre leur Etat, leurs mœurs et leurs idées contre les envahisseurs juifs qui veulent tout dominer, comme les Américains défendent leur marché du travail contre les envahisseurs asiatiques? »[349] Il est question des « envahisseurs juifs » et le rapprochement avec l'immigration asiatique aux Etats-Unis montre qu'on ne peut interpréter cette phrase comme une manifestation d'hostilité à *tous* les juifs. Elle s'adresse exclusivement à ceux qui, résidant en France depuis peu, se sont rapidement enrichis pour conquérir une influence politique que Sorel juge désastreuse. Il n'ignorait pas que *la plupart* des familles juives étaient en France depuis longtemps, que des juifs n'étaient pas banquiers et ne cherchaient nullement à détourner le prolétariat de ses objectifs révolutionnaires. Ses jugements rejoignent d'ailleurs ceux de son ami juif Daniel Halévy, qui voyait dans l'antisémitisme une attitude prudente, et surtout ceux d'un autre juif, l'historien Joseph Reinach, pour qui la présence d'étrangers dans les hautes sphères sociales d'un pays était un danger et qui avait affirmé que le sentiment de la patrie était un produit du sol qui ne fleurissait « aux arbres importés que lorsqu'ils avaient été bien transplantés et bien greffés. »[350] L'analyse du reste nous intétresse davantage. Sorel montre - le mot est faible - sa haine des déclassés. Mais lorsqu'on a affronté soi-même, comme c'était son cas, le risque de déclassement social (en raison des mauvaises affaires paternelles), et fondé toute sa conception de l'histoire sur la lutte de classes, est-ce tellement étrange? S'il reprend à son

---

[349] *L'Indépendance*, II, 21, 1er janvier 1912, p. 320.
[350] *Ibid.*, p. 320.

compte les termes de Gohier concernant « les rastaquères interlopes », les « aristocrates faisandés », les « snobs pervertis », « les bourgeois trop gras et dégénérés, les « jouisseurs blasés », il va de soi que cela ne concerne les juifs que lorsqu'ils entrent eux-mêmes dans cette catégorie.

De manière significative, prenant la défense de Gohier au détour d'une phrase, il évoque une erreur commise par celui-ci. Gohier, qui avait attaqué les Pereire, ignore, souligne Sorel, qu'ils « ont rompu depuis fort longtemps avec la Synagogue ».[351] Ils se sont donc fondus dans la société française et y jouent *normalement* leur rôle de banquiers. Dans cet article il s'en prend surtout - et vigoureusement - à Jaurès, et déplore même la modération de Gohier à son sujet. Et l'on s'aperçoit que, davantage qu'un antisémitisme s'adressant à une ethnie, Sorel marque son antijacobinisme de toujours. Parlant de la mort de la princesse de Lamballe, Jaurès avait écrit que « ces incidents ont déchaîné des révoltes de pitié grossière ». Sorel écrit: « J'ai lu tout le récit des massacres de Septembre et j'ai été dégoûté de voir avec quelle honteuse escobarderie le *bon* Jaurès donne des gages certains aux hommes de sang, tout en réservant des moyens de défendre la pureté de ses intentions auprès des naïfs académiciens. »[352] Il cite aussi abondamment le portrait moral au vitriol de Jaurès brossé par Péguy dans *Notre jeunesse*, en y ajoutant des considérations contre les démagogues qu'il a déjà mille fois exprimées.[353] Surtout, il éclaire parfaitement le sens de son hostilité à certains juifs en la rapprochant de celle, jamais démentie (faut-il encore une fois le rappeler: tout comme Marx), pour les aventuriers du Second Empire. « La génération qui arrivait alors à la réflexion - écrit-il - admirait d'une manière intelligente les traditions françaises, était persuadée que la grandeur morale d'un peuple se mesure à l'échelle des valeurs morales, méprisait les *parvenus* [c'est moi qui

[351] *Ibid.*, p. 307

[352] *Ibid.*, p. 308.

[353] « Tant qu'on n'aura pas trouvé le moyen de rendre ingrat le métier de démagogue, il ne faudra pas compter sur une réforme morale de enotre société; très maleureusement les progrès de la démocratie rendent ce métier si agréable qu'il attire aujourd'hui les millionnaires. » *Ibid.*, p. 312.

souligne, Y. G.] plus qu'on ne les a jamais méprisés. Elle maudissait dans le régime existant un ordre matérialiste, cher à des aventuriers insoucieux de l'opinion des bonnes familles, affamés d'argent, bouffis d'orgueil. »[354] Or, « chez ceux des juifs qui prétendent diriger notre pays, on rencontre - et à un degré prodigieusement exagéré - les défauts qu'on reprochait jadis avec tant d'aigreur aux hommes de Napoléon III. »[355] Finalement, si l'hostilité de Sorel à l'égard des juifs riches, cosmopolites, manquant de tradition, au fond *n'appartenant à aucune classe*, est incontestable et peut être qualifiée d'antisémitisme, il ne s'agit nullement d'une hostilité à l'égard d'une « race » à laquelle Sorel n'a jamais cru, ni même à l'encontre de la religion judaïque (malgré la formule malheureuse au sujet de la synagogue) mais d'une haine profonde à l'égard des financiers juifs, étrangers ou même français de fraîche date, destructeurs de la « culture classique »: Catilinas - dira-t-il - qui cherchent à asservir le génie français, et peut-être surtout désireux de la « paix sociale » propice à leurs entreprises. C'est pourquoi Sorel déplore que Gohier attaque les Rotschild qui, à la différence des autres, s'efforcent de prendre rang dans la véritable société française.

*

Le long article intitulé « Quelques prétentions juives », considéré la plupart du temps comme l'expression la plus achevée de l'antisémitisme sorélien, mérite une attention toute particulière. Il est une réflexion sur l'influence juive dans la civilisation occidentale. Dans *l'Histoire de l'Affaire Dreyfus*, que Sorel avait lu avec la plus grande attention, Joseph Reinach avait cité l'ouvrage de Bernard Lazare dans lequel le journaliste défenseur de Dreyfus avait brossé à grands traits une histoire de l'antisémitisme et aussi fait un éloge vigoureux de l'action positive des juifs à travers l'Histoire. Sorel s'emploie sur une trentaine de pages à

[354] *Ibid.*, p. 315.
[355] *Id. ibid.*

démontrer le contraire, niant tout sérieux au travail de Bernard Lazare et déplorant chez Joseph Reinach, qu'il estimait,[356] une utilisation trop complaisante de ce travail. Les juifs sont des révolutionnaires...! *Faux*, affirme Sorel. « De ce que les chefs des soulèvements populaires aient, soit au cours du Moyen-Age, soit au début des temps modernes, prétendu fonder leur révoltes sur des paroles prononcées par des prophètes d'Israël, il ne faudrait pas en conclure que ces prophètes ont été des révolutionnaires. » Sorel s'efforce de le démontrer en utilisant Renan. La conception de la justice dans la pensée juive est aussi étrangère à celle que l'on trouve dans la pensée grecque, de même que les prescriptions relatives à l'hygiène, au rituel, à la morale.[357] Reinach insistait aussi sur la présence de l'esprit juif dans la Réforme...? Faux une nouvelle fois, affirme Sorel. Armé cette fois de Bossuet et de Baudrillart, il consacre plusieurs pages à opposer fermement à cette idée. Retenons sa conclusion qui seule présente de l'intérêt pour notre propos: si les idées antitrinitaires - assimilées aux idées juives - ont occupé une place dans « les désordres du temps... on ne peut pas dire qu'ils furent du bon côté. »[358] Entendons: les juifs n'ont pas été du côté des idées qui ont triomphé, Calvinisme d'un côté et Contre-Réforme de l'autre. Etranger aux idées révolutionnaires, l'esprit juif est plutôt fauteur de désordre, ce qui dans l'esprit de Sorel n'est pas la même chose. C'est l'esprit classique qui doit être considéré comme révolutionnaire, tout simplement parce que ses représentants « ont fait face au péril pour sauver la civilisation ».

Sorel s'est aussi interrogé sur le rôle éventuel des juifs dans la formation de la franc-maçonnerie au XVIIIe siècle et dans celle de l'esprit des Lumières. Peut-être effectivement leur influence est-elle marquée en ce qui concerne l'établissement de certains rites maçonniques. Pourtant « nul homme de bon sens ne consentira à

356 « Bien peu des intellectuels mêlés à l'Affaire Dreyfus ont pardonné à Joseph Reinach de leur être tellement supérieur au point de vue intellectuel et au point de vue moral » (p. 223).
357 *Ibid.*, p. 233.
358 p. 282.

admettre que pour avoir contribué à régler les ballets maçonniques, les juifs du XVIIIe siècle méritent d'être appelés "artisans cachés des grandes transformations". »[359] Sur ce plan, là encore, on ne peut voir en eux des révolutionnaires. Pour autant, cela ne veut nullement dire qu'ils soient incapables de se mobiliser contre l'Eglise,[360] les « aventuriers » juifs devinant aisément l'avantage qu'ils peuvent retirer de l'anticléricalisme des « plèbes européennes »; de même qu'ils se montrent aisément adversaires de la « règle chrétienne des mœurs », à leurs yeux frein au « droit de lubricité » que leur donne leur argent (!?). Dans la foulée, Sorel accuse pour cette raison les juifs d'avoir voulu faire supprimer les instituts monastiques qui avaient « porté très haut la gloire de la chasteté ». Finalement, l'anticléricalisme juif lui apparaît répondre au renforcement du catholicisme illustré, non pas, bien entendu, par le modernisme, mais au contraire par la résurgence de la foi traditionnelle.

Toujours dans « Quelques prétentions juives », Sorel met en garde les juifs contre les pogroms qui les menacent s'ils s'obstinent à refuser d'être des citoyens comme les autres et les encourage à le devenir sans arrière-pensée. « Les juifs agiraient sagement s'ils se bornaient à être de paisibles marchands au lieu d'éclairer la marche de l'humanité vers des terres messianiques », ce qui ne manque pas d'être quelque peu contradictoire avec les commentaires précédents, tout entiers orientés vers la négation de l'influence intellectuelle et révolutionnaire des juifs à travers l'Histoire.

*

Shlomo Sand voit dans cet article non seulement la manifestation de l'antisémitisme de Sorel mais encore l'expression extrême de son anti-intellectualisme. Sur le premier point, il est

---

[359] p. 286.

[360] « Ces prétendus indifférents sont capables de montrer contre l'Eglise autant d'acharnement que leurs ancêtres en avaient montré contre le Christ quand ils avaient rempli de leurs sanguinaires clameurs le prétoire de Pilate » (p. 290).

incontestable que la dévalorisation systématique de l'apport des juifs aux sociétés européennes consacre un antisémitisme, le mot devant être pris au sens précis du terme. Mais on ne peut voir là une quelconque haine raciale. Quant au second point, l'article traduit seulement en termes renouvelés une hostilité ancienne à l'égard de l'intellectuel désireux de tirer profit de son rapprochement avec le prolétariat, hostilité cette fois étendue à l'intellectuel juif chargé du défaut supplémentaire de se laisser aller aux idées messianiques. Loin d'être « un épisode de la lutte qui met aux prises l'Eglise et les hommes de 89 »[361] (parmi lesquels il faudrait compter les juifs), l'Affaire Dreyfus n'a révélé que l'ambition des intellectuels dépourvus (juifs et autres) lancés dans la politique pour se faire une meilleure place au soleil.

Peut-être est-ce le dernier volet de cet article qui présente le plus d'intérêt pour éclairer la position de Sorel à l'égard de l'antisémitisme. Il concerne Marx et Lassalle, le premier loué de s'être dégagé de toute influence juive, le second véritablement étrillé parce que correspondant au « juif moderne ». C'est là que Sorel a révélé semble-t-il les raisons profondes de son hostilité radicale à une certaine catégorie de juifs. Selon lui la psychologie de Marx est loin d'apparaître sans défaut. Les *Révélations sur le procès des communistes de Cologne* révèlent un Marx qui ne dédaigne pas les insinuations calomnieuses dans la polémique, et dont l'ironie sert souvent à masquer les faiblesses de l'argumentation (ce qui selon Sorel semble correspondre à une manifestation typiquement juive de procéder). On pourrait aussi traiter de talmudistes « les théories prodigieusement nuageuses qui occupent une place considérable dans *Le Capital* ». Mais Marx s'est dépouillé de sa culture juive et aux yeux de Sorel - qui ne connaissait pas *La Question juive*, dont la lecture aurait certainement confirmé son jugement - là se trouve la raison pour laquelle toute une partie de son œuvre est durable. En revanche « il convient d'abandonner en entier à Israël la gloire de Lassalle »[362] homme ambitieux dont le modèle est Napoléon III, honni on le sait par Sorel, dont le propos

---

361 p. 221.
362 *Ibid.*, p. 320.

est ici plus éclairant que tous les commentaires: « Beaucoup de personnes ont essayé d'excuser les vilains côté de la vie de Lassalle, écrit-il, en prétendant qu'il fut corrompu par la société de *déclassés* (c'est moi qui souligne, Y. G.) dans laquelle l'introduisit la comtesse de Hatzfeld; dans ce milieu "manquant d'équilibre, de sens moral et de principes", il aurait appris à ne pas se montrer scrupuleux sur le choix des moyens; ces gens libres de préjugés lui prouvèrent si bien que la morale bourgeoise est une blague, qu'il imposa à l'Association générale des travailleurs allemands le baron Schweitzer, qui devait lui succéder dans la succession du parti et qui avait été condamné pour un délit contre les mœurs. Pour peu qu'on ait l'esprit d'observation psychologique, on reconnaîtra que Lassalle s'adapta avec une aisance extrême à ce monde interlope, parce que ce monde vivait conformément à ses propres instincts; *ces instincts d'immoralisme se rencontrent d'ailleurs chez presque tous les juifs qui ont abandonné leurs traditions nationales.* »[363] Le sens de cette dernière phrase est clair. Sorel déteste les ludions sociaux, « les aventuriers de la société du 10 Décembre », selon l'expression employée par Marx pour désigner les bonapartistes sans le sou qui s'enrichiront après l'élection de Louis-Napoléon et surtout après le coup d'Etat. Quant aux juifs, il n'éprouve aucune hostilité à l'égard de ceux qui se sont intégrés. Son hostilité concerne en revanche la racaille - juive ou non - des chevaliers d'industrie.[364]

*

Aucun antisémitisme racial n'existe chez Sorel. Bien sûr, ironisera-t-on, tout antisémite a son bon juif, et ce n'est pas l'estime qu'il a portée à Daniel Halévy, à Joseph Reinach, ainsi

---

[363] *Ibid.*, p. 325.

[364] D'une certaine manière, Drumont ne s'y trompera pas. Dans la *Libre parole* du 29 mai 1909, il louera Sorel d'avoir écrit une brochure substantielle et forte tout en lui reprochant de ne pas avoir à cette occasion franchement dénoncé l'influence des juifs (cf Cahiers Sorel, n° 4, p. 88).

qu'à Bergson, avec lequel il a échangé une brève correspondance (dont il était particulièrement fier, puisqu'il recopiait les lettres que celui-ci lui avait adressées pour en montrer le contenu à ses amis) qui peuvent l'exonérer de tout antisémitisme.[365] Admettons-le. Il est cependant impossible d'y voir autre chose qu'une hostilité radicale à la banque et aux spéculateurs apatrides (ainsi qu'à leurs complices) dont il estimait l'action néfaste pour le prolétariat français. Cette interprétation me paraît cadrer assez bien avec les propos tenus par Sorel en 1910 au cours d'une conversation avec Variot[366] au sujet de l'antisémitisme de Drumont. Après avoir affirmé que l'antisémitisme n'est pas une doctrine, il ajoute un long commentaire sur l'attitude du directeur de la *Libre parole*. « Drumont a voulu faire de l'antisémitisme une forme scientifique, en érigeant comme principe que les juifs sont une nation, égaillée dans d'auitres nations, mais qui en reste une. D'après ce qu'il voulait faire admettre, les Juifs seraient une nation errante. Le mot est resté. On dit: "la race errante". C'est plus à cette race, à cette nation, que Drumont s'attaquait, qu'à la religion juive. C'est là une théorie dont la base est inexacte. Cela serait vrai, si une nation juive, vivant en Palestine, constituait une sorte de réservoir qui déverserait chaque année ses émigrants dans chaque nation du monde. Est-ce le cas? Non. Sans aucun doute possible.[...] Drumont a déformé la question. [...] La question juive eest une question de releigion avant tout et non pas une question de nationalité. Drumont dit [...] que les juifs n'ont jamais adopté les mœurs des pays où ils vivaient, qu'ils résident dans les ghettos, et qu'ils se marient toujours entre eux. Les Juifs, à cela peuvent opposer un argument beaucoup plus solide. Ils peuvent dire: "Qui nous a parqués dans les ghettos? Et sommes-nous les seuls à

---

365 D'autant que parfois son souci d'information prend des tours déplaisants. Urbain Gohier avait publié dans *La Vieille France* une liste des juifs italiens placés selon lui à de hautes responsabilités dans le monde économique, politique et financier. Estimant Gohier peu fiable, Sorel demande à ce sujet des renseignements à Lanzillo (« *Cher camarade...* », op. cit. p. 261). *Propos de Georges Sorel*, op. cit. p. 147-148.

366 *Propos de Georges Sorel*, op. cit. p. 147-148.

épouser les femmes de notre religion? Les catholiques ne se marient-ils pas entre eux, ainsi que les protestants, sauf des exceptions que l'on trouve aussi chez nous? La vérité est que le catholicisme ne veut supporter aucune religion. [...] Il nous a toujours traités comme la race maudite; il a exigé contre nous des lois d'exception; il nous a fait mener une vie anormale; et si l'on nous reproche aujourd'hui certaines traditions et mœurs particulières, c'est que durant des siècles , on nous les a imposées. Cherchant une patrie, on nous la refusait. Alors serrés les uns contre les autres, nous nous soutenions autour de nos rabbins, dans notre religion." J'avoue que je ene vois pas ce que el'on peut répondre à ces paroles. Elles reflètent manifestement une vérité historique. » Après avoir affirmé que vouloir faire des Juifs des hommes différents des autres, ce qu'ils ne sont pas, ils finissent par croire qu'ils « ne sont pas dans la normale »; que si on les trouve dissimulés, avide, autoritaires, « on les a faits comme ils sont », Sorel insiste sur le fait que la responsabilité de l'antisémitisme revient au dreyfusisme politique. « Citoyens comme les autres, ils ont les droits des autres. Peut-on les leur refuser? Mais s'il y a la guerre de partis ils doivent s'attendre à y laisser des plumes. Le triomphe de ce qu'on appelle le dreyfusisme politique crée des réactions. Les Juifs, alors, crient comme des brûlés! Leur vieil atavisme de victimes se réveillent et ils crient "Au meurtre!" si on leur tient tête avec vigueur. »[367]

*

La question se pose aussi de savoir quelle a été l'attitude de Sorel à l'égard du sionisme. Dans un article consacré à cette question publié le 5 novembre 1920, il s'y intéresse parce qu'à ses yeux les magnats de la banque qui dominent selon lui les gouvernements de l'Europe et des Etats-Unis sont capables d'envisager la création d'un Etat israélien puissant, défenseur de leurs coreligionnaires pauvres de Russie et de Roumanie. Si « les chefs de notre littérature humanitariste » se sont peu intéressés aux

---

[367] *Ibid.* p. 151

malheurs des juifs orientaux, ils l'auraient sans doute fait plus volontiers s'ils avaient appris leur sort de manière officielle par l'intermédiaire d'un Etat, de même que les fonctionnaires des Etats antisémites se seraient montrés plus prudents s'ils avaient été surveillés par les consuls d'un Etat sioniste. Derrière l'ironie concernant les éternelles « belles âmes », Sorel ne donne pas le sentiment de considérer comme fâcheuse la création d'un Etat sioniste. Au contraire, on traiterait les juifs de meilleure façon dans les Etats tolérant les pogroms. Cependant un risque sérieux, facteur d'antisémitisme à venir, existe. Ce risque, il le met en lumière en s'appuyant sur une comparaison non dénuée d'intérêt entre la situation du clergé catholique dans un Etat entretenant des relations diplomatiques avec le Vatican (tout en ayant choisi la voie de la séparation de l'Eglise et de l'Etat), et les juifs résidant dans un autre Etat, dans l'hypothèse de l'existence d'un Etat juif. Lorsqu'une difficulté concernant le clergé surgit, le nonce fait un rapport au Saint-Siège et les désaccords sont réglés par la voie diplomatique. C'est ainsi que l'Angleterre n'aurait certainement pas d'ambassadeur au Vatican si elle n'avait pas besoin de la Papauté pour calmer de temps à autre les prêtres irlandais trop souvent tentés de se placer du côté des patriotes du Sinn-fein. Sorel ajoute, ce qui ne manque pas d'une certaine lucidité: « Il est probable que si la France venait à reprendre ses relations avec le Vatican, ce serait surtout pour imposer au clergé une adhésion plus complète à la République bourgeoise. » De même si un Etat d'Israël venait à se créer, les juifs d'un pays quelconque auraient un double statut. « D'un côté ils seraient membres de la nation dans laquelle ils seraient nés, qui leur assurerait le bénéfice de la solidarité sociale et dont le régime économique fournirait le moyen de s'enrichir; d'un autre côté ils seraient membres d'une société de Palestine, constituée en Etat théocratique, placé au-dessus des nations. »[368] Se référant au Renan de l'*Antéchrist*, Sorel voyait dans cette ambiguïté une des causes futures de l'antisémitisme tout en s'inquiétant aussi d'un extrémisme religieux éventuel. « Les juifs riches et puissants pourraient surtout réclamer la

[368] « Il sionismo », in *Da Proudhon a Lénin*, op. cit., p. 301-302.

reconstruction du temple de Jérusalem, pour leur permettre de respecter intégralement la loi mosaïque. Ils rencontreraient la difficulté de la nécessaire destruction d'un des plus vénérés monuments de l'islam. Mais aujourd'hui les Turcs sont suffisamment vaincus pour ne pouvoir s'y opposer. L'accomplissement des rites dans le Temple demanderait une forte somme qui serait fournie volontiers par les banquiers américains. Le grand prêtre et le sanhédrin pourraient être placés dans une situation identique à celle prévue par le pape et les cardinaux dans la loi de garantie. Tout cela ne représenterait qu'une restauration du pouvoir ecclésiastique, mais les sionistes ont des exigences plus grandes. Ils veulent que Jérusalem soit la capitale d'un Etat israélite. »[369]

Une telle analyse ne peut en rien passer pour antisémite, ni même antisioniste. Sorel se borne à énoncer des problèmes posés par la création d'un Etat d'Israël, en ayant d'ailleurs tendance à souli-gner excessivement ceux qui pourraient naître au sujet des relations entre les communautés juives et le reste de la population des divers Etats, en raison de ce qu'il appelle « le double statut », et à minimiser les résistances arabes à un tel établissement, la défaite turque lui masquant la possible formation d'un nationalisme arabe. Sorel entrevoit cependant les risques de conflits dans la région. Cherchant la raison du soutien anglais à ce qu'on appellera « le foyer national juif », il la trouvera dans la prévision faite par les responsables britanniques de la future émancipation égyptienne, qui exigera la défense du canal de Suez à partir de la Palestine. « Un jour ou l'autre - écrit Sorel - en réaction à l'impérialisme assez stupide qui prévaut actuellement, un Parlement pourra concéder l'indépendance aux Egyptiens. Mais Balfour pense qu'en raison de l'installation des sionistes, l'opinion ne permettra pas que la Palestine soit abandonnée aussi facilement que l'Egypte. Les sionistes sont riches et nombreux dans le journalisme; les conservateurs miseront sur eux pour réussir à maintenir le canal de Suez dans les mains de l'Angleterre établie en Palestine. » Ainsi l'Etat d'Israël, ou tout au moins l'implantation des juifs, constituerait la garantie d'une influence occidentale au Moyen-Orient. Etait-ce le

369 *Ibid*, p. 303.

calcul de Balfour? Sorel s'est trompé sur un point: l'Angleterre a été chassée de Palestine. Il a eu raison sur un autre: l'Etat d'Israël a bien été créé, quoique dans des conditions qu'il ne pouvait évidemment prévoir. L'influence dominante des Etats-Unis n'est-elle pas un élément primordial de la survie de l'Etat hébreu?

***

VIII

Sorel et le bergsonisme

Contrairement à certaines idées reçues, Sorel s'est intéressé assez tôt à la philosophie de Bergson, mais il n'a jamais fait de celle-ci un socle intellectuel sur lequel il aurait fondé sa propre réflexion. Dans *L'Ancienne et la Nouvelle métaphysique*, la philosophie de Bergson est signalée comme un « arbre vigoureux s'élevant dans les steppes désolées de la philosophie contemporaine. »[370] Il demeure que la réflexion sorélienne sur la technique n'est nullement guidée par Bergson. L'intérêt porté par Sorel à l'oeuvre de celui-ci s'explique par son propre rapport au rationalisme de la philosophie des Lumières, au positivisme, au scientisme. Dans une lettre à Croce, il s'exprime de la façon suivante: « Il me semble de plus en plus certain que l'historien fait beaucoup plus acte de philosophe que de savant; il faut, comme l'indique Bergson à propos de la biologie, que le philosophe se mêle

---

[370] Ceci est rappelé par E. Berth dans une lettre à Lanzillo, in « *Cher camarade...* » *op cit*, p. 283. Dans un article intitulé « Vues sur le problème de la philosophie » paru en janvier 1911 dans la *Revue de métaphysique et de morale*, Sorel montre son admiration pour Bergson: « Lorsque la pensée d'une époque est, ainsi qu'il arrive maintenant, remplie de contradictions dont les hommes ne comprennent pas la portée, il surgit généralement un génie qui vient apprendre à ses contemporains à mettre de l'ordre dans leurs idées, à laisser mourir les dogmatiques vieillies, à s'orienter sur des voies nouvelles. M. Bergson remplit ce rôle de révélateur des forces jeunes durant la crise actuelle... » (in *Cahiers Sorel*, n°5, p. 148).

de discuter les faits et qu'il ne les reçoive pas humblement des mains du savant. J'ai eu l'occasion de parler de cette extension de sa doctrine à l'histoire avec Bergson. Il la trouve très satisfaisante [...]. Si la philosophie est un grand élément des récits historiques, il ne faut donc plus donner ce récit pour de la science et la théologie peut, sans se mettre en conflit avec la science, s'appuyer à une philosophie qui a conduit à un récit particulier aux croyants. Quand j'ai écrit mon livre sur Renan, cette idée était loin d'être aussi claire pour moi qu'elle l'est aujourd'hui; la lecture de *l'Evolution créatrice* m'a beaucoup éclairé sur ce point. »[371] Discuter des faits, pour Sorel, c'est - du moins peut-on le penser - s'interroger, non sur leur matérialité, mais sur le sens qu'ils possèdent pour ceux qui les prennent en compte et sur les croyances qu'ils induisent. Par ailleurs, opposé à un rationalisme entendu - à mon sens courtement - comme une sorte de mécanisme matérialiste propre au XVIIIe siècle, Sorel s'est intéressé particulièrement à certains aspects du phénomène religieux - très précisément le mysticisme - refusant d'en chercher une explication à travers un matérialisme sommaire. A ses yeux, la religion ne peut trouver sa source que dans des mécanismes psychologiques qui eux mêmes ne dérivent pas de phénomènes matériels. D'où l'intérêt de la philosophie vitaliste de Bergson, utilisable comme un support intellectuel pour l'explication du besoin religieux.

Sorel sera un auditeur assidu des cours donnés par Bergson au Collège de France et à l'occasion le rencontrera à la Société française de philosophie. Il donnera au *Mouvement Socialiste* en 1907 et 1908 une longue série d'articles concernant *l'Evolution créatrice* qualifié de « grand monument de la réflexion contemporaine ». Ces articles seront par la suite remaniés pour constituer un chapitre de *l'Utilité du pragmatisme.* Quelques pages des *Réflexions sur la violence* font aussi référence aux analyses de

[371] Lettre à B. Croce, 24 octobre 1908, *La Critica*, 1928, p. 191.

Bergson. Cette insistance a conduit certains auteurs à lier la pensée de Sorel à celle du philosophe (ce sera notamment le cas d'E. Berth dans sa préface à *d'Aristote à Marx*). Bergson de son côté avait pourtant prévenu: « Georges Sorel est ce me semble un esprit trop original et trop indépendant pour s'enrôler sous la bannière de qui que ce soit. Ce n'est pas un disciple. Mais il accepte quelques unes de mes vues et quand il me cite, il le fait en homme qui m'a lu attentivement et qui m'a parfaitement compris. »[372] Dans une lettre à Missiroli,[373] Sorel indique d'ailleurs clairement que c'est moins pour sa haute valeur philosophique[374] que pour son actualité historique que la pensée de Bergson présente de l'intérêt. Alors que le rationalisme issu du cartésianisme imaginait le monde comme une sorte d'horloge dont le mécanisme était ou non (peu importait) mû par Dieu, désormais une tendance religieuse de plus en plus importante fait de Dieu un Etre « toujours présent, toujours attentif à la prière, toujours prompt à intervenir, semblable à nous, plus grand que nous et capable de venir en aide. » Sorel considère que la philosophie de Bergson peut aider à expliquer ces phénomènes.

Dans un article intitulé « Dio ritorna »[375] Sorel avertit ses lecteurs italiens qu'il ne veut considérer la philosophie de Bergson que dans son rapport avec la psychologie religieuse et affirme que l'Eglise pourrait trouver dans cette pensée élaborée en dehors d'elle une solution à ses propres difficultés. La philosophie bergsonienne - écrit Sorel - est étroitement liée à la psychologie. Elle montre l'individu pensant, dans sa relation avec le monde. Sans oser affirmer que la pensée de Bergson pourrait servir de base à ce qu'il appelle une « théologie mystique » (dont il se garde bien de

---

[372] Lettre de Bergson à Gilbert Maire in: « La philosophie de Georges Sorel », *Cahiers du Cercle Proudhon*, mars-avril 1912, p. 65.

[373] Les références sont prises dans *Da Proudhon a Lenin*, Rome 1974, qui contient en appendice les Lettres à Missiroli, p. 450-451.

[374] Malgré une légende tenace les distances prises par Sorel à l'égard du bergsonisme sont claires. Sorel reproche en effet à Bergson de vouloir se borner à « spéculer », alors qu'il convient de philosopher en fonction de l'application des notions philosophiques « à la vie commune ». (G. Sorel, *De l'Utilité du pragmatisme*, *op. cit.*, p. 359).

[375] *Il Resto del Carlino*, in *Da Proudhon...*, *op. cit.*, p. 36 et s.

préciser le contenu), Sorel affirme néanmoins qu'il n'est pas déraisonnable de considérer qu'elle pourrait être, par rapport à elle, ce que la pensée d'Aristote avait été pour la dogmatique médiévale.[376] Il conviendrait alors d'effectuer (sous cet angle) le tri entre l'important et l'accessoire dans l'oeuvre de Bergson, ce second aspect concernant surtout l'« intellectualisme » de ses propres polémiques. Selon Sorel, l'intérêt que présente Bergson pour l'Eglise est clair. Si la source de la psychologie individuelle est étrangère à la réalité organique, les faits qui se rapportent à « la mystique » ne peuvent s'expliquer par des désordres provoqués par les privations de l'ascétisme. Il apparaît désormais impossible de la rejeter dans le domaine de l' « inconnaissable. »

Sur le même thème, Sorel écrira en 1920 un article intitulé: « I cattolici contro Bergson »[377] qui illustre à la fois sa distance à l'égard du bergsonisme et l'intérêt que sa démarche continue de représenter pour lui. Commentant un article écrit par un professeur de l'Institut catholique qui reprochait à la philosophie de Bergson d'empêcher le développement d'une théologie solide, Sorel attribue à celle-ci le mérite d'être non une pensée de l'Etre mais du Devenir. Selon lui, au début du XIXe siècle, la philosophie du Devenir à correspondu à la philosophie de l'Histoire, dont l'influence ne pouvait être que mince, parce qu'elle demeurait « primitive » et « obscure ». En s'appropriant les apports des sciences biologiques de son temps (Darwin), Bergson a donné à la philosophie du

---

[376] Beaucoup plus tard il en doutera fortement. Dans une lettre à Missiroli au sujet de la repubication d'un article consacré au renouveau catholique il écrit : « Autant qu'il me semble Bergson a, depuis le temps où parut cet article, affirmé un peu plus nettement ses idées; mais je ne crois pas avoir le droit de me servir des conversations particulières [...]. Il faut dans toutes ces questions partir de cette idée que théologiens et philosophes modernes ne peuvent jamais s'entendre, parce que l'introduction des doctrines du devenir, qui dominent le monde depuis Hegel, ne peut se concilier avec les doctrines d'un Dieu qui crée après avoir pensé de toute éternité. Je crois bien qu'en écrivant mon article du Carlino je n'avais qu'une notion assez vagues de ces difficultés » (Lettre à Missiroli, 17 février 1919, in *Da Proudhon... op. cit.*, p. 633).

[377] Au passage Sorel dénoncera l'esprit d'intolérance qui règne dans le monde catholique français (p. 331)

Devenir une véritable portée, et lui a assuré sur son temps une influence plus grande que celle de Kant et d'Auguste Comte sur le leur (!?), même si son enseignement a souffert d'être mis à la mode par « la partie la plus futile de la population parisienne ».
Sorel ne sera cependant pas avare de critiques à l'égard de Bergson. S'il croit à l'intérêt de sa philosophie dans le domaine de l'explication des phénomènes religieux, et des phénomènes sociaux qui n'obéissent pas à la rationalité, il estime en revanche peu féconde son application aux sciences naturelles. Il n'est d'ailleurs pas certain que Sorel ait eu sur ce point les idées très claires, ainsi qu'en témoigne des passages de deux lettres à E. Berth (21 février et 5 mai 1911): « C'est en général - écrit-il dans la première - une folie de vouloir expliquer la sociologie par des analogies biologiques, attendu que la biologie n'a pu être exposée qu'au moyen d'images empruntées aux phénomènes sociaux [...]. Mais dans le cas de *l'Evolution créatrice*, la folie est particulièrement extravagante; en effet, ce qu'il y a de particulier dans la doctrine de Bergson, c'est l'introduction du divin pour rendre intelligible l'évolution des espèces; si on passe de là à l'Histoire, il faut maintenir le divin et alors établir nettement le principe providentiel. »[378] Dans la seconde, Sorel écrit dans le même sens: « J'ai bien dit que la place de Bergson est dans les questions sociales; mais je n'ai jamais appliqué à l'évolution historique les vues qu'il a proposées sur l'évolution biologique; par exemple je n'ai jamais supposé un élan vital, un instinct populaire conduisant l'humanité vers des formes sociales supérieures. J'ai montré que presque toutes les vues proposées par Bergson avaient leur origine dans des phénomènes politiques ou économiques; il serait étrange qu'après avoir fait une biologie au moyen d'images sociologiques, on remontât à la sociologie avec des images d'images. »[379] Surtout il affirmera dans les dernières années de sa vie que le pragmatisme de W. James présente des analogies avec le bergsonisme et a sur lui

[378] S. Sand, « Quelques remarques sur Sorel, critique de *l'Evolution créatrice* », in Cahiers Georges Sorel, I, 1983, p. 115. La lettre à Berth est publiée dans les *Cahiers Sorel*, n°5, p. 147.
[379] *Ibid*, p. 114.

l'avantage de s'être dépouillé de tous les artifices du jargon métaphysique et des mauvaises habitudes de l'enseignement universitaire. « Nous avons en W. James - écrit-il - un penseur beaucoup plus à nu que Bergson. »[380]

Au-delà des divergences philosophiques c'est sans doute l'attitude de Bergson face à la guerre qui décevra le plus Sorel. Bergson avait clairement emboîté le pas à la propagande officielle: la culture (française) luttait contre la barbarie allemande. Selon lui, les Français luttaient pour « un idéal de justice et de liberté », tandis que l'Allemagne illustrait la brutalité qui la caractérisait[381]. En janvier 1915, Sorel écrit à Missiroli que les Italiens feraient bien de s'aviser qu'ils ont en la personne de Croce, un penseur que « la génération prochaine placera au-dessus de Bergson qui semble avoir épuisé tout ce qu'il avait à dire ». En ce moment, ajoute-t-il, « tandis que Croce lève l'étendard de la science contre la sottise journalistique, Bergson cherche à flatter cette sottise en prononçant des discours d'une belle platitude. »[382] En 1918, Sorel qui s'était réjoui de l'élection de Bergson à l'Académie française au fauteuil d'Emile Ollivier quelques mois avant la déclaration de guerre et y avait vu une défaite des catholiques obtus - et aussi de Barrès qui selon lui avait mené l'attaque contre le philosophe - se montrera déçu du contenu du discours de réception du nouvel élu. Le philosophe présentera Bismarck comme un génie du mal ayant voué l'Allemagne au culte de la matière et de la force.[383] Sorel écrit à Croce à cette occasion : « Avez vous lu avec soin le discours de

---

[380] Cela ne l'empêchera pas d'exprimer des doutes sur son sérieux. Il écrit le 5 avril 1919 dans un article intitulé « Influenze americane »: « Tous ont noté qu'en dépit de ses brillantes qualités d'orateur et d'écrivain, William James est loin d'avoir donné une idée claire du pragmatisme; ses discussions sont obscures, superficielles et du niveau des polémiques journalistiques. Au pragmatisme, il a manqué jusqu'ici une structure qui fût familière aux hommes éclairés dont il suscitait l'intérêt. En raison de cette lacune, le pragmatisme a connu des développements très arbitraires. » (*Da Proudhon... op. cit.*, p. 56).

[381] H. Bergson, « La force qui s'use et celle qui ne s'use pas », *Bulletin des armées de la République*, 1-4 novembre 1914, p. 329-330.

[382] Lettre à Missiroli, 17 janvier 1915, in *Da Proudhon..., op. cit.*, p. 527.

[383] cf. V. Petrucci, *Socialismo aristocratico*, *op. cit.*, p. 165.

Bergson à l'Académie française? Je suis assez disposé à croire que Bergson a exprimé les opinions de la société parisienne riche et particulièrement du monde juif; l'idéal de cette société est bien en effet l'Empire libéral d'Emile Ollivier; mais jusqu'ici on n'avait pas osé l'avouer aussi franchement; ce discours ne relèvera pas beaucoup la philosophie. »[384]

Berth a sans doute, malgré les mises en garde claires de Sorel, accordé beaucoup trop d'importance à l'influence de Bergson sur celui-ci. Plus lucide, Gilbert Maire verra dans son utilisation par Sorel (mais de quelle utilisation s'agit-il au juste?) une « mutilation ».[385] Pour sa part Bergson s'entretenant avec le même remettra les choses en place en affirmant que Sorel pensait plus à ses propres idées qu'aux siennes et qu'il avait cherché à l'en persuader lors d'une longue promenade sans pouvoir cependant réussir à y parvenir.[386] En réalité, Sorel s'est intéressé à Bergson parce que celui-ci cherchait des explications au delà du rationalisme étroit dont lui-même s'était toujours écarté. Alors qu'il ne trouvait chez des philosophes comme Blondel ou Laberthonnière que du « galimatias », comme il l'écrit à Croce,[387] Bergson lui est apparu beaucoup plus novateur. Mais ce dernier avait raison de refuser de voir en lui un disciple. Pouvait-il en aller autrement pour quelqu'un qui considérait l'évolutionnisme comme une hypothèse intellectualiste?

***

[384] Lettre du 5 février 1918, in *La Critique sociale*, p. 64.

[385] G. Maire, « Le bergsonisme dans la pensée sorélienne », in *Federation*, 1947, p. 18.

[386] cf V. Petrucci, *Socialismo aristocratico*, *op. cit.*, p. 169.

[387] Lettre à Croce, 10 janvier 1907, *La Critica*, 1928, p. 98.

IX

Sorel et l'Italie

Sorel est entré en contact très tôt avec des personnalités italiennes intéressées par le marxisme: notamment Antonio Labriola et Benedetto Croce. Mais si les relations avec le second ont été durables, celles qu'il entretiendra avec le premier deviendront très rapidement exécrables pour finalement s'interrompre définitivement. Pourtant Labriola avait au départ apprécié l'originalité de Sorel. Il écrit à B. Croce le 28 septembre 1896: « Sorel m'a envoyé sa Préface au volume de mes essais [les deux premiers essais parus dans le *Devenir Social* et publiés en volume chez Giard et Brière]. Il s'agit d'une forte invective contre les "malonistes". Elle renferme une pensée vraiment originale. »[388] Peu de temps après, Labriola commence visiblement à s'irriter de la prétention de Sorel de vouloir « reprendre » Marx. Il écrit à Croce:[389] « J'ai écrit à Sorel que tout au plus je lui écrirai quelques lettres à publier, à propos des questions qu'il pose dans la *préface*, parce qu'il sait bien que si le marxisme à révolutionné la conception de l'histoire et a porté à son accomplissement (*portato a compimento*) le socialisme, ce n'est pas pour cela qu'il a changé la chimie, la psychologie et le savoir universel. Et si ensuite les faux Marx, les Marx falsifiés (*falsificati*) et les gendres de Marx ne comprennent pas, qu'y puis-je? »

---

[388] Lettre à B.Croce, in A. Labriola, *Epislolario, (1896-1904)*, Ed. Riuniti, 1983, p. 725.

[389] Lettre du 12 avril 1897, in *Epistolario (1896-1904)*, p. 785.

Labriola exprime aussi son mécontentement à propos de l'insistance mise par Sorel à rejeter à la périphérie du marxisme la théorie de la valeur. Un article consacré à « la crise du socialisme scientifique » publié dans la *Critica sociale* le fera sortir de sa courtoisie. L'article en question, « révisionniste », louangeur à l'égard de Croce, l'amènera à mettre les points sur les i dans une lettre d'une grande brutalité à son ancien élève napolitain,[390] qui constitue aussi une sévère mise en garde à l'égard de Croce lui même. « Quant à l'article de Sorel - lui écrit-il - [...] ce n'est pas une affaire privée (comme ta cuisine ou ton voyage à Capri). Ne crois pas que je te tienne pour tellement niais (*minchione*) que tu sois incapable de comprendre le contexte politique de certaines questions.[...] Je pars du principe que tu comprends 1) qu'il ne s'agit pas des louanges que t'adresse Sorel; 2) ni des âneries que dit Sorel; 3) ni des impertinences (*impertinenze*) que Turati écrit à Sorel - mais du fait que justement *parce que loué* par Sorel, tu ne dois pas permettre qu'on te confonde avec cet aventurier, ce voyou de Merlino. Moi aussi, parce que loué par Sorel, je lui ai écrit deux lettres privées.[....] Qui lui donne le droit de se faire l'avocat de Merlino? Et ensuite, si cela ne suffit pas, j'écrirais une lettre publique au *cher Sorel,* qui déplaira à *beaucoup.* Tu pourrais me libérer de cette corvée. Toutefois, si tu réponds à mes observations que de ces gâchis du monde socialiste, tu ignores tout, que tu ne veux pas te mêler aux polémiques politiques, que tu n'as rien à faire de la politique - que tu écris pour ton goût et ton plaisir - que tu te désintéresses des effets pratiques et politiques de ce que tu écris - que tu veux faire à ta convenance - je te proclamerai alors l'homme le plus privé de ce monde (*arciprivatissimo*) et je te laisserai en paix dans ta tour d'ivoire (*scarabattolo*).»

Très rapidement Labriola considérera Sorel peu compétent en marxologie, d'abord en raison de son ignorance de l'allemand, mais aussi de son incompréhension de l'objectif poursuivi par Marx. Qui plus est il s'agacera des lettres qu'il reçoit de lui. « Sorel m'a fait

---

[390] Lettre du 6 mai 1898, in *Epistolario (1896-1904)*, p. 862-863.

perdre patience. A chaque instant il m'écrit... qu'il a vu un tel... qui lui a dit... que tel autre pense; ou bien que tel docteur (français) séjournant à Berlin, a entendu dire à Kautsky je ne sais trop quoi, et ainsi de suite... »[391] Labriola finira par l'accuser de faire de la prétendue « crise du marxisme » une « pochade ». Et par l'inviter de manière très précise à ne pas s'autoriser de Croce pour en affirmer l'existence. Dans une lettre à Croce il reproduit le contenu d'une lettre adressée à Sorel dans ce sens. « Il ne convient pas que vous, Sorel, preniez comme protection vis-à-vis de moi Croce, que je connais depuis son enfance. Croce n'a jamais appartenu au socialisme et n'est pas un socialiste militant. Croce écrit comme un auteur privé. En Allemagne ont été écrites par des auteurs privés (*privati scrittori*), dix mille pages contre Marx et aucun n'a imaginé que cela constituait la crise du marxisme. »[392]

Encore quelque temps et Sorel sera accusé d'intriguer. Ayant publié en 1899 une traduction française de son *Discorrendo....* Labriola pense que l'ouvrage ne marchera pas, parce que le marxisme est passé de mode et en raison même de l'opposition de Sorel. Il fait part de sa méfiance à Croce. « Ce monsieur Sorel est un grand intrigant, et un des principaux auteurs de *cette espèce de complot international.* Il a commencé dans la *Critica sociale* du 1er mai [1898][393] et ensuite il a continué en occupant *militairement* (sic) un grand nombre de revues. Jusqu'à maintenant j'ai compté 14 articles de lui - et il y en a d'autres - dans lesquels il change d'idées, de style, d'argumentation, de citations, *afin d'embrouiller les têtes.* Le dernier que je vois se trouve dans la *Revue de métaphysique*, fascicule de mars, où de nouveau *Merlino est placé au-dessus de*

---

[391] Lettre du 10 juin 1898, *Ibid,* p. 870. Le 13 juin, il écrit de nouveau à Croce: « Je n'attends rien du petit article de G.Sorel sur la théorie de la valeur. Très probablement il redira les bêtises qu'il a déjà dites dans le *Journal des Economistes* [...]. Ce n'est qu'un sophiste et un auteur verbeux (*verbalista*); il m'a proprement fait perdre patience. [...] Ses lettres fastidieuses, ennuyeuses, geignardes, remplies de potins, m'ont porté sur les nerfs. On voit qu'il souffre de la maladie du siècle » (p. 872).

[392] Lettre à Croce, sans date, *Ibid*, p. 902. La lettre est placée dans l'ouvrage entre une lettre du 29 déc. 1898 et une du 30.

[393] Il s'agit de la publication de l'article consacré à la crise du socialisme.

Marx. » [394] Labriola finira par traiter tout simplement Sorel de fou et dans une lettre (sans date) adressée à Croce au début de 1902 il lui indique qu'il ne sait plus rien de lui.

Les rapports entre Sorel et Croce seront plus paisibles. Entre les deux hommes qui partagent la même façon d'aborder la question de « la crise du marxisme », les relations intellectuelles se sont doublées d'une longue amitié. Ils se rencontreront en 1902 à Paris, lors d'un voyage de Croce. Entre décembre 1895 et août 1921, ils entretiendront une abondante correspondance (344 lettres de Sorel à Croce ont été publiées par Croce dans *La critica* de 1927 à 1930; par les soins de S. Onufrio, une traduction italienne a été publiée en 1980). Si l'ensemble de ces lettres portent pour l'essentiel sur des sujets philosophiques ou historiques, il demeure que Croce a laissé percer la sympathie qu'il portait à Sorel dans les très rares lettres qu'il lui a adressées et qui n'ont pas été détruites. C'est ainsi que dans une lettre de 1907 il écrit : « Votre préface-confession est vraiment admirable par la profondeur de la pensée et du sentiment. »[395] De même dans une lettre adressée en 1947 à G. Spadolini,[396] Croce écrit : « Ce fut entre nous une amitié sans nuage, reposant de ma part sur sa parfaite sincérité intellectuelle. Son âme pure, une rare finesse d'observation et de jugement, [...] me furent d'autant plus agréables qu'elles venaient d'un homme dont la formation et les orientations politiques étaient éloignées des miennes. » C'est dans la dernière lettre qu'il écrira à Croce, lettre assombrie par l'approche de la mort, que Sorel indiquera clairement ne pas attendre du fascisme un renouveau pour l'Italie. Le 8 juillet 1921 il écrit : « Nulle part en Europe n'existe un signe de réforme intellectuelle et morale. Quel triste avenir avons nous devant nous. Il est vrai que j'ai atteint 74 ans et qu'avec la maladie de cœur je ne

---

[394] Lettre à Croce du 5 Avril 1899, *Ibid.*, p. 914.

[395] Il s'agit de la lettre à D. Halévy, qui servira de préface aux *Réflexions sur la violence*; voir « La philosophie comme attitude. Deux lettres de Benedetto Croce à Sorel. », *Cahiers Sorel*, I, p. 107.

[396] Cf G. Spadolini, *Il mondo di Giolitti*, Florence, 1970, p. 230-231.

peux avoir beaucoup d'années à vivre; je ne verrai pas les jours les plus tristes.»

Moins chaleureuses les relations entretenues avec Pareto furent cependant incontestablement empreintes d'estime intellectuelle. De même que les lettres de Croce à Sorel, celles de Pareto ont été détruites, sauf une, dans laquelle celui-ci explique que les Briand, les Viviani, les Millerand, etc., sont les maîtres et qu'il convient de le reconnaître. Subtils et fourbes, ils dominent par l'intrigue, mais ils ont un point faible: le caractère, et ils seraient vaincus s'ils avaient à lutter avec des adversaires utilisant la force. Pareto ajoute que pour sa part il pensait que les syndicalistes révolutionnaires le feraient, mais qu'ayant préféré ruser ils ont été inévitablement vaincus. Pour diriger les élections, bâillonner la presse, domestiquer les intellectuels et utiliser les capitalistes, l'élite politique du moment n'a pas de rivales et a atteint une sorte de perfection.[397] Voilà des idées qui ne pouvaient qu'entretenir l'estime de Sorel pour Pareto.

Longtemps a couru la légende selon laquelle Sorel avait été totalement ignoré dans les mieux syndicalistes français, à tel point que Griffuelhes interrogé sur Sorel aurait répondu qu'il préférait lire A. Dumas.[398] C'est évidemment faux mais il demeure qu'il a été beaucoup plus apprécié dans les milieux syndicalistes italiens que chez les Français. La question qui se pose est évidemment de savoir ce que les jeunes Italiens de cette époque ont pu puiser dans sa réflexion. S'agit-il d'une simple mode ou de quelque chose de plus profond? Qu'il y ait eu une part de mode, G. Goisis[399] le

[397] T. Giacalone-Monaco, *Pareto et Sorel*, Padova, 1960, I, p. 16.

[398] Peut être s'agit-il d'un mot, rapporté par Dolléans. Mais d'une certaine manière, R. Louzon confirme: « Il est incontestable que le syndicalisme révolutionnaire, que la pratique de la C.G.T. en sa période historique, pas plus que les idées de ses militants, ne doivent rien à Sorel, ils se sont créés complètement en dehors de lui, sans aucune influence, directe ou indirecte de sa part » (Introduction à *Lettres à Paul Delesalle*, p. 16).

[399] *Sorel e i soreliani*, *op. cit.*, p. 379-380.

confirme en évoquant le succès des romans de l'époque mettant en scène des révolutionnaires. Mais cette mode a aussi existé en France sans avoir le même résultat. Plus important est, semble-t-il, la communauté de culture et de conceptions politiques entre Sorel et son public italien, lequel trouvera dans ses oeuvres une leçon d'énergie, la justification d'une volonté de scission entre classes sociales, et la distance à l'égard des « dogmes ». De même, selon G. Goisis, l'héroïsation de la révolution, l'exaltation du sublime, l'hostilité à l'égard du parlementarisme étaient des éléments capables de séduire la petite-bourgeoisie italienne encore imprégnée des souvenirs du *Risorgimento*.

Les plus célèbres des syndicalistes révolutionnaires (A. De Ambris, Arturo Labriola, A. Lanzillo, E. Leone, E. C. Longobardi, T. Masotti, A.O. Olivetti, S. Panunzio, F. Corridoni) entretinrent des relations plus ou moins suivies et plus ou moins durables avec Sorel. C'est surtout grâce à « *Avanguardiardia socialista* » d'Arturo Labriola, fondée en 1902, qu'il commencera à se faire connaître en Italie. Il s'agit d'une revue rassemblant les opposants au réformisme avant de devenir, à proprement parler, l'organe du syndicalisme révolutionnaire italien. Au cours de cette période des grèves destinées à protester contre le durcissement des exigences patronales échouent pour la plupart. Cet échec, accroît l'amertume et les désillusions des travailleurs, mais n'affaiblit pas pour autant l'agitation des masses, n'entrave ni le développement des syndicats, ni le déclenchement de nouvelles grèves, etc. C'est pourquoi, s'inspirant de l'expérience des Bourses du travail fondées par Pelloutier, Arturo Labriola lancera en Italie le syndicalisme révolutionnaire, déclarant la guerre aux réformistes considérés comme des ignorants et des hypocrites. La traduction italienne de *l'Avenir socialiste des syndicats*, dans lequel Sorel soulignait l'importance de la lutte de classes, sera présentée de manière flatteuse pour son auteur. « Nous commençons à publier aujourd'hui [...] la première traduction italienne de l'essai de Sorel, *l'Avenir socialiste des syndicats.* C'est un essai de philosophie politique dans lequel face à l'envahissement de l'opportunisme qui compromet presque partout la vie des partis socialistes, nos compagnons pourront tirer d'utiles et substantiels enseignements, à condition de faire l'effort de le suivre dans ses développements. Georges Sorel, le plus important écrivain socialiste contemporain, voit dans les syndicats ouvriers non seulement le lieu de conservation du pur idéal socialiste, compromis par les politiciens socialistes, mais encore l'instrument de la transformation socialiste, que d'autres placent de manière erronée dans l'action politique étroitement parlementaire. Sorel n'est pas un écrivain facile, ni un narrateur ordonné, mais au contraire un penseur très original. L'effort d'attention qu'il faut pour le comprendre est plus que compensé par la richesse des enseignements qu'il donne. » Quoi qu'il en soit cette publication marqua le début du succès de Sorel en Italie, qui alla par la suite en s'amplifiant. Dans son *Giorgio Sorel*, A. Lanzillo[400] affirmera que la génération de cette époque « sentit » Sorel. Ce fut, ajoute-t-il, l'élan d'un nouvel idéal [....] de confiance en nous-mêmes et dans le mouvement de la vie, qui ranimait la flamme qui s'éteignait en nous et contribuait à transformer la lande brûlée de la conception matérialiste de la vie qui nous menaçait et nous retirait l'air et la lumière en un agréable jardin odorant où nous éprouvions l'âpre volupté de notre respiration retrouvée pour toujours. » Au même moment Croce invitera Sorel à écrire dans *La Critica,* proposition flatteuse même si sa collaboration fut modeste en raison de sa volonté de ne pas s'engager dans une revue dont les travaux de caractère littéraire dépassaient sa compétence.

En 1904, Arturo Labriola publie un ouvrage intitulé: *Riforme e rivoluzione sociale* dans lequel on trouve maintes références à Sorel, surtout lorsqu'il s'agit pour lui de s'en prendre à la démarche réformiste. Alors que selon lui la « marxologie » a été soit une simple apologie, soit une démolition de Marx, Sorel est présenté comme le seul à tenter une interprétation objective, « le seul à avoir affronté la critique du marxisme du point de vue scientifique. » Comme le remarque G. B. Furiozzi, Arturo Labriola anticipera même sur Sorel, qui n'a pas encore développé pleinement ses conceptions sur la violence, en soulignant la nécessité d'une action

[400] Roma, 1910, p. 107.

violente pour la réalisation du socialisme.[401] Toutefois, même si dès 1903 Sorel est connu en Italie grâce à *L'Avenir socialiste des syndicats* et aux références faites à ses écrits par Labriola, son influence est encore tout à fait limitée. Furiozzi note qu'au cours du Congrès du parti socialiste qui se tient à Bologne son nom n'est prononcé qu'une seule fois... par Labriola lui-même. Quoiqu'il en soit l'idée sorélienne relative au syndicat, instrument révolutionnaire et structure de la société post-révolutionnaire est clairement perçue et retenue par la gauche socialiste italienne. Sorel lui-même était sinon sceptique quant à l'influence de ses idées relatives au syndicalisme, du moins avait-il tendance à douter de l'ampleur de celle-ci. Ce n'est que dans le cours des années suivantes que son sentiment se modifia sur ce point, lorsque d'autres syndicalistes se référeront à ses conceptions, notamment S. Panunzio à l'occasion de ses controverses dans *Avanguardia socialista* avec les anarchistes. Citant Sorel, selon lui « le penseur socialiste le plus fort aujourd'hui », Panunzio écrit: « Nous les révolutionnaires, qui ne sommes pas des *anarchistes rebelles*, considérons que la révolution sociale dépend de la lente et souterraine transformation du capitalisme et de la formation morale et intellectuelle du prolétariat... La violence n'est pas pour nous un acte désordonné de rébellion anarchique... un fait subjectif; la violence pour la conception matérialiste de l'histoire est un facteur social, un élément objectif sorti de configurations historiques particulières et non d'un acte de volonté. »[402]

*

[401] Furiozzi indique que dans un écrit de 1909 *Contro G.Plechanov e per il sindacalismo*, Arturo Labriola, tout en reconnaissant évidemment l'importance des *Réflexions,* ajoutait : « Moi-même - *quelques années avant* que Sorel ne publie ses essais sur la violence - j'avais attiré l'attention des socialistes curieux sur l'importance morale que la violence avait sur la formation du socialisme, non comme un simple instrument, mais comme une cause de nouvelles manifestations sociales. C'est cela qui me semble constituer la part de mérite que l'on peut reconnaitre à mon petit livre *Riforme e rivoluzione sociale* » (*Sorel e l'Italia*, p. 167).

[402] Cité par G. B. Furiozzi, *op. cit.*, p. 181.

Sorel ne se sera pas fait connaître en Italie uniquement à travers *Avanguardia socialista.* Il collaborera aussi à la revue *Il Divenire sociale* créée par Enrico Leone et Paolo Mantica au début de 1905. C'est dans cette revue qu'il publiera des articles constituant le noyau des futures *Réflexions* et la conclusion des *Insegnamenti sociali dell' economia moderna.* On y trouve des critiques relatives à la conquête du pouvoir politique et le refus de toute tendance au compromis pouvant se traduire par la participation de délégués ouvriers aux organisations créées par la bourgeoisie; la mise en garde contre la recherche de mesures visant à freiner le progrès industriel, même si celles-ci pouvaient apparaître sur le moment favorables aux ouvriers.

A partir de là, ses contacts avec les syndicalistes italiens vont s'élargir. Dans la Préface de 1905 (reproduite dans les *Matériaux*) à l'édition italienne en volume de l'*Avenir des syndicats* (qui finalement ne parut pas), Sorel écrit: « Je ne sais si je me trompe, mais il me semble que l'Italie pourrait être particulièrement favorable à l'extension du nouveau socialisme; elle possède aujourd'hui quelques uns des meilleurs représentants de la doctrine révolutionnaire, peut-être même ceux qui la défendent à l'heure actuelle avec le plus d'autorité; elle a des organes conçus dans un esprit excellent du point de vue syndicaliste, comme l'*Avanguardia* et *Il Divenire.* L'instinct de révolution totale est ancien en Italie et il a pu prendre des aspects bien divers; aujourd'hui il donne à l'idée de grève générale une popularité qu'elle n'a point dans les autres pays. [....] La guerre de classe pourrait donc, fort bien, prendre en Italie ses formes les plus remarquables et le progrès du syndicalisme italien devra être suivi avec attention par tous les socialistes. »[403] Dans les derniers mois de 1905 et les premiers de 1906, Sorel donnera au *Divenire* huit articles consacrés à la lutte de classe, à la violence, à la grève générale, publiés ensuite en volume accompagnés d'une préface de E. Leone dans laquelle ce dernier

---

[403] G. Sorel, *Matériaux...*, p. 75.

souligne notamment son accord avec Sorel au sujet de son hostilité à l'égard des intellectuels.

L'identité de vue entre Sorel et les syndicalistes italiens n'a toutefois pas été totale, comme l'indique G. B. Furiozzi. C'est ainsi par exemple que Leone, tout en admettant, au plan des principes, la conception sorélienne de la morale socialiste, écrit dans *Il sindacalismo* que « le processus éthique du socialisme (*processo etico del socialismo*) est la conséquence et non l'antécédent de la force et de la capacité technico-économique du prolétariat. »[404] Ces divergences n'empêcheront cependant pas une collaboration croissante de Sorel au *Divenire* et la multiplication de ses contacts à Paris avec des syndicalistes révolutionnaires italiens

L'enthousiasme croissant en faveur de Sorel dans les milieux syndicalistes italiens ne sera évidemment pas partagé par les socialistes réformistes qui l'attaqueront sans trêve et s'efforceront de mettre en évidence ses contradictions, notamment en évoquant son bref passé réformiste. Dans la *Critica sociale*, l'auteur de la recension des *Insegnamenti sociali dell' economia contemporanea* insistait sur le fait que selon lui les observations soréliennes concernaient exclusivement la France et n'avaient par conséquent que peu de valeur pour les Italiens. « Sorel - écrivait-il - est un vrai tempérament critique, qui change continuellement son point de vue et détruit aujourd'hui ce qu'il a auparavant construit lui-même. Pour cette raison n'importe quelle tentative pour donner vie à une théorie organique et complexe est vouée à l'échec; ses livres ont un caractère fragmentaire, pleins d'observations très précieuses, mais aussi de contradictions, si bien qu'il n'est pas possible de trouver dans sa pensée une information permettant de comprendre ce qu'il pense du mouvement socialiste. »[405] Turati, l'un des leaders du socialisme réformiste, considérera le syndicalisme révolutionnaire sorélien comme « l'âge de pierre du socialisme »

Dans les premiers mois de 1907 la rupture entre syndicalistes et réformistes deviendra inévitable. Les syndicalistes attaqueront la direction du parti socialiste et plus particulièrement E. Ferri, tandis

---

404 G. B. Furiozzi, *Sorel e l'Italia*, *op. cit.*, p. 210.
405 *Ibid.*, p. 215.

que le parti s'en prendra de son côté à l'Union socialiste romaine dirigée par des syndicalistes ainsi qu'au journal *L'Azione* accusé de connivence avec le gouvernement.[406] Cela favorisera l'abandon du parti par les syndicalistes. En juillet 1907 se tient à Ferrare le congrès constitutif d'un mouvement autonome. Au mois de novembre suivant, les syndicalistes vont aussi sortir de la G.G.L. (Confederazione generale del lavoro), en raison de sa tactique réformiste clairement admise au congrès de Florence d'octobre 1907. Désormais l'action des syndicalistes révolutionnaires trouvera son terrain de prédilection dans des Bourses du travail dissidentes, surtout dans la région de Parme et de Ferrare. De nouveaux noms surgissent: Michele Bianchi et Filippo Corridoni. De grandes grèves rurales ont lieu au même moment.

*

L'importance de Sorel en Italie est aussi marquée par la publication d'une recension des *Réflexions sur la violence* faite par B. Croce dans *La Critica.* « Georges Sorel est autant et peut-être plus connu - écrit Croce - en Italie qu'en France. Il collabore à diverses revues italiennes; quelques uns de ses livres ont été publiés en italien avant de l'être en France; son nom a été cité, l'an dernier, à l'occasion du congrès socialiste, comme celui du théoricien le plus autorisé du syndicalisme. »[407] Affirmant ne pas vouloir prétendre entrer dans le débat entre réformisme et syndicalisme, Croce ajoutait: « Ce que je peux dire d'un strict point de vue scientifique, c'est que Sorel saisit l'essence du problème. Si le mouvement prolétarien intéresse aussi fortement tout esprit non superficiel, c'est parce qu'on aperçoit en lui les lignes d'un mouvement progressif de la société humaine; une manifestation de

---

[406] G. B. Furiozzi, *op. cit.,* p. 221.

[407] Cité par G. B. Furiozzi, *op. cit.,* p.223. Sorel l'en remerciera dans une lettre du 6 mai 1907: « Vous avez très bien reconnu quelle est la grande préoccupation de toute ma vie: la genèse historique de la morale. » (*La Critica,* 1928, p. 100).

nouvelle énergie spirituelle qui s'installe dans le champ de l'histoire. » L'actualité contribuera aussi à donner à la pensée sorélienne une grande acuité puisqu'en 1908 une grève agraire sera déclenchée et dirigée par De Ambris dans la région de Parme. Dans un article daté du 21 juillet 1908 qu'il écrira à cette occasion et qui sera publié dans *L'Internazionale*, Sorel y verra une illustration de ses propres conceptions, ajoutant qu'une défaite des grévistes pourrait avoir un effet révolutionnaire puissant en raison de l'impression qu'elle laisserait. La grève se termina effectivement par un échec. Sorel voulut y voir « un des grands événements de l'époque », duquel il convenait de tirer des enseignements, notamment en ce qui concerne la capacité de résistance de la bourgeoisie italienne. Furiozzi souligne qu'à la différence de ce que Sorel croyait, le syndicalisme révolutionnaire se trouvera rapidement plongé dans une profonde crise. Le second congrès des Ligues de résistance (*Leghe di resistenza*) tenu à Modène en septembre 1908, votera la condamnation de la grève générale de type sorélien, tandis que le congrès du P.S.I. tenu à Florence, congrès auquel ne participèrent pas les syndicalistes, désavouera formellement le syndicalisme révolutionnaire jugé incompatible avec les principes et les méthodes du parti socialiste.[408]

Le départ de Sorel du *Mouvement socialiste*, puis sa prise de position défavorable à Ferrer, et le soutien apporté à travers l'Europe à celui-ci, considéré sans intérêt pour les ouvriers, aura de grandes répercussions dans les milieux syndicalistes italiens. Luigi Fabbri, dans deux articles paru dans *La Demolizione* de Milan (1er février et 1er avril 1910), reprochera à Sorel de n'avoir qu'une âme petite-bourgeoise et lui interdira de se considérer comme un porte-parole (*un superuomo*) du syndicalisme. Mussolini prendra lui aussi un ton très violent dans un article paru le 26 novembre 1910 dans *La Lotta di classe* et intitulé « L'ultima capriola ». Sorel se trouvera ainsi au centre de polémiques puisque de son côté Lanzillo prendra sa défense pour le laver de toute accusation de trahison à l'égard du prolétariat.

---

[408] *Ibid.*, p. 235.

La guerre de Libye va encore aggraver les controverses au sein du syndicalisme révolutionnaire italien, entraînant cette fois une véritable rupture entre ceux qui, comme E. Leone et A. De Ambris vont s'y opposer et ceux qui l'approuveront, comme Arturo Labriola, Olivetti et d'autres. Publiant un ouvrage intitulé *La guerra di Tripoli e l'opinione socialista,* Arturo Labriola défendra l'idée selon laquelle la guerre pourrait permettre d'étendre la lutte de classe existant en Italie à l'échelle internationale (!?). Quant à Olivetti dans *Pagine Libere* (15 novembre 1911), il insistera sur l'opposition entre un « sorélisme de droite » et un « sorélisme de gauche »[409] favorable à la guerre. « Pour être sincère jusqu'au bout - écrit celui-ci - nous devons dire que le syndicalisme actuel comporte deux courants, l'un étant un démocratisme révolutionnaire, l'autre un révolutionnarisme démocratique, c'est-à-dire le vrai, le pur, qui interprète la plus audacieuse philosophie de la volonté et de l'action, qui nie la démocratie au lieu de la continuer et de l'intégrer, qui se réclame de Nietszche, de Marx, de Schopenhauer (en partie), qui se place au-delà du bien et du mal, qui reprend le chemin d'une audacieuse renaissance, du XVIe siècle violent et sans préjugés, de la révolution européenne et occidentale dans son devenir perpétuel. »[410] De tels propos conduisent Furiozzi à souligner que les syndicalistes favorables à la guerre (*tripolini*), vont passer du mythe sorélien de la violence révolutionnaire à l'acceptation de n'importe quelle violence et comme le dira De Ambris auront la prétention abusive de faire tenir leur pose nietzschéenne pour une attitude syndicaliste.[411] Tout en suivant de

---

[409] *Ibid*, p. 259.

[410] cité par G. B. Furiozzi, *Id. ibid.* p. 259.

[411] Si le nietzschéisme n'avait pas grand chose à voir avec la violence sorélienne, les partisans de la guerre de Lybie emploieront un argument peut être spécieux dans le cas d'espèce mais d'une certaine manière embarrassant parce Sorel lui-même avait défendu sur un plan général une telle idée. Si en l'occurrence Sorel se montrait plutôt favorable à la guerre de Lybie pour des raisons exclusivement géo-stratégiques touchant l'Italie, Olivetti affirmera pour sa part que la guerre était un moyen de réveiller la bourgeoisie pour renforcer la combattivité prolétarienne. « Je soutiens - écrit-il - que l'affaire tripolitaine va dans le sens de nos idées et peut être comme un fait syndicaliste (sindicalistico) ou mieux révolutionnaire. C'est

près les événements, Sorel n'interviendra pas dans ce débat. En avril 1912 il écrit dans *l'Indépendance* que la guerre de Libye aura peut-être des conséquences inattendues en donnant aux Italiens intéressés par les événements le sentiment de la grandeur de leur patrie, encore plus qu'à l'époque de la Renaissance. Surtout, dans deux lettres à Missiroli,[412] il commencera par exprimer ses inquiétudes quant à la fermeté dans la conduite de la guerre du gouvernement italien (stigmatisé par les socialistes français qui réussissent à organiser de grandes manifestations contre la guerre de Libye), puis laissera percer sa crainte de voir se conclure une paix néfaste aux Italiens alors que selon lui le gouvernement serait mieux inspiré de prolonger la guerre afin de conquérir l'Albanie. La raison? Sorel l'indique sans ambiguïté: « Un port serbe sur l'Adriatique c'est un port russe et cette perspective n'est pas rassurante pour l'Italie. »[413]

***

pour cette raison que je l'approuve inconditionnellement. [...] Ce qui augmente la richesse et la force de la bourgeoisie va dans le sens des idées syndicalistes, aussi et même surtout c'est contraire aux intérêts [on doit comprendre: aux intérêts immédiats, Y.G.] du prolétariat. A l'inverse ce qui éloigne la bourgeoisie de la poursuite de ses fins constitue une régression, un fait conservateur. Le prolétariat est plus près de la révolution sociale où la bourgeoisie est riche, comme en France, que là où le capitalisme est encore dans les langes comme en Espagne ou en Turquie » (*Pagine Libere*, 15 novembre 1911).

[412] 6 novembre 1911 et 19 nov. 1912., in *Da Proudhon...*, *op. cit.*, p. 472-473 et 486-487)

[413] In *Da Proudhon...*, *op. cit.*, p. 472-473 et p. 487.

X

Sorel et la guerre de 14-18

« Je ne crois pas - écrit Sergio Romano[414]- que Sorel eut jusqu'en 1914 une sensibilité particulière aux problèmes internationaux. » Ce n'est pas absolument évident. Dès 1908, si l'on en croit le témoignage de Jean Variot, dont il est d'ailleurs assez malaisé d'apprécier toujours le bien fondé, Sorel se montrera persuadé du caractère inévitable d'une guerre européenne. « L'Europe est par excellence la terre des cataclysmes guerriers. Les pacifistes sont ou des imbéciles qui ignorent les lois élémentaires ou des malins qui font de la démagogie [L'Europe] est habitée par une quantité de races qui sont singulièrement opposées les unes aux autres, et dans leurs intérêts immédiats, et dans leurs mœurs, et dans leurs ambitions [....]. Les peuples de l'Europe sont si peu faits pour s'entendre entre eux que nous voyons des alliés qui sont des alliés malgré eux. C'est le cas de l'Italie alliée de l'Autriche. »[415] Si la guerre est en quelque sorte l'état normal de l'Europe, elle n'en demeure pas moins une bêtise. « La guerre, cette ignoble bêtise qui ne change rien à rien, et qui, étant une bêtise est et sera toujours à recommencer dans notre abominable Europe, la guerre il faudra bien la faire un de ces jours. [...] J'attends avec une réelle curiosité l'attitude des socialistes

---

414 « Sorel et le système des relations internationales à la fin de la Première Guerre mondiale » *in* Cahiers Sorel, n°3, 1965, p. 39.

415 J. Variot, *Propos de Georges Sorel*, Paris, Gallimard 1935, p. 16-17.

européens quand les nations de l'Europe auront décidé de se jeter les unes sur les autres. Le plus cocasse c'est qu'ils entreront peut-être dans la danse en cherchant de bonnes raisons pour leur abdication. »[416] En revanche, comme beaucoup de ses contemporains, notamment les socialistes français et allemands, Sorel ne croyait pas à un conflit généralisé. Les conflits balkaniques avaient été maintes fois circonscrits. C'est ce qui explique qu'au moment de la déclaration de guerre, il fera part de sa surprise à Missiroli, dans une lettre datée du 10 août 1914. « Jusqu'au dernier moment j'avais cru que l'empereur d'Allemagne maintiendrait la paix, qui permettait à son pays de continuer automatiquement sa marche ascendante. Je ne puis parvenir à comprendre quels motifs ont pu le décider à faire la guerre dans un moment où toute l'Europe était disposée à se coaliser contre lui. D'autre part, les raisons profondes de cette coalition m'échappent quelque peu: il me semble que tout au moins l'Angleterre n'avait pas un intérêt grave à se déclarer si fortement qu'elle l'a fait. »[417]

Les conséquences de cette guerre, à ses yeux, paraissent claires: l'Allemagne sera probablement vaincue et les idées des radicaux (qu'il exècre) triompheront. « Hier on pouvait croire - écrit-il à Missiroli - que les idées conservatrices étaient en train de reprendre de l'autorité en France; le gouvernement radical anglais

---

[416] J. Variot, *ibid.*, p. 27-28, Sorel trouvera absurde l'idée même de réaliser un jour les Etats-Unis d'Europe sur le modèle des Etats-Unis d'Amérique (*op. cit.*, p. 17). Peut-être, comme l'affirme F.Germinario (in « *Cher camarade...* » *op. cit.*, p. 43), Sorel pouvait-il voir dans une éventuelle guerre européenne l'illustration de l'échec des idéologies humanitaires et démocratiques. Cela ne signifie nullement que dans les années précédant le conflit il ait pu la souhaiter et y voir un moyen envisageable de favoriser la renaissance des idées anti-démocratiques. L'intérêt porté par Sorel à Nietzsche ou à Le Bon ne suffit pas à l'affirmer. Dès lors il est inutile de considérer que son pacifisme en 1914 résulte d'un changement radical de pensée sur ce point.

[417] In *Da Proudhon...*, p. 500-501. Toutefois le 4 août dans une lettre à Berth il voit dans l'assassinat de Jaurès un signe. « Samedi matin en apprenant l'assassinat de Jaurès, j'ai eu le pressentiment que les affaires allaient arriver au pire; c'est pourquoi je ne suis point parti pour la mer; nous attendons d'un moment à l'autre que mon neveu, qui fait partie de l'armée auxiliaire, soit rappelé. »

perdait chaque jour de son prestige; en Italie, la franc-maçonnerie commençait à être menacée. Mais maintenant tout va être changé, l'Allemagne va être vaincue par un ministère radical-socialiste, qui aura la gloire d'avoir reconquis ce qu'avait perdu l'Empire; le radicalisme devient chez nous le maître pour de très longues années. »[418] Cette même conviction sera exprimée dans le courant du mois de septembre à E. Berth et à B. Croce. « L'Europe entière - écrit-il au second - est occupée à rejeter ce qui lui restait des institutions que Renan aimait; les politiciens jacobins, les financiers et les noceurs des grandes métropoles ne trouveront plus aucune force vivante qui leur reproche leur bassesse. »[419] La guerre aura aussi pour résultat d'enterrer le syndicalisme (et le socialisme) qui faisait encore peur, et qui maintenant, selon lui, est fini.

Comme à regret Sorel voit dans les catholiques les futures grandes victimes (politiques) de la guerre, dans la mesure où la démocratie radicale se trouvera confirmée par le succès de l'Entente. La conclusion de l'Union sacrée le conduira à rappeler que le socialisme démocratique n'avait été en France qu'une sorte de jacobinisme, « qu'une idéologie étrangère aux socialistes adoptée par des agitateurs qui éprouvaient le besoin de renouveler l'affiche du spectacle »[420], et à tenir des propos méprisants à l'égard de Guesde et de son entrée dans le gouvernement d'Union sacrée. « Jules Guesde, vieux et épuisé, n'apporte semble-t-il au premier abord aucune force sérieuse au ministère; il n'a aucune autorité sur la population ouvrière parisienne dont le syndicalisme lui répugne profondément: mais il a un grand nom qu'il s'agit d'exploiter, comme les financiers exploitent les noms des membres de la vieille aristocratie. » En reprenant les accents de 1793, les socialistes montrent qu'au fond ils n'ont rien appris. En outre, Viviani au pouvoir « manque totalement de sérieux », au même titre que Painlevé, qui, dans un article de presse, annonce que la fin de la guerre assurera le triomphe *définitif* de la liberté et du droit. Bien au contraire, la défaite de l'Allemagne, que Sorel semble consi-

---

[418] *Id. ibid.*

[419] *La Critica*, XXVII, 1929, p. 51.

[420] In *Da Proudhon...*, p. 505.

dérer comme l'éventualité la plus probable, s'achèvera par la soumission de l'Europe à la Russie, par l'effondrement du monde romano-chrétien et le triomphe de la ploutocratie. Plusieurs passages des lettres à Missiroli illustrent très précisément cette vision des choses. La culture germanique, selon Sorel, « avait à un très haut degré le génie de la vieille Rome [...] fondé sur la famille et posant la discipline militaire comme principe de toutes les relations sociales.[...] Tout le vieux monde romano-chrétien s'écroule et nous allons entrer dans une ère de civilisation ploutocratique, qui sera très bonne aux yeux des gens du monde enrichis par leurs mariages, des financiers qui ne trouveront plus de critiques pour leur apprendre que la richesse n'est pas la destinée de l'homme et des démagogues qui n'auront plus rien à redouter du patriciat romain. »[421] Dans la même lettre, il laisse aussi percevoir - peut-être en raison de son éloignement temporaire de Paris[422] - son total désarroi: « Je sens que mon temps est fini; je ne saurai plus rien écrire qui soit susceptible d'être lu utilement par mes contemporains; je suis un vieillard qui ne comprend plus les tendances actuelles. » Il évoquera par la suite avec discrétion d'imprécis espoirs de paix et quelques informations fournies, semble-t-il, par ses neveux appelés au combat, mais il commentera peu le déroulement des hostilités en France et s'intéressera davantage aux événement italiens.

Cette discrétion s'explique. En effet, Sorel opposera les pays du capital (l'Angleterre et la France) et ceux du travail (l'Allemagne et l'Italie), d'une certaine manière les nations « ploutocratiques » et les nations « prolétaires ». A ses yeux, le succès des premiers sur les seconds ne pouvait qu'entraîner un arrêt fatal des progrès du socialisme et de l'idée de discipline. Comme l'écrit F. Germinario: « La défaite de l'Empire allemand aurait entraîné la disparition de "l'idée de discipline", remplacée rapidement par les idées démocratiques, ainsi que la mort des quelques vestiges du classicisme

---

421 *Id.* (n° 81), p. 512-513.

422 Il retournera (en mauvaise santé) à Boulogne dans le courant du mois d'octobre 1914.

présents dans les interstices de la civilisation européenne. »[423] Favorable à une paix de compromis, Sorel ne pouvait souhaiter une victoire totale de l'Entente. Pas plus qu'approuver la propagande de guerre fondée sur la défense des principes démocratiques, qu'il considérait comme un moyen pour la bourgeoisie de duper le peuple « naïf ». Il lui était néanmoins difficile d'exprimer ouvertement ses craintes du succès probable des Etats « ploutocratiques » mais encore plus de reprendre à son compte les sentiments des « chauvins » du style Barrès, dénonciateurs de la barbarie allemande.[424]

*

Sorel suivra avec une très grande attention la situation italienne et les débats sur le choix entre la neutralité et l'intervention. Il se prononcera très clairement en faveur de la neutralité, l'Italie n'ayant qu'à perdre dans l'entrée en guerre aux côtés de l'Angleterre et de la France. Dans la péninsule les premières prises de position favorables à l'intervention vinrent des

---

[423] In « *Cher camarade...* », *op. cit.*, p. 45, F. Germinario résume de manière parfaitement exacte le sentiment de Sorel. « La guerre de la France maçonnique, dreyfusarde, jacobine, imprégnée de l'esprit des Lumières (*illuministica*) contre l'ultime rempart européeen de la discipline, constituait la nouvelle et décisive étape du conflit qui, à partir du XVIIIe siècle, avait opposé la tradition culturelle nationale, les principes de la morale classique, à la modernisation liée aux Lumières et à la démocratie (*illuministico-democratica*) (*op. cit.*, p. 45).

[424] Sur la conduite de la guerre il reproduit dans une lettre à Missiroli, le contenu d'une lettre à lui adressée « par un officier dont (dit-il) je connais l'excellent esprit d'observation. » Une partie de cette lettre dont manifestement il fait siens les commentaires mérite d'être reproduite: « Comme je ne cesse de le répéter et de l'écrire, nous avons eu contre nous une armée admirable de discipline, de dévouement, de patriotisme. Aucune maison habitée n'a été pillée par les troupes combattantes; aucune femme n'a été maltraitée; les soins donnés à nos prisonniers ont été touchants [...]. On entend dire communément qu'on aime mieux l'occupation par les troupes allemandes que par les divisions de réserve ou par les territoriaux, ou même par les régiments de l'armée active du Midi. » (in *Da Proudhon...*, *op. cit.*, p. 527).

milieux que l'on peut qualifier de « démocrates de gauche »: républicains, garibaldiens, etc.,[425] qui verront dans la triple Alliance un instrument de réaction monarchique et militariste. Au tout début de la guerre, les syndicalistes révolutionnaires pétris de pensée sorélienne pencheront vers la neutralité, tout en conseillant de se tenir prêt à transformer la guerre entre les nations en guerre civile libératrice. Mais très rapidement l'invasion de la Belgique par l'Allemagne, l'adhésion à la guerre des socialistes français, vont remettre en question cette attitude. Dès le 18 août, De Ambris, l'un des syndicalistes révolutionnaires les plus en vue, se prononce en faveur de « la guerre révolutionnaire ».[426] En octobre, dans *Pagine libere,* un autre syndicaliste révolutionnaire adoptera la même attitude et dénoncera le pacifisme des leaders socialistes, notamment De Turati. De son côté, Mussolini, tout d'abord partisan de la neutralité, évoluera vers ce qu'il appelera la neutralité « vigilante ». Il abandonnera bientôt l'*Avanti* pour créer *Il Popolo d'Italia*, qui se rangera dans le camp des interventionnistes et accueillera parmi ses rédacteurs de nombreux syndicalistes révolutionnaires, notamment Agostino Lanzillo et Sergio Panunzio.

Les syndicalistes révolutionnaires se refusent à considérer la contradiction entre la collaboration de classe, inévitablement exigée par la guerre entre nations, et la lutte de classe révolutionnaire. A l'inverse, les socialistes neutralistes souligneront vigoureusement cette contradiction.[427] Sorel leur emboîtera le pas. Ses motifs ne manquent pas d'intérêt. Selon lui l'idée de lutte des classes défendue par Marx et sa pénétration dans le prolétariat est un accident de l'Histoire. Mais un accident essentiel pour le destin de l'Humanité.

---

[425] Furiozzi (B. G.), *Sorel e l'Italia,* Casa editrice d'Anna, Messina-Firenze, 1975, p. 268.

[426] *Ibid.*, p. 270.

[427] « Dans la pure doctrine nationaliste éteindre la lutte de classe subversive du prolétariat contre l'Etat et la bourgeoisie est l'objectif poursuivi avec la guerre. Mais pour le même motif, *ex adverso*, c'est à la fois le suprême idéal et l'intérêt du prolétariat de maintenir fièrement la lutte de classe sans jamais accepter de la suspendre, sauf dans le cas extrême clairement établi où il s'agit de la véritable défense du territoire et de l'indépendance nationale. » (C. Treves, *Polemica socialista,* Bologne 1921, p. 12, cité par G. B. Furiozzi, *op. cit.*, p. 275).

La remettre en question, et inévitablement la guerre y aboutit, revient à la faire disparaître définitivement. « Les révolutionnaires se figurent généralement qu'il suffit de déclarations éloquentes pour créer une idéologie populaire [...]. Chez nous [cette idée] était fort répandue, et le socialisme que nous avons connu durant ces vingt dernières années est maintenant fini pour toujours. En refusant de marcher dans la cohue démocratique, Turati et ses amis montrent une prudence qui peut sauver le socialisme italien des dangers qui le menacent. Si l'Italie allait devenir le pays directeur du marxisme? »[428] Sorel, dans ses articles et surtout dans sa correspondance, s'en prendra aux interventionnistes, exhortant l'Italie à demeurer en dehors du conflit. Plutôt que de chercher « à faire acheter son concours par le groupe belligérant qui lui donnera le meilleur prix », celle-ci aurait selon lui avantage à conserver le statut de neutralité, d'autant plus que son entrée en guerre pourrait contribuer à poser de nouveau le problème de la restauration du pouvoir temporel du pape, l'élection de Benoît XV donnant l'impression d'aller dans ce sens.

Sorel soulignera surtout l'absence de clarté des objectifs poursuivis par les interventionnistes. « Je trouve très caractéristique - écrira-t-il à Missiroli - l'attitude des francs-maçons et des révolutionnaires qui parlent de faire la guerre à l'Autriche, mais ne disent pas exactement ce qu'ils veulent annexer; je crois cependant qu'ils renoncent à Fiume et à la Dalmatie, c'est-à-dire à ce qu'il y a de plus important au point de vue politique et militaire; faire la guerre pour conquérir Trente et Trieste serait vraiment bête .[....] Le roi est naturellement de ce côté puisqu'il est toujours pour les solutions antinationales. »[429] S'interrogeant, en décembre 1914, sur les motifs qui pourraient pousser à l'entrée en guerre de l'Italie, il affirme que ses prétentions sur le Trentin auraient à peu près autant d'intérêt que celles de la France sur le Val d'Aoste. Par ailleurs, « donner Trieste à l'Italie - écrit-il - me semble aussi paradoxal qu'enlever Gênes au Piémont. » Tout cela apparaît d'autant plus absurde que les partisans de la guerre déclarent renoncer à la

---

[428] Lettres à Missiroli (n° 89), *op. cit.*, p. 529.
[429] *Ibid.* (n° 88), *op. cit.*, p. 525.

Dalmatie, ce qui revient, selon Sorel, à accepter la présence de la flotte russe en face de la côte italienne.

Finalement, l'Italie entrera en guerre. En avril 1915 le pacte de Londres est signé. Dans une lettre à Missiroli datée du 10 mai, Sorel compare sa situation à celle de la France de 1870 en soulignant que la marche à la guerre est due à une force aveugle et que l'Italie en sortira inévitablement amoindrie, réduite à l'état de protectorat anglais (!?). Il évoquera aussi avec amertume la possibilité de la destruction de Venise. « En ma qualité de vieil admirateur de l'art italien - écrit-il - je voudrais voir s'éloigner le spectre de la guerre austro-italienne. La Vénétie est menacée de subir le sort de la Belgique; et encore faut-il observer que Gand, Bruges, Anvers n'ont pas souffert dans leurs oeuvres d'art [...]. Dire que dans quelques jours les gros obus de la marine tomberont peut-être sur la place Saint-Marc [...]. La Vénétie sera donc ravagée d'une façon effroyable. » Si dans les premiers mois de la guerre, Sorel consentira à créditer les socialistes italiens de cohérence, lui qui par le passé s'était surtout intéressé aux syndicalistes révolutionnaires, lesquels désormais « trahissaient », il exaltera surtout B. Croce, défini par lui comme un des plus grands penseurs du temps, au-dessus de Bergson, favorable à la neutralité italienne,. Dans deux articles[430] de l'*Avanti*, datés des 15 et 16 mai 1915, après avoir dénoncé les interventionnistes comme des littérateurs ivres de mots, il insistera de nouveau sur les deux raisons qui auraient dû conduire l'Italie à maintenir sa neutralité: l'absence d'intérêt pour elle de Trieste et le risque de voir de nouveau poser le problème du pouvoir temporel du pape.[431] Dans le second article,

---

[430] « Un giudizio di Giorgio Sorel sull intervento dell'Italia » et Il destino dell Austria »

[431] Sorel se montrera persuadé au début de la guerre de l'inévitable renforcement de la papauté. Il écrit à Missiroli (lettre 115): « Il me paraît maintenant infiniment probable que l'Italie ne pourra pas échapper à une certaine restauration de la souveraineté papale; l'Europe donnera au pape le rang de souverain réel ayant le Vatican pour royaume et assuré d'une indépendance consacrée par un traité [...]. Les radicaux français sont tellement préoccupés d'obtenir le concours du pape dans cette guerre que la papauté pourrait leur faire obtenir bien des choses, qui auraient paru impossible il y a un an ou deux. Sans doute ils ne veulent pas toucher aux

Sorel estimera la guerre d'autant plus absurde que selon lui le Trentin et l'Istrie pourraient être obtenus par l'Italie au moyen d'accords diplomatiques.

L'entrée en guerre de celle-ci contre l'Autriche assombrira Sorel. Le découragement est perceptible dans une lettre à Croce : « Je vois le monde plongé dans la folie pure; D'Annunzio, devenu le grand prophète de l'Italie est félicité par A. Meyer; s'il n'y avait pas tant de sang versé chaque jour, il suffirait de rire devant cette *commedia dell'arte.* »[432] Il confiera aussi à Pareto et à Missiroli son étonnement de voir l'Italie prendre tant de risques pour des objectifs de guerre extrêmement limités tels qu'ils étaient exposés dans une déclaration du roi.[433] Par ailleurs, il insistera sur les inconvénients pour l'ensemble de l'Italie de voir des gens aussi peu « sérieux » que d'Annunzio être considérés comme des leaders d'opinion, et il reviendra fréquemment sur la nécessité pour l'Italie de se ressaisir sur ce point. « Il serait bien bon que les Italiens sérieux commençassent à réagir contre les tendances au charlatanisme qui triompheront très probablement après la guerre: on est effrayé en songeant à ce que pourra être une Europe dans laquelle d'Annunzio, J. Reinach, les rédacteurs de *la Voce* seront les triomphateurs. En Italie il me semble que le danger devrait être plus facile à sentir qu'ailleurs, parce que d'Annunzio, les futuristes et Papini annonçant *la fin de la gloire de Shakespeare*, ne peuvent être pris au sérieux par personne. »[434] Dans ce « délire général » seuls demeurent lucides les socialistes, qui ne se sont pas laissé entraîner dans « une union sacrée avec D'Annunzio, le roi et la maçonnerie. » Mais pour combien de temps?

---

lois cléricales faites en France; mais la question romaine pourrait leur fournir un terrain d'entente avec la papauté. » (p. 569).

432 Lettre à Croce, « La Critica », XXVII, p. 121-122 (*in* G. B. Furiozzi, *op. cit.*., p. 294-295).

433 « La proclamation du roi limite les revendications de l'Italie à la chaîne du Monte-Maggiore (frontières naturelles); ainsi Fiume est exclu et à plus forte raison Zara et la Dalmatie. Par contre le Tessin semble être revendiqué. Voilà de bien grandes aventures courues pour obtenir bien peu de choses utiles. » (Lettres à Missiroli, n° 111, *op. cit.*, p. 563-564).

434 Lettres à Missiroli, (n° 134), *op. cit.*, p. 600.

Sorel dénoncera avec âpreté la conduite de la guerre, notamment la façon dont avait été menée, côté italien, la bataille de Gorizia (près de la frontière autrichienne) s'inquiétant aussi de la passivité des Italiens laissant Serbes et Monténégrins envahir l'Albanie. Une telle confusion est due selon lui à la médiocrité des responsables de l'engagement militaire - « valetaille déguisée en habits bourgeois qui réunit en elle tous les ridicules de la nouvelle Europe démocratique avec ses agitations fébriles, ses folies et sa philosophie franc-maçonnique » - incapables de comprendre les inconvénients de l'abandon de l'Albanie aux Slaves derrière qui se profile l'immense Russie. Rageusement Sorel écrit à Missiroli: « Je verrais avec plaisir les socialistes italiens gagner beaucoup de terrain, aux dépens des radicaux; ce serait la juste récompense de leur sagesse et la juste punition des politiciens qui font massacrer tant de monde sur la frontière autrichienne dans l'espoir d'augmenter le prestige de leur parti. Une guerre aussi dure que celle que l'Italie soutient dans les montagnes finira par décourager tout le monde, sauf les journalistes payés par les ambassades de France et d'Angleterre. Le pays sera dégoûté d'avoir acquis des terres qu'il pouvait avoir pour rien; et dans quel état trouvera-t-il ces pays après de tels ravages d'artillerie! »

A mesure que le temps passera, Sorel devra se rendre à l'évidence: la paix de compromis qui présenterait pour l'Italie l'avantage d'arrêter un bain de sang apparaît de plus en plus improbable. Plusieurs raisons à cela. En premier lieu, à mesure qu'augmente le sang répandu, le compromis devient plus malaisé. En second lieu, « l'accumulation des appétits des pays de l'Entente » constitue un obstacle à la paix. Sorel écrit: « L'Italie voudrait obtenir dans l'Adriatique une situation aussi maîtresse qu'avait été celle de Venise, à une époque où Trieste était un gros bourg. Cette ambition paraît d'autant plus légitime que la guerre dure davantage en imposant à l'Italie des sacrifices qui sont proportionnellement plus grands que les nôtres. Mais l'Autriche n'est plus le pays du XVe siècle; elle a besoin d'un large débouché sur la mer; d'autre part les Serbes veulent aussi arriver à l'Adriatique; le jour où ils auront une partie de la Dalmatie la flotte russe aura une base navale, bien autrement redoutable pour l'Italie que celle de l'Autriche. »[435]

En 1917, un événement changera les données du problème: l'entrée en guerre des Américains. Sorel y voit deux motifs: la nécessité de sauver du péril les sommes prêtées aux deux grandes puissances de l'Entente; l'obtention du bénéfice de la clause de la nation la plus favorisée « dans le nouvel ordre économique de l'Europe ». Dès lors, la guerre est destinée à se prolonger, les difficultés croissantes pour les belligérants de se procurer de l'argent afin de la continuer disparaissant. Viendra alors la défaite de l'Alliance.

*

Sorel n'avait pratiquement plus écrit d'articles depuis le début de la guerre. Il va recommencer à le faire au début de 1919, pour critiquer le traitement infligé aux Italiens à la conférence de la paix et l'absence de respect de l'accord de Londres prévoyant les avantages territoriaux de la victoire, pour l'Italie. Alors que l'on traite la Pologne en *enfant gâté*, on demande à l'Italie de renoncer à une partie des promesses de l'accord de 1915. « On concède à l'Italie - écrit Sorel - Trente, Gorizia qui ne furent jamais vénitien; Trieste qui avait cessé de l'être depuis 1382; mais l'Italie devrait renoncer à la Dalmatie qui fut vénitienne durant toute l'existence de Venise et Fiume qui était encore récemment une commune italienne réunie au royaume de Hongrie; toute revendication sur ces territoires est condamnée comme inspirée par un impérialisme coupable. »[436] Sorel ne réclame pas la Dalmatie pour l'Italie seulement en raison des craintes que la présence des Russes sur l'Adriatique pourrait faire naître. Il invoque aussi les exigences du

---

435 *Ibid.*, n°150, p. 618.

436 Les articles cités sont tirés (sauf indication contraire) de la réédition déjà indiquée de « Da Proudhon a Lenin » et « L'Europa sotto la tormenta ». Ici il s'agit de « La Dalmazia », 14 février 1919, p. 50. Les citations sont traduites par Y. G.

développement technologique tributaires des connaissances techniques véhiculées par les langues dominantes. « Actuellement on recherche des enseignements techniques et scientifiques qui se trouvent exposés dans quelques langues parlées par de grandes communautés. Les Croates de Dalmatie auraient grand intérêt à apprendre l'italien, dans le but d'utiliser les puissants moyens d'instruction que possède l'Italie; faire passer les Italiens de Dalmatie sous la direction des Serbo-Croates revient à les condamner à une langue pauvre en enseignement technique et scientifique. Les socialistes qui veulent demeurer fidèles aux doctrines essentielles de Marx devraient souhaiter que les Dalmates soient Italiens, ce qui leur permettrait de prendre plus facilement part aux progrès économiques modernes. »[437] Peu de chances demeurent cependant que l'on se range à cette solution. L'Angleterre a dû pendant la guerre faire des promesses aux Croates, qu'elle doit désormais tenir; quant à la France, il suffit que les dirigeants croates aient promis à des sociétés de crédit françaises de juteux marchés, pour que notre diplomatie se mette au service des banques, suivie en cela par la presse. Quelques mois après, Sorel intitulera un article « Giustizia all'Italia ». Fin avril 1919, les délégués italiens mécontents de la tournure prise par la conférence de la paix, quitteront la table des négociations... pour y retourner d'ailleurs peu de temps après.

Revenant sur la question dalmate qui était au centre des désaccords et à l'origine des frustrations italiennes, Sorel observe que si les grandes puissances tenaient absolument à reconstituer la Pologne au nom de l'équilibre politique européen, elles devraient prendre en compte aussi, en raison de cet objectif, les revendications italiennes. Jusqu'à la paix de Campoformio la Dalmatie était sous l'influence de Venise, ce que le traité remettra en cause en plaçant toute cette région sous la coupe autrichienne. Or un tel traité est au moins aussi injuste que les accords qui ont conduit au démembrement de la Pologne.[438] Malheureusement la

[437] *Ibid.*, p 51

[438] « Si l'on devait effectuer la révision de vieux traités par respect pour le principe de justice, le traité de Campoformio devrait être supprimé. Ainsi la Dalmatie redeviendrait italienne (art. cité, *op. cit.*, p. 82).

diplomatie italienne est incapable d'obtenir satisfaction en raison de sa faiblesse navrante. En dehors de Cavour lui-même et de Crispi, les politiciens italiens depuis 1870 ont estimé, selon lui, que la bonne politique consistait à s'humilier vis-à-vis de la France, comme ils l'ont montré au sujet de la question tunisienne, mais aussi lors de la conférence de la paix elle même, Orlando se prononçant toujours dans le sens voulu par Clémenceau lorsqu'il s'agissait d'abaisser l'Allemagne sans obtenir pour autant la moindre compensation. Quel pourrait bien alors dans ce contexte être l'avenir d'une Italie si maltraitée par ses alliés, d'autant plus que beaucoup d'Italiens comprennent que leur pays a fait de gros sacrifices financiers et humains (50 milliards et 500.000 hommes, affirme Sorel) et n'a rien obtenu de tangible?[439] Après quelques considérations assez obscures au sujet d'un article paru sur le *Journal de Genève*, selon lesquelles l'Italie chercherait à se rapprocher de l'Allemagne (ce qui expliquerait la méfiance à son égard de la diplomatie française), Sorel affirme que l'Allemagne et l'Italie sont deux pays dans lesquels le travail est le plus discipliné et le moins soumis à la routine. Pour cette raison un rapprochement du prolétariat de ces deux pays est souhaitable, alors qu'en France le prolétariat se trouve dominé par une bourgeoisie dont le seul souci est « d'asservir le peuple qui travaille », comme en témoigne son comportement en Tunisie où elle « tente de faire tomber les Italiens au rang de serfs chinois. » Quelque espoir peut être malgré tout mis dans le socialisme international, s'il se révèle en mesure de faire de grands efforts pour aider l'Allemagne et l'Italie à se relever. De son côté le spectre du bolchevisme permettra peut-être de faire reculer la bourgeoisie.[440]

***

[439] « Alors que les Grecs auxquels l'Entente réserve sa générosité ont sacrifié 800 soldats. » (« L'Avenire dell'Italia », in *op. cit.*, p. 108).
[440] *Ibid.*, p. 109.

XI

Sorel et le fascisme

Il est redevenu à la mode dans les années 80 de voir en Sorel un précurseur du fascisme et un des tenants les plus notoires de cette « idéologie française » diffuse, véhicule commode d'un fascisme plus ou moins honteux et masqué, honteux parce que masqué, masqué parce que honteux. Si on peut laisser de côté Bernard-Henri Lévy qui, par ses approximations, a embarrassé les tenants mêmes de cette thèse, il ne peut en aller de même de Zeev Sternhell qui dans *La Naissance de l'idéologie fasciste*[441] s'est employé avec détermination à faire de Sorel un proto-fasciste. « Telle qu'elle se forme au tournant du siècle - écrit celui-ci - l'idéologie fasciste est le produit d'une synthèse du nationalisme organique (!?) et de la révision antimatérialiste du marxisme... »[442] Admettons-le provisoirement. Encore faudrait-il démontrer que Sorel se trouve être l'alchimiste de cette synthèse.

Z. Sternhell croit en apporter la preuve à partir de l'analyse de deux démarches dont l'une est propre à Sorel et l'autre - introduite en contrebande - imputable aux « soréliens » sans plus de précision, ce qui évidemment permet tous les amalgames (comme si ce que

---

[441] Fayard, Paris, 1989.

[442] Z. Sternhell, *La Naissance de l'idéologie fasciste*, *op. cit.*, p. 15. L'auteur a le mérite de distinguer clairement fascisme et nazisme.

l'on peut imputer aux « marxistes » sans davantage de précision devrait l'être nécessairement à Marx!). Concernant la première démarche, il est exact de considérer que Sorel ne retiendra de Marx (après une brève adhésion à l'ensemble de sa pensée) que la théorie de la lutte des classes, qui plus est dans une perspective particulière, puisqu'il en fait un mythe destiné à maintenir la combativité du prolétariat, et que par ailleurs dès la fin du siècle il s'est montré fort critique vis-à-vis des catégories économiques employées par Marx (la valeur, la plus-value, la concentration du capital). Proche à ce moment de Bernstein, il s'accorde avec lui sur certaines analyses. Sans plus. Soit dit en passant, on ne songe pas à proclamer Bernstein pré-fasciste pour avoir remis en question la pertinence de la théorie de la plus-value, telle qu'exprimée par Marx.

Si Sorel ne s'est pas montré davantage convaincu que Bernstein de la surve nance d'une révolution qui, par une sorte de mouvement naturel, aboutirait à la collectivisation des moyens de production, cela ne suffit pas pour affirmer, comme le fait Sternhell, qu'il « clame (!) la pérennité du capitalisme ».[443] En réalité, comme Bernstein au tournant du siècle, il ne croit pas au caractère inévitable de la concentration du capital, entraînant nécessairement à terme une « rupture ». La « philosophie » historique de Sorel, sa conception (qui ne semble nullement intéresser Z. Sternhell) des relations entre le développement technologique et la transformation des besoins humains, lui interdisait en outre de se lancer dans des utopies concernant les formes futures de la société. Depuis ses premiers écrits, Sorel a suffisamment affirmé l'impossibilité de gloser sur le futur pour que l'on puisse trouver là l'explication de son relatif désintérêt à l'égard de l'avenir de la propriété privée et ne pas la chercher où elle n'est pas, c'est-à-dire dans son « enthousiasme » pour le capitalisme. Selon lui, les producteurs eux-mêmes donneraient à la propriété le statut juridique correspondant à l'état technologique de la société future. Pour discréditer Sorel et montrer à quel point il est étranger à la problématique du socialisme de son époque, Z. Sternhell croit efficace de l'opposer à Bauer, qualifié habilement d'« autre non-

---

443 *Ibid.*, p. 37.

conformiste ». « Il suffit de jeter un coup d'œil sur la brochure du théoricien viennois, traduite en français, *La Marche au socialisme*, pour constater combien profond est le fossé qui sépare la révision sorélienne du marxisme, non pas seulement de l'orthodoxie, mais de tout ce qui forme le fonds du socialisme européen. Cette série d'articles qui résume le programme d'action du socialisme autrichien préconise non seulement la socialisation de la grande industrie, des banques et de la grande propriété foncière, mais aussi de l'économie paysanne, des terrains à bâtir et des maisons d'habitation. C'est là précisément tout ce dont Sorel ne veut pas, parce qu'il refuse de toucher à la propriété privée et parce qu'il ne croit ni à l'égalité ni à la justice sociale, valeurs qui pour lui et pour les siens ne seront jamais que des pleurnicheries d'anarchistes rousseauistes ou de socialistes jauressistes à l'âme chétive. »[444] Que Sorel voie les formes juridiques futures de la propriété privée sortir seulement de la lutte menée par le prolétariat pour la mise en place d'un droit nouveau ne l'empêche nullement de rejeter le réformisme. Quant à l'affirmation de Sternhell selon laquelle Sorel serait indifférent à l'égard de l'égalité et de la justice sociale, elle néglige délibérément le refus sorélien d'une paix sociale prenant la forme d'arrangements flous, toujours réalisés (malgré certaines apparences) au détriment du prolétariat comme classe et au bénéfice (réel) des oligarques et des ploutocrates qui tiennent les commandes de l'Etat dans une démocratie parlemen-taire (de ce point de vue Sorel, en distinguant clairement l'intérêt des prolétaires et ceux du prolétariat comme classe, est bon marxien).

Le nationalisme reproché par Z. Sternhell à Sorel est aussi difficile à identifier. Cette difficulté apparaît clairement à travers l'argumentaire employé. Il est moins question en effet cette fois de Sorel que des « soréliens ». Après avoir expliqué clairement à quel point Sorel dénature le marxisme[445], Sternhell reproche aux « soré-

[444] *Ibid.*, p. 38.

[445] *Ibid.*, p. 41: « L'idée de lutte de classe sert désormais à recouvrir une idéologie où le vitalisme, l'intuition, le pessimisme, et l'activisme, le culte de l'énergie, de l'héroïsme et de la violence prolétarienne - créatrice de morale et de vertu - remplacent le rationalisme marxiste. »

liens » de remplacer « par la Nation le prolétariat défaillant dans le combat contre la décadence démocratique et rationaliste. »[446] Mais Sorel lui-même? Entre-t-il dans la catégorie de « ces » soréliens? Est-il rangé à part? Sternhell, peut-être conscient du risque présenté par une telle démarche, évite toute précision. D'où un amalgame implicite qui induit en erreur, même si, de manière surprenante (au détour du commentaire consacré aux affirmations de Mussolini quant à sa dette à l'égard de Sorel et de Péguy) Sternhell indique que la dictature mussolinienne aurait probablement fait horreur à Sorel (et à Péguy). Comme, du moins en principe, un historien ne fait pas parler les morts au sujet d'une période qu'ils n'ont pas connue, cette remarque ne peut se référer qu'à la pensée de Sorel. Alors?

De telles idées - fausses - ne sont pas propres à Z. Sternhell et ne datent pas d'aujourd'hui. G. Pirou voyait déjà dans l'entrée de Mussolini à Rome le triomphe des idées soréliennes transportées sur le plan national.[447] W. Röpke fera même de Sorel l'inspirateur du national-socialisme (!?).[448] Allant dans le même sens, quoique de manière plus nuancée, De Ruggiero écrit dans sa *Storia del liberalisme europeo*: « Pratiquement rien dans la doctrine de Sorel n'est formellement incompatible avec une déplacement de gauche à droite: aux fascistes il suffisait de modifier le contenu du mythe et de substituer à la grève générale une formule d'action mieux appropriée, comme la nation ou l'empire. » Eugenio Garin ne sera pas en reste: « Dans le fascisme confluеront beaucoup de choses; entre autre la violence sorélienne, associée a celle des futuristes, qui loin d'être l'accoucheuse de l'Histoire dont parlait Marx, semble plutôt le signe d'un anti-historicisme qui tente sans y réussir de réaliser l'absurde (!!!?). »[449] B. Croce affirmera que les livres de Sorel avaient été des bréviaires du fascisme (ce qui pose un

---

[446] *Ibid.*, p. 42.

[447] *Georges Sorel*, Paris, 1927, cité par G. B.Furiozzi, *op. cit.*, p. 347. C'est aussi le cas de F. Rossignol, *La pensée de G.Sorel*, Paris, p. 264.

[448] *Explication de l'Allemagne.*

[449] *Chronache di filosofia italiana*, Bari, 1959, p. 413, in Furiozzi, *op. cit.*, p. 348.

problème différent: celui de l'utilisation de la pensée de Sorel par les fascistes).

Sorel est même parfois cité comme témoin à charge dans le débat. A Missiroli il déclare en effet le 16 Avril 1921: « Les fascistes n'ont pas complètement tort d'invoquer mes opinions parce que leur puissance démontre d'une façon très claire la valeur de la violence triomphante. »[450] A Lanzillo il écrit le 6 mars 1921: « En ce moment le fascisme a pour lui le prestige que donne la violence; son histoire illustre assez bien mes thèses. »[451] Enfin le « philofascisme » de Sorel ressortirait d'un propos rapporté par Jean Variot: « Mes ouvrages ont été lus en Italie plus qu'en France. Mon ami Benedetto Croce, mes amis Lanzillo et Racca ont fait beaucoup pour répandre mes idées dans leur pays. Il est possible, il est même probable que Benito Mussolini ait lu mes ouvrages. [...] Mussolini n'est pas un homme moins extraordinaire que Lénine. C'est aussi un génie politique d'une envergure qui dépasse celle des hommes d'Etat actuels - à part Lénine. J'entendais parler de lui avant la guerre. Il n'est pas un socialiste à la sauce bourgeoise; ce n'est pas lui qui ait jamais cru au socialisme parlementaire; il a une étonnante compréhension de la masse italienne, et il a inventé quelque chose qui n'est pas dans mes livres: l'union du national et du social, que j'ai étudiée mais que je n'ai jamais approfondie. »

En réalité, si on lit correctement le texte de Variot, on s'aperçoit que Sorel ajoute immédiatement : « **Cette "trouvaille" nationale et sociale qui est la base de sa méthode est purement mussolinienne et je ne peux l'avoir inspirée, ni de près, ni de loin. C'est bien plutôt la théorie de la violence, prise comme seul moyen d'imposer ses buts, qui a pu lui donner certaines idées**. Mais encore une fois, tout cela était dans l'air. [...] Parler d'influence de ma part sur [...] Mussolini, c'est peut-être déplacer la question et c'est une manière un peu simpliste, à mon avis, de voir

---

450 Lettres à Mario Missiroli, 16 Avril 1921, in « *Da proudhon...* », p. 731.

451 In « Cher camarade... », *op. cit.* p. 275. Dans la même lettre il avoue sa méconnaissance de la situation. « Comme vous êtes dans la capitale du *fascisme*, vous pouvez peut-être savoir ce qu'il y a au fond de cette organisation. »

les choses. [...] Si l'on parle de ma prétendue influence, cela tient à l'intérêt que mes écrits ont rencontré auprès de certains Italiens. C'est évidemment un fait incontestable, mais dont on me semble tirer des conclusions un peu osées. »[452] Cette citation longue mais indispensable témoigne assez clairement du fait que, si Sorel montrait de l'intérêt pour Mussolini et le considérait comme un homme politique non négligeable, il récusait de manière nette toute influence **directe** sur la pensée de celui-ci. D'ailleurs, d'une manière qui ne fait pas tout à fait honneur à sa lucidité sur cette question, Sorel pensait que derrière Mussolini se trouvait d'Annunzio, et que les *fasci* étaient simplement des bandes manipulées par les propriétaires terriens. « Mais que représente le fascisme? Miglioli [celui-ci appartenait à la gauche du parti populaire] prétend que les grands propriétaires se cotisent pour subventionner des bandes; dans ce cas nous aurions l'équivalent des gladiateurs de Clodius et de Milon dont les exploits ont marqué la fin de la République romaine [...]. Je suppose que Mussolini n'est pas le seul chef des *fasci*; très probablement d'Annunzio se tient un peu dans la coulisse, prêt à donner à ce mouvement le prestige de son nom. »[453]

Mussolini lui-même a contribué, semble-t-il, à entretenir la légende en soulignant l'influence qu'avaient eu sur lui les syndicalistes révolutionnaires français et italiens. « Dans le grand fleuve du fascisme - écrit-il - on peut trouver des filons qui proviennent de Sorel, de Péguy, de Lagardelle, du *Mouvement socialiste* et de la cohorte des syndicalistes italiens qui, entre 1904 et 1914, apportèrent une note de nouveauté dans le milieu socialiste italien, dévirilisé et chloroformé par les fornications giolitiennes, avec *Pagine libere* d'Olivetti, *La lupa* d'Orano et le *Divenire sociale* d'Enrico Leone. »[454]

---

452 Variot (J.), *Propos de Georges Sorel*, *op. cit.*, p. 55-57.

453 « *Cher camarade...* », *op. cit.*, p. 273.

454 Mussolini, art. « fascisme » de l'*Enciclopedia italiana*, cité par Furiozzi, *op. cit.* , p. 349.

Concernant l'attitude de Mussolini à l'égard de Sorel trois périodes peuvent être distinguées et il est possible à ce propos de suivre l'analyse menée par G. B. Furiozzi. La première va de 1904 à 1909. Syndicaliste révolutionnaire, Mussolini lit Sorel. Dans un article publié en 1904, il souligne la nécessité de la violence d'en bas contre celle d'en haut. « Quand toutes les voies sont fermées - écrit-il - il est nécessaire de s'ouvrir un passage même au prix du sang. Parfois, la vengeance de longues infamies subies est sainte. Nous, appelés catastrophiques (*catastrofici*) par les réformistes, nous n'excluons pas dans le futur des conflits sanglants, dans lesquels nous serons contraints à la nécessité douloureuse de la violence. L'attitude effrontée montre que les classes au pouvoir préfèrent la mort sous les ruines à une longue, lente et peu glorieuse agonie. La violence sera utile, féconde, décisive. »[455] La seconde période s'étend de 1909 à 1914. Sorel à cette époque se rapproche de l'Action Française tout en gardant ses distances. Avec mépris, Mussolini le traite alors de petit bourgeois rentier et décoré. Une troisième s'ouvre avec l'arrivée des fascistes au pouvoir. Comme l'écrit G. B. Furiozzi, Mussolini va alors « à la recherche d'une mythologie de sa préparation intellectuelle et retourne à Sorel pour en faire un de ses maîtres intellectuels. »[456] Démuni de tout bagage idéologique, intellectuellement agnostique, Mussolini tente de s'approprier des penseurs qui paraissent lui convenir. Il revendique Sorel, « découvre » la volonté de puissance de Nietzsche, l'*Unique* de Stirner, l'intuition bergsonienne, le pragmatisme, etc. Il a d'ailleurs moins besoin d'une théorie que d'instruments et de formules pour les batailles qu'il juge nécessaires.

Si Sorel a émis des doutes au sujet de son influence sur Mussolini, il s'est exprimé dans d'autres textes de manière très précise non sur Mussolini lui-même mais sur le cours des événements intérieurs italiens. Dans une lettre à B. Croce du 30 juillet 1920 il écrit: « Je suis avec un intérêt passionné les affaires italiennes... Il me semble que plus d'un incident rappelle, malheu-

[455] G. Megaro, *Mussolini dal mito alla realtà*, Milan, 1947, cité par Furiozzi, *op. cit.*, p. 179.
[456] Furiozzi (G. B.), *op. cit.*, p. 351.

reusement, les derniers jours de la République romaine. L'agitation décidée par les magnats de la finance nous reporte au temps de Crassus. La mauvaise foi des intellectuels n'a jamais été aussi grande en Italie; ceux-ci se vendent et la population qui les écoute n'arrive pas à comprendre que les écrivains, les avocats et les politiciens soient des agents de la finance. »[457] Dans une correspondance adressée le 23 décembre 1920 à Achille Malavasi, que l'on trouve dans les *Lettres à Mario Missiroli,*[458] Sorel montre indirectement le peu d'estime qu'il éprouve pour le fascisme assimilé aux braillards inter-ventionnistes de 1915. « La situation créée par les fantaisies de D'Annunzio[459] n'est pas sans être inquétante; je suppose qu'il est soutenu par tous les gens qui ont été partisans de la guerre en 1915. [...] Le *fascisme* doit être ce qu'il était [...] [ce qu'était d'Annunzio, Y. G.] en 1915. » Au début de 1921, au même correspondant, il fait part de son inquiétude au sujet des violences entre socialistes et fascistes dans ce qu'il appelle les « pays *rouges* », l'impuissance de l'Etat conduisant des organisations de combat à remplir « les charges qui lui étaient autrefois dévolues », de sorte que selon lui l'Italie se trouve de plus en plus dans une situation comparable à celle de l'Irlande. Sans vraiment prendre fait et cause pour les socialistes attaqués par les fascistes qui s'emploient à détruire les Bourses du Travail, Sorel estime que les premiers commettent une erreur en maintenant leurs divisions. Au passage, il traite Mussolini de « puissant énergumène ». Surtout, constatant le recul de l'idée révolutionnaire, il affirme que l'échec des Soviets renverrait l'Europe... à 1851. » « ...A cette époque la construction des chemins de fer provoqua une très grande prospérité, en enrichissant la population rurale; aujourd'hui nous sommes dans le marasme économique: et la crise durera de longues

---

457 « La Critica XXVIII, 1930, p. 191-192.

458 « *Da Proudhon...* », *op. cit.*, p. 721.

459 Il s'agit de la marche sur Fiume. Quelques mois auparavant dans une lettre à A.Lanzillo (5 juin 1920), il avait déjà assimilé fascistes et interventionnistes de 1915 qui ont « vendu l'Italie comme un maquignon à la foire. » (F. Germinario, « Il cartegio Sorel-Lanzillo, Un anticipazione », *Studi bresciani*, n° 5, 1989, p. 81 et s.).

années. La misère n'est pas d'ordinaire propre à favoriser le Socialisme. »[460]

Le 21 juin 1921, s'adressant à Missiroli, il se lamente de nouveau: « Les affaires d'Italie me semblent aller assez mal et il est fâcheux que votre voix autorisée ne puisse plus se faire entendre, pour exposer à vos concitoyens qu'ils marchent à l'abîme. Giolitti me semble n'avoir que le souci du jour et ne penser tout au plus qu'au lendemain. Le désordre des *fascistes* qui suppriment l'Etat pourrait bien ramener l'Italie aux temps du Moyen-Age; il ne semble pas que les *fascistes* soient mieux équilibrés que les *futuristes* qui ont certainement contribué à faire perdre la tête aux Italiens dans cette guerre. »[461] Et lorsque Giolitti quelques semaines plus tard démissionnera, Sorel se l'expliquera par le sentiment d'impuissance que l'homme d'Etat italien devait éprouver face à des forces aussi étrangères à la raison que celles qui en 1915 avaient, selon lui, entraîné l'Italie dans la guerre. Cette démission devait, aux dires de Sorel produire de terribles complications dans la politique italienne, et ses conséquences ne se feraient pas attendre.
Le seul écart - peu explicite d'ailleurs - de Sorel à l'égard de cet antifascisme clair se trouve dans la lettre à Missiroli du 21 juin 1921. Il y affirme son incompréhension devant la passivité des Italiens à l'égard de ceux qui les ont engagés dans une guerre aux résultats si misérables pour eux, et ajoute: « Il y aurait là une belle occasion pour les *fascistes* de devenir les représentants de la « Jeune Italie », mais ils ne semblent pas s'être doutés du rôle que les circonstances leur offrent. C'est à se demander si leurs chefs ne les trahiraient point. »[462] Cette idée mériterait d'être éclairée. Sans doute Sorel considérait-il que les fascistes auraient été en mesure de constituer un mouvement populaire anti-bourgeois, anti-démocratique, et que leurs chefs les entraînaient dans une toute autre direction. Quoiqu'il en soit on ne saurait tirer de cette formule isolée, de surcroît peu claire, une adhésion quelconque en faveur du fascisme.

---

460 « *Da Proudhon...* », *op. cit.*, p. 728.

461 *Ibid.*, p. 733.

462 *Id. ibid.*

Dans cette affaire, c'est la conversion de nombre de syndicalistes révolutionnaires italiens au fascisme qui a clairement desservi Sorel. Ainsi A. Lanzillo, quelques jours après la mort de celui-ci, écrira-t-il un article dans *Rivoluzione liberale* (22 décembre 1922) intitulé « L'ora de Sorel », dans lequel on pouvait lire: « Nous, génération qui avons connu la guerre et connaissons mieux les éléments de l'heure présente, nous pouvons avec sûreté évaluer l'importance de Sorel et sentir comme ses prévisions et conceptions correspondent à la réalité actuelle [...]. Du profond bouleversement issu de la guerre est né un monde nourri des principes que dans l'ensemble Sorel approuvait. A travers les secousses de la vie contemporaine, tandis que la superstructure socialiste s'effondre et qu'est déconfite l'idéologie démocratique, se dessine une vie sociale plus riche d'éléments dramatiques et prometteurs permettant une renaissance des valeurs de l'esprit: l'heure de Sorel. »[463] Il demeure que si à la fin de la guerre, le fascisme et une partie du syndicalisme ont convergé en Italie, le fascisme a plié le syndicalisme à ses propres conceptions politiques. Il est malaisé d'assimiler d'une part une idéologie nationaliste et une organisation politique dont l'un des principes les plus surs est la négation de la lutte des classes (l'Etat est désigné dans le programme fasciste de 1921, comme « l'incarnation juridique de la Nation ») et d'autre part les conceptions syndicalistes de Sorel qui fondent l'action révolutionnaire sur la « scission » entre la classe ouvrière et toute forme de culture et de politique bourgeoise et démocratique.[464]

En 1933, alors que le régime fasciste a consolidé son pouvoir, un grand historien opposé au fascisme, G. Salvemini écrivait: « Qu'est-ce qu'un homme de bon sens et de bonne foi peut trouver de commun entre le syndicalisme de Sorel et l'énorme machine

---

[463] G. B. Furiozzi, *op. cit.*, p. 361. Lanzillo n'est pas le seul à avoir emprunté cette voie. Olivetti affirmera que la lutte politique ne peut avoir de sens qu'à l'intérieur du fascisme et que le syndicalisme sera le sel du fascisme (*Ibid.*, p. 361).

[464] Voir sur ce point les observations parfaitement fondées de M. Charzat dans « Sorel et le fascisme. Eléments d'explication d'une légende tenace », *Cahiers Sorel*, I, 1983, p.47-48.

bureaucratique[465] avec laquelle le parti fasciste contre le travail en Italie? De Sorel, les fascistes ont retenu seulement la doctrine de l'action directe violente comme instrument d'action politique et l'autre conception qui cherche à exalter les foules par des mythes [...]. La doctrine des "mythes" et celle de la violence, dissociées de la doctrine syndicaliste, ont servi à Mussolini en Italie et à Hitler en Allemagne à mettre dans les mains du gouvernement et du parti dominant, les syndicats qui selon Sorel devaient être indépendants de tous les partis et combattre de manière intransigeante tous les gouvernements. De commun entre le syndicalisme de Sorel et l'ainsi désigné syndicalisme fasciste il n'y a qu'un mot: le mot d'origine française "syndicat". »[466]

*

Paradoxalement, l'influence de Sorel en Italie après la guerre s'est peut-être exercée plus subtilement et plus profondément sur Antonio Gramsci. A de nombreuses reprises dans l'*Ordine nuovo* et les *Cuaderni*, celui-ci s'est référé à l'œuvre de Sorel dans un esprit à la fois positif et critique. Dans un article du 2 janvier 1921, Gramsci affirme « qu'aucun socialiste italien n'a eu la précision et l'originalité de Sorel, ni en même temps sa faculté de pénétration et d'adaptation. »[467] Il déplore toutefois ce qu'il considère comme les faiblesses de Sorel: son manque de cohérence et le caractère parfois sibyllin de ses propos.[468] Deux choses sont à noter. Tout d'abord, Gramsci a clairement souligné l'impossibilité de voir en Sorel, un père intellectuel du fascisme. Dans des « Notes rapides sur la politique de Machiavel », il s'est efforcé de comprendre la raison pour laquelle Sorel a focalisé sa pensée sur le rôle primordial du syndicat professionnel. Ce sont sans doute moins les expli-

465 Et le culte du chef a-t-il quelque chose à voir avec la pensée de Sorel?

466 G. Salvemini, *Scritti sul fascismo*, II, Milan, 1966, p. 529.

467 A. Gramsci, *Socialismo e fascismo*, Milan, Einaudi, 1966, p. 13.

468 A. Gramsci, *Il materialismo...*, *op. cit.*, p. 106.

cations fournies qui emportent la conviction que la volonté de ne pas se débarrasser d'un trait de plume des conceptions révolutionnaires de Sorel. Gramsci estime que son rejet de tout plan préétabli dans la conduite de l'action révolutionnaire laisse inévitablement la volonté collective dans une phase primitive et élémentaire, « de sorte qu'il y a fort à douter qu'elle ne puisse détruire les rapports moraux et juridiques existants fût-ce par la violence »[469] et risque au contraire en raison du caractère spontané de l'action révolutionnaire de déboucher sur un éparpillement des volontés. Il ne peut véritablement y avoir destruction de la société bourgeoise sans un programme politique au moins implicite. Le nier suppose « que derrière la spontanéité, il y ait un pur mécanisme, derrière la liberté (libre arbitre-élan vital) un maximum de déterminisme, derrière l'idéalisme un matérialisme absolu (*...dietro la spontaneità un puro meccanicismo, dietro la libertà - arbitrio-slancio vitale - un massimo di determinismo, dietro l'idealismo un materialismo assoluto*).[470] D'une certaine manière c'est la critique de cette carence chez Sorel qui conduit Gramsci à songer à son prince-moderne: « Le *Prince*, le mythe-prince, ne peut pas être une personne réelle, un individu concret; il peut être seulement un organisme; un élément complexe de la société, où s'est déjà concrétisée une volonté collective reconnue et affermie dans l'action. Cet organisme émerge du développement historique, c'est le parti politique, première cellule où se rassemblent des germes de volonté collective qui tendent à devenir universels et globaux (*universali e totali*). »[471]

A première vue, faire du parti politique le support de l'action révolutionnaire semble éloigner totalement Gramsci de Sorel. Mais en réalité la conception de l'action révolutionnaire chez Sorel ne se réduit pas à un spontanéisme. Le syndicat en tant qu'organisation n'est nullement passif dans le processus révolutionnaire. Il est un instrument d'action révolutionnaire et le cadre de la société future. De son côté, le parti politique - Prince moderne - ne peut certaine-

---

469 A. Gramsci, *Note sul Machiavelli*, Einaudi, 1966, p. 5.

470 *Id. ibid.*

471 *Id. ibid.*

ment rien avoir de commun avec les partis bourgeois où social-démocrates (repaires de politiciens avides de bonnes places) pas plus qu'avec le parti stalinien et sa doctrine du centralisme démocratique (le prolétariat *conduit* par son parti, lui-même *dirigé* bientôt par son Comité central pour *finir* étouffé par son secrétaire général) dénoncé de longue date par Trotsky dans *Nos tâches politiques*. De surcroît, si la théorie gramscienne de l'hégémonie ne doit rien spécifiquement à Sorel, elle rejoint incontestablement nombre d'analyses soréliennes. La théorie de l'hégémonie implique que l'action révolutionnaire n'a de chances de trouver son sens que dans une société déjà pénétrée en profondeur par les idées révolutionnaires. Secouer l'arbre n'est utile que lorsque le fruit est déjà en voie de mûrissement.

Certes Gramsci n'est pas Sorel. Mais à poursuivre le jeu des influences on en trouverait davantage dans cette direction qu'en portant son regard vers le fascisme. Les victimes des captations d'héritage - en tout état de cause il est impossible de nier les tentatives des fascistes dans ce sens - ne peuvent en toute bonne foi en être considérés les complices.

***

XII

Sorel et la révolution bolchevique

Avant d'en venir à l'examen de l'attitude de Sorel à l'égard du bolchevisme, il n'est pas inutile de s'interroger sur sa connaissance du mouvement ouvrier en Russie. Dans sa riche introduction à la correspondance Sorel/Lanzillo, F. Germinario note que même si les *Réflexions sur la violence* et les *Insegnamenti sociali...* avaient connu une édition russe, entre 1907 et 1909, il est très probable qu'il ignorait les termes du débat idéologique en Russie. Sans doute avait-il connaissance de quelques œuvres de Plékhanov qu'il considérait comme un théoricien important, mais non un leader de la social-démocratie russe.[472] Probablement était-il aussi au courant de la polémique entre Plékhanov et A. Labriola qui avait fait beaucoup de bruit en Italie. Mais F. Germinario estime que l'on peut totalement exclure l'hypothèse d'une connaissance chez Sorel de la rupture entre bolcheviks et mencheviks ainsi que des controverses entre socialistes sur la question agraire en Russie.[473] Sans doute aussi Sorel ignorait-il les divers théoriciens russes, Martov, Dan, Bouhkarine, Trotski, de même que les événements de 1905, n'avaient pas eu d'écho en lui.[474] Le même auteur fait justement

---

[472] In « Cher camarade... », *op. cit.*, p. 61.

[473] *Id. ibid.*

[474] Cela est d'autant plus surprenant qu'E. Leone dans le « Divenire sociale » avait souligné que « le prolétariat russe avait voulu agir pour son propre compte se servant pacifiquement de son arme, la grève générale et contraint l'autocratie à capituler [...]. Le tsar avec la promulgation de la

observer que si Sorel avait connu Lénine il aurait dénoncé dans la *Décomposition du marxisme*, qui date de 1910, sa théorie de la bolchevisation du parti exprimée dans *Que faire?* et fait de lui un responsable particulièrement important de la dégénérescence jacobine du socialisme. Ce n'est qu'en septembre 1916 semble-t-il qu'il évoque Lénine pour la première fois, dans une lettre à Missiroli.[475] Les lacunes de son information relative à la situation idéologique de la Russie le conduiront même, après la Révolution, à des jugements parfois hâtifs. C'est ainsi qu'il écrit à Delessalle: « Berth est venu me voir. Il m'a prêté la brochure de Lénine: *La maladie infantile du Communisme*; cet écrit m'a paru assez obscur, parce que je ne connais pas assez la situation de la Russie pour bien comprendre la polémique de Lénine. On aurait pu se dispenser de traduire cela en français. »[476]

C'est en 1919 que Sorel se déclarera en faveur de la révolution bolchevique. Chacun connaît le *Plaidoyer pour Lénine*, ajouté à la quatrième édition des *Réflexions sur la violence* et maintenu dans les éditions ultérieures. Sorel écrira dans la presse italienne de nombreux articles sur le bolchevisme. Sa correspondance témoigne aussi de son vif intérêt pour la révolution russe. En février 1919, il écrit à Missiroli: « Si je pouvais penser que la censure italienne laisserait passer un article sur les bolcheviks, je m'occuperais de dire quelque chose à ce sujet. »[477] Au même correspondant il fait part quelques jours après de son désir d'être mis en contact avec Arturo Labriola qui doit être en mesure de fournir des informations en raison d'un voyage effectué à Moscou. De manière plus précise dans sa correspondance avec A. Lanzillo il affirme que, regardant les choses du point de vue du philosophe spéculatif, il n'a « aucun préjugé contre eux », et qu'ils représentent beaucoup mieux la Russie qu'un autre groupement. Toutefois, il se montre sceptique quant aux chances de succès des bolcheviques, la défaite de

---

constitution a sanctionné la force et l'utilité de la grève générale » (cité par F. Germinario in « Cher camarade... », *op. cit.*, p. 61).

[475] Cela amène F. Germinario à considérer qu'il devait connaître la position de Lénine sur la guerre (*Id. ibid.*).

[476] *Lettres à P. Delessalle*, *op. cit.*, p. 207.

[477] In « *Da Proudhon...* », *op. cit.*, p. 630.

l'Allemagne laissant pour les abattre les mains libres à Wilson, qui précisément les prend pour les forces du mal. Sorel ajoute: « Je sais aussi que des mouvements historiques de première importance peuvent débuter par l'écrasement de leurs premiers protagonistes. Les jours de juin 1848 et de mai 1871 n'ont pas été inutiles pour l'avenir du prolétariat. La chute des bolcheviks se fera au milieu de mares de sang qui raviveront l'idée de lutte de classe, idée qui est toujours menacée de s'éteindre. »[478]

Un de ses articles[479] le conduit à prendre le contrepied du *Journal de Genève* (estimé au passage le journal le plus bourgeois d'Europe) qui s'indignait de certaines méthodes des bolcheviques, évidemment peu compatibles avec la démocratie et proches de celles du tsarisme.[480] C'est peine perdue - selon Sorel - de désirer que la conséquence de la guerre soit le triomphe de la démocratie dans toute l'Europe, alors que la Russie ne se trouve pas dans des conditions favorables à l'établissement d'un régime démocratique. La démocratie n'a pas de racines en Russie et le bolchevisme sera une « création éminemment russe ». On peut même risquer l'hypothèse qu'il représente la protestation de la Russie authentique contre les théories sociales de l'Europe occidentale. C'est pourquoi les Européens auraient tort d'y voir un accès de folie d'autant moins durable qu'il est plus violent. Quant à la paix séparée avec l'Allemagne, elle était indispensable à leur maintien au pouvoir. On ne doit pas s'en indigner davantage que de la décision des Etats-

---

[478] « *Cher camarade...* », *op. cit.*, p. 252.

[479] « Zarismo et bolscevismo », in « *Da Proudhon...* », *op. cit.*, p. 73.

[480] L'auteur de l'article écrivait notamment: « Le bolchevisme est une conquête de Tamerlan, appuyé sur la pensée de Marx; c'est une migration barbare précédée d'un évangile fallacieux, mais séducteur. » En juin 1920, le philosophe anglais B. Russell s'était rendu en Russie avec une délégation travailliste et en avait rapporté un ouvrage (*The practice and theory of bolchevism*). Dans le commentaire qu'il en fait, Sorel récuse l'idée (jugée par lui caractéristique des anglo-saxons cultivés) selon laquelle la civilisation européenne doit être protégée contre la violence et ajoute que Russell avait dû être particulièrement étonné lorsque Lénine lui avait déclaré qu'il souhaitait l'arrivée des travaillistes au pouvoir, ce qui permettrait de démontrer la vanité de la démocratie.

Unis de conclure une paix séparée avec l'Angleterre, après la guerre d'Indépendance, alors que Franklin avait promis de ne pas signer sans la France. Sorel compare Lénine à Nicolas 1er, totalement russe,[481] qui avait réagi contre les emprunts excessifs faits par la Russie aux mœurs occidentales. De sorte que « pour apprécier avec équité les actes reprochés aux bolcheviks, il ne convient pas de comparer leur police et leur tribunal aux instances européennes qui portent les mêmes noms, mais il importe de se demander ce qu'auraient fait Pierre le Grand et Nicolas 1er s'ils s'étaient trouvés dans les mêmes conditions que Lénine. Celui-ci n'est pas candidat à un prix de vertu de l'Académie française. Il convient de juger Lénine du point de vue de l'histoire russe [....] à l'aune d'un grand tsar et non à celle d'un président des Etats-Unis. »[482]

En même temps, Sorel s'inquiète de la permanence des visées impérialistes de la Russie. C'est la diplomatie tsariste qui en 1915 a conduit la France et l'Angleterre à ne pas inclure Fiume dans les promesses territoriales faites à l'Italie, pour réserver cette ville aux Serbes. Désormais, les bolcheviks ne manquent pas une seule occasion de dénoncer les puissances étrangères qui rêvent de dépecer la Russie, tant et si bien qu'agissant ainsi ils maintiennent la passion impérialiste et se montrent les représentants authentiques de la patrie russe. Demeurant méfiant (comme Marx avant lui) à l'égard de cet impérialisme qui ne peut qu'encourager la rapacité des Slaves du sud et nuire aux revendications territoriales de l'Italie, Sorel souligne en même temps, ce qui traduit les hésitations de sa pensée, que le maintien des axes de la politique étrangère russe pourrait permettre aux bolcheviks de se maintenir plus longtemps que ne le croient les milieux militaires de l'Entente, ou tout au

---

481 Dans le *Pour Lénine*, Sorel citera Custine à propos de Nicolas 1er qui confiait en 1839 à l'écrivain français: « J'aime mon pays et je crois l'avoir compris; je vous assure que lorsque je suis las de toutes les misères du temps, je cherche à oublier le reste de l'Europe, en me retirant à l'intérieur de la Russie. Personne n'est plus russe que je le suis. » (in *Réflexions sur la violence*, Paris, Rivière, 1950, p. 448).

482 Dans un autre article intitulé « Futuri oppressori », Sorel signale que la bolchevisation de la Russie redonnera à Moscou sa place de capitale que Pierre le Grand lui avait fait perdre pour mieux occidentaliser la Russie...

moins de maintenir leur doctrine vivante dans les masses, s'ils devaient succomber. Quoi qu'il en soit, dans la ligne de la politique tsariste un impérialisme bolchevik russe lui apparaît plausible. « Quant la Russie - écrit-il - se sera sortie de ses actuelles convul-sions, son impérialisme menacera de nouveau l'Europe. Il ne faut pas oublier que la paix de Tilsitt fut signée le 7 juillet 1807 et que le 30 mars 1814 Paris était occupé par les coalisés [....]. Que ferait la Russie dans le cas d'une victoire analogue à celle de 1814? On peut supposer qu'elle introduirait dans notre société bourgeoise des institutions proches, bien que non identiques, à celles mises en place chez eux par les bolcheviks. »

En juin 1919, tout en exprimant de nouveau des doutes sur la durée du pouvoir soviétique et en signalant qu'en cas d'échec se formerait une « légende soviétique » qui nourrirait de mythes révolutionnaires l'esprit du prolétariat, encore plus que la Commune, Sorel reconnaît à Lénine le mérite d'être l'un des plus grands théoriciens du socialisme et voit dans *Les tâches immédiates des pouvoirs des soviets* un texte plus important que *La guerre civile en France*. Il l'approuve notamment d'imposer aux Russes les règles indispensables à la production industrielle moderne. Lénine a raison de croire que le socialisme ne se réalisera pas par un coup de baguette magique, mais au contraire en inculquant et en mettant en œuvre des principes simples que les « socialistes » qui n'ont jamais réfléchi sur l'économie et ont toujours tourné en dérision: ne pas être paresseux, ne pas voler, observer la discipline la plus stricte dans le travail. « Sans doute l'économie des soviets aurait déconcerté Jaurès, lequel au Congrès de Tours de 1920 s'étonnait que tandis que la société politique était gouvernée par le suffrage universel, les prolétaires étaient privés de tout pouvoir électoral dans les entreprises. Il n'y a rien d'étrange que tant de socialistes occidentaux vocifèrent que le bolchevisme n'a rien à faire avec leur socialisme. »[483] Et dans une lettre à Berth, il met celui-ci en garde contre ceux qui prétendraient s'engager dans une lutte intellectuelle contre les bolcheviks. Henri Massis avait pris l'initiative d'une déclaration intitulée « Pour un parti de

[483] « Chiarimenti su Lenin », *op. cit.*, p. 126.

l'intelligence » répondant à la « Déclaration d'indépendance de l'esprit » signé par Romain Rolland et Henri Barbusse. Le texte de Massis affirmait la volonté de lutter contre le bolchevisme qui cherche à détruire les valeurs occidentales (nation, famille, etc....). Il avait été signé Halévy, Maurras, Johannet, Valois. S'adressant à Berth à ce sujet, Sorel écrit: « J'espère que vous ne vous laisserez pas entraîner dans cette galère. Si Johannet et Valois n'avaient pas signé cette mauvaise prose, j'aurais écrit dans le *Carlino* un article contre la prétention des décemvirs. L'orgueil des compères de Massis est effarant. Ils demandent de la clarté et leur manifeste est un embrouillamini indéchiffrable. Quelles sont donc les disciplines françaises qu'on prétend nous imposer? Il aurait fallu donner des noms de maîtres: or je suppose que ces messieurs ne veulent pas se référer à Rabelais, à d'Aubigné, à Voltaire, à Flaubert.[...] Ce manifeste est un document singulièrement caractéristique de la niaiserie de la bourgeoisie française. »[484]

Pour Lénine, écrit en septembre 1919, synthétisant le contenu des articles consacrés dans les journaux italiens à la Révolution russe dans le courant de la même année, résume pour le lecteur français le jugement de Sorel sur le bolchevisme. Ce texte constitue le commentaire d'un article publié dans le *Journal de Genève* par un universitaire, Paul Seippel, très hostile au bolchevisme. L'auteur évoquait au passage le fait que Lénine et Trotsky avaient dû méditer les *Réflexions*... De même qu'il le fera devant Variot, Sorel exprimera ses doutes sur ce point (sincèrement ou peut-être pour éviter d'éventuelles tracasseries policières) tout en ajoutant que « si cela était [il ne serait] pas médiocrement fier d'avoir contribué à la formation intellectuelle d'un homme qui [lui] semble être à la fois le plus grand théoricien que le socialisme ait eu depuis Marx et un chef d'Etat dont le génie rappelle celui de Pierre

---

[484] Lettre à Berth, 6 juillet 1919, *Cahiers Sorel*, n°6, p. 129.

le Grand. »[485] Contrairement à l'idée selon laquelle le socialisme devait s'instaurer dans les pays les plus développés, Lénine a voulu forcer l'Histoire et à l'encontre des « idéologues qui croient que leur génie les met au-dessus des indications de la réalité », libre de préjugés, il a tenu compte de celle-ci pour donner à l'économie russe une organisation moderne. Etranger à la tradition démocratique, se dressant contre les ploutocraties bourgeoises dont le seul objectif est de maintenir les peuples sous le joug, Lénine apparaît à Sorel comme une incarnation du mythe révolutionnaire qui doit animer le prolétariat. C'est moins pour les réalisations bolcheviques elles-mêmes qu'en raison de l'objectif poursuivi que Lénine lui semble admirable. La révolution bolchevique durera-t-elle en Russie? Peut-être, mais Sorel n'y croit guère. C'est pourquoi de nouveau il regarde du côté de l'Italie qui en 1919 est en plein bouillonnement et place ses espoirs en elle. « Je crois que la bourgeoisie italienne a raison d'avoir peur des bolcheviks; l'Italie est peut-être le pays où une révolution analogue à la révolution russe serait possible. »[486] Il ira même jusqu'à trouver des mérites à quelques hommes politiques italiens: Giolitti, voire Nitti (pour leur politique à l'égard des Russes). Dans l'article intitulé « Giolitti », Sorel manifeste son inquiétude relative à une nouvelle guerre européenne et approuve l'homme d'Etat italien d'avoir affirmé dans un discours prononcé à Dronero, dans le cadre de la campagne électorale législative, qu'une nouvelle guerre souhaitée par les cyniques marchands de canons déjà responsables des massacres de la première guerre mondiale interdirait tout progrès matériel pour un demi-siècle en Europe et insisté sur l'appui que la classe ouvrière devrait donner aux efforts entrepris pour maintenir la paix. L'intérêt de la prise de position de Giolitti, selon Sorel, tient au fait qu'un politicien bourgeois ne masque pas la réalité, alors que constamment les prolétaires ont été trahis par leurs propres chefs et ont laissé s'accomplir le massacre. les velléités antimilitaristes des masses sont demeurées inefficaces, il convient d'en attribuer la

---

485 *Pour Lénine* a été publié en annexe dans la quatrième édition des *Réflexions sur la violence*, Paris, Rivière 1950, p. 442.

486 Lettre du 27 novembre 1918, in « Cher camarade... », *op. cit.*, p. 251.

faute au socialisme parlementaire. »[487] Pourtant en 1921, Sorel déplorera la scission entre communistes et socialistes italiens à Livourne. Considérant le socialisme en pleine décomposition, alors que, tout comme en 1848, une phase de réaction s'amplifie, il lui semble que Lénine commet une erreur en favorisant la radicalisation des antagonismes au sein des courants socialistes. Deux lettres à Lanzillo témoignent de ces réserves. « Dans toute l'Europe - écrit Sorel dans la première - le socialisme est en pleine pourriture; j'ai peur que Lénine ne contribue à ces décompositions par ses thèses souvent trop russes. Très certainement la scission de Livourne a été une mauvaise chose et elle jettera beaucoup de confusion dans les esprits des ouvriers. Lénine ne semble pas se douter que nous vivons dans une ère de réaction analogue à celle qui suivit la tourmente de 48. »[488] Et encore: « Je ne puis pas comprendre les raisons qui ont pu amener la scission des communistes à Livourne. Si Lénine l'a imposée c'est qu'il ne comprend pas trop l'Italie et cela n'est pas étonnant de la part d'un Russe. »[489]

*

A la révolution en Allemagne, Sorel ne consacrera que de brefs commentaires, marqués par son absence de véritable information. Elle présente selon lui un immense intérêt parce que pour la première fois le pouvoir appartient dans un grand pays à des ouvriers qui jusqu'ici se conduisent plus intelligemment que les bourgeois en 48.[490] Par contagion elle peut même devenir plus importante que la révolution bolchevique. C'est la raison pour laquelle ses adversaires cherchent à faire échouer Ebert - que Sorel prend étrangement pour un révolutionnaire! - en refusant toute atténuation des conditions d'armistice, et en poussant en avant Liebknecht et autres agents provocateurs, que l'Angleterre fait

---

487 « Giolitti », in « Da Proudhon... », p. 199.

488 Lettre du 13 février 1921, in « *Cher camarade...* », *op. cit.*, p. 274.

489 Lettre du 6 mars 1921, *ibid.*, p. 275.

490 Lettre à Croce, 21 Février 1919, *La Critique sociale*, p. 65.

marcher comme des pantins (*sic)*. Si ces traîtres - ajoute Sorel - réussissaient à exercer une influence sérieuse, la révolution ne ferait que des sottises![491] Son extension en Europe apparaît cependant peu plausible. Les juifs mêlés aux mouvements révolutionnaires sont prêts à la trahir en faveur de l'Entente. Surtout, corrompu par les hauts salaires (essentiellement ceux versés aux ouvriers des usines d'armement), le peuple devenu indifférent à tout, est pour comble de malheur trahi par ses chefs, révolutionnaires sur le papier, habités en réalité par une peur bleue des bolcheviques. En France ces pseudo-révolutionnaires, aux ordres du gouvernement,[492] sont prêts à trahir la cause de la IIIe Internationale, tandis qu'en Allemagne les Indépendants sont eux mêmes vendus à l'Entente.[493]

Les raisons de l'échec de la Révolution en Allemagne, sous la plume de Sorel, apparaissent fantasmagoriques, car tout se résume pour lui à des trahisons et à des affaires de complot. Son regret de voir les spartakistes se lancer tête baissée dans l'action révolutionnaire n'en est pas moins lucide. Ils sont en effet tombés dans un véritable piège visant à lever l'hypothèque de la présence d'une gauche révolutionnaire puissante. La disparition de Liebknecht et de Rosa Luxembourg ne pouvait que priver le prolétariat allemand de deux grands leaders révolutionnaires indispensables.

***

[491] Lettre du 27 nov. 1918, in « Cher camarade... », *op. cit.* , p. 251.

[492] « Ici - écrit-il à Lanzillo le 28 nov. 1918 - je ne crois pas qu'un danger de ce genre existe; la population ouvrière est abrutie par la guerre et elle est entre les mains de chefss vendus au gouvernement. »

[493] Lettre à Croce, 13 août 1920, *La Critique sociale*.

Actualité de Sorel ?

On peut à l'heure actuelle accorder de l'intérêt à l'œuvre de Sorel selon deux perspectives.

La première concerne sa théorie du *mythe*. Affirmer l'impossibilité d'une philosophie de l'Histoire à la fois globalisante et scientifique constitue une approche philosophique des problèmes sociaux pleine d'intérêt. La révolution, coïncidant avec la remise en cause des mécanismes du profit liés au capitalisme n'a pas été porteuse d'une disparition de l'exploitation des non-propriétaires des moyens de production. L'existence d'un bloc non-capitaliste n'a nullement fait disparaître les réflexes impérialistes et nationalistes des pays y appartenant. Il a en outre suffi que le socialisme *réel* s'effondre pour que réapparaisse sous des formes nouvelles des pratiques anciennes antérieures à la construction du socialisme. Dans les pays capitalistes eux-mêmes, l'arrivée au pouvoir des anciens communistes et leur foi nouvelle dans la croissance économique à partir de la propriété privée des moyens de production, pour résoudre des problèmes qui ne devaient l'être que longtemps après la révolution, montre bien que si l'Histoire à un sens, elle emprunte des voies détournées. Sorel ne croyait pas à la lisibilité de l'Histoire. Trop de paramètres entrent en jeu et qui plus est des paramètres dont l'influence ne doit que peu à la rationalité. C'est la raison pour laquelle, beaucoup plus que Marx lui-même, Ce sont ses épigones, annonciateurs de lendemains qui chantent, doreurs de pilules pour l'avenir, aveugles à l'égard du présent, enragés exaltés d'idylles entre l'homme et le progrès technologique, le temps réapproprié, etc., que Sorel a combattus avec passion. La leçon demeure profitable.

La seconde perspective, liée d'ailleurs à la première, concerne les rapports entre le prolétariat et les chefs révolutionnaires dans les sociétés bourgeoises. Sorel a remarquablement observé le lien entre le révolutionnarisme verbal, le réformisme le plus plat, et la perversion radicale aboutissant à faire de petits bourgeois habiles, frottés de quelques études, des représentants de la classe ouvrière au sein des assemblées parlementaires. Sorel a compris que la classe ouvrière ne pouvait mettre un terme à son exploitation et briser la domination de la bourgeoisie qu'en opposant à celle-ci une « culture » (imprégnée de revendications juridiques), qui ne pouvait être qu'une culture *ouvrière* et non l'expression des petites ambitions et des petits intérêts calqués sur ceux de la bourgeoisie. La lutte ouvrière n'a de sens que collective. Elle exige une classe ouvrière consciente d'elle même, de ses intérêts de classe et non pas une cohue, tétanisée par l'audace des funambules de la « belle parole », affolée par des perspectives alléchantes mais la plupart du temps trompeuses, non pas d'une amélioration nécessaire de la vie que Sorel jugeait parfaitement légitime, mais d'une consommation dictée par les exigences d'une production sans autre finalité que celle du profit. A cet égard cette leçon est, là aussi, toujours profitable, pourvu que l'on veuille bien y prêter attention.

*****

<u>Annexe</u>

Georges Sorel

Ultimes méditations

Les personnes qui exposent leur pensée à leurs contemporains et qui ont le devoir de dire des choses originales pour élargir les idées des hommes de bonne volonté, sont demeurées silencieuses durant la guerre dont nous sortons. La censure des gouvernements ne constituait pas l'obstacle le plus important à l'activité intellectuelle. Il n'aurait pas été impossible de trouver les détours permettant d'échapper à la vigilance des censeurs, lesquels manquaient de perspicacité. Après le coup d'Etat de 1851, alors que la presse fut soumise à une discipline lourde de soupçon, les libéraux français réussirent assez souvent à exprimer leurs principes politiques en écrivant des recensions d'ouvrages. Sous le Second Empire, l'attention du public était assez éveillée pour découvrir les sous-entendus dans les articles des journalistes surveillés; lecteurs et auteurs étaient unis par la plus vive sympathie dans leur hostilité aux vainqueurs bonapartistes; mais de 1914 à 1918, quel homme, fût-il de génie, aurait eu le pouvoir de secouer (*scuotere*) la conscience des citoyens résignés à demeurer la victime aveugle de leurs dirigeants? Les nouvelles méthodes de combat adoptées par les belligérants ont créé un abrutissement général assez analogue à celui dont la France avait déjà souffert après la Terreur. Plus d'un siècle fut nécessaire pour que nos pères se libèrent des maux produits par une tyrannie qui n'avait pas duré deux ans; et l'on peut ajouter que les hécatombes reprochées aux amis de Robespierre furent bien peu de choses au regard des massacres auxquels nous avons assisté. Il semble en outre extrêmement probable que la régénération intellectuelle et morale du pays, après la Terreur aurait demandé beaucoup plus de temps si elle n'avait pas été favorisée par l'influence du romantisme. Il est donc compréhensible que les philosophes qui se préoccupent de l'avenir de leur pays ne le regardent pas sans épouvante, pensant à la difficulté, aujourd'hui supérieure, pour une restauration des consciences. D'où viendra une aide secondant les énergies nationales?

La situation des écrivains socialistes sérieux était depuis longtemps embarrassante, parce que la matière sur laquelle ils devaient travailler ne cessait pas, d'une manière ou d'une autre, de s'en aller en fumée. Les masses ouvrières guidées par des hommes politiques manquant de vraie sympathie pour les travailleurs manuels; par des journalistes formés à l'école de la démagogie; des pédants orgueilleux et présomptueux, en étaient arrivées, déjà avant la guerre, au point d'être incapables de se former une idée concrète de ce que pourrait être l'ordre socialiste désiré par elles. Le marxisme avait mis en circulation quantité de formules obscures, dont peu de gens cherchaient à évaluer la valeur pragmatique - de même que peu de catholiques examinent de ce point de vue, les textes du catéchisme. Le socialisme semblait condamné à se transformer en peu d'années, en quelque chose de semblable à ces religions dans lesquelles toute la dévotion consiste à marmonner des prières, à interdire toute spéculation philosophique capable de faire naître des doutes sur les dogmes consacrés, et à admirer les actes des dévots fanatiques qui défient souvent le sens commun. La guerre a démontré la vanité des doctrines que les travailleurs s'étaient habitués à considérer destinées à dominer le monde. La facilité avec laquelle les divers gouvernements exigèrent la mobilisation démontre que les chefs des Etats européens étaient libres de disposer de la vie de millions de citoyens sans être dérangés par les préoccupations des dirigeants de l'Internationale. L'importance de ceux-ci fut aussi grande que celle des magistrats parisiens durant la Fronde. Dans un furieux réquisitoire contre Millerand, coupable d'être entré dans le cabinet Waldeck-

Rousseau, comme ministre du commerce, Jules Guesde, le 27 septembre 1900 déclarait devant le Congrès International: « Imaginez ce socialiste, entré dans un gouvernement bourgeois et qui a non seulement la responsabilité de la politique bourgeoise à l'intérieur; mais aussi de la politique capitaliste à l'extérieur; obligé de présenter les demandes de crédits militaires, maritimes, coloniaux; obligé de défendre cela devant le pays où une telle connivence ne s'est jamais produite, quand lorsque la bourgeoisie impériale allemande, la bourgeoisie royale italienne, la monarchie constitutionnelle anglaise demandent les mêmes crédits, les socialistes répondent: « Vous n'aurez pas un gramme de poudre, pas un projectile, pas un soldat. » Avec un Millerand prussien, un Millerand français, un Millerand anglais, l'Internationale ouvrière n'est plus possible. » En 1914, Guesde devint ministre avec comme collègue Millerand ministre de la guerre. Indubitablement, il ne s'est pas souvenu du discours prononcé quelques années plus tôt. En admettant que les terribles circonstances dans lesquelles le pays s'est trouvé, aient réclamé de Jules Guesde le sacrifice de ses convictions socialistes à la défense nationale, il est non moins vrai que sa participation au gouvernement a contribué à signer l'acte de décès de l'Internationale.

La première Internationale dont Marx avait rédigé l'Adresse (*il discorso inaugurale*) n'était pas autre chose qu'une académie destinée à permettre aux socialistes de divers pays d'échanger leurs idées. Après la Commune les conservateurs français créèrent autour d'elle une légende digne de figurer dans les fables où l'on raconte les aventures effrayantes des ogres. Les députés qui votèrent une loi en faveur de la proscription de l'Internationale, étaient aussi ingénus que les bourgeois voltairiens qui tremblaient en lisant les méfaits atribués aux jésuites par E. Sue dans son *Juif Errant*.

La seconde Internationale, qui se constitua en 1889 au Congrès de Paris, fut un regroupement de politiciens. Ceux-ci se consolaient d'avoir en temps normal peu d'influence sur les affaires de leur pays, pensant que l'avenir de l'Europe dépendaient des ordres du jour votés lors de leurs conciliabules. Une grande catastrophe devait suffire pour que les socialistes dirigent le monde! Un groupe d'hommes politiques ne peut que recueillir les gifles du public lorsque s'emparant du gouvernement il ne réusssit pas à affirmer son pouvoir; la seconde Internationale s'étant montré impuissante le jour de l'épreuve, en 1914, ne peut que mériter le mépris des hommes sérieux. L'ère des Guesde, des Jaurès, des Vaillant, est définitivement close. Il est juste à un certain moment de se demander si les politiciens, après s'être appliqués à affaiblir la doctrine socialiste, n'étaient pas destinés à s'écrouler sous le poids du ridicule, les rendant ainsi solidaires de leur Internationale. Les derniers dévots de l'école de Marx ne pouvaient même pas avoir la ressource de s'imaginer que le socialisme descendait dans la nécropole des dieux disparus. Ils auraient pu expliquer pour l'instruction de leurs successeurs, combien étaient grands les méfaits des intellectuels.

Le socialisme a échappé au désastre qui le menaçait, parce qu'à la fin de 1917, en Russie sont arrivés des faits extraordinaires et on peut bien dire que depuis que les Soviets ont commencé à fonctionner, on a entrevu en Europe les premières lueurs d'une nouvelle lumière. Le temps est venu de la IIIe Internationale. L'idée qu'il est nécessaire d'abandonner les formules, si souvent employées à fanatiser les auditoires populaires, et de raisonner sur des faits nouveaux qui apparaissent dans le prolétariat est pour les intellectuels socialistes aussi odieux que pour les catholiques l'exégèse protestante de la Bible au XVIe siècle; en outre Lénine a un esprit trop génial pour plaire aux admirateurs de Vandervelde. Les ouvriers n'ont pas les mêmes raisons que les professionnels de la littérature socialiste d'être hostiles aux bolcheviques. Plus soucieux de la réalité de la vie économique que des abstractions chères à ceux qui croient être les philosophes du mouvement prolétarien, ils comprennent bien que la République des Soviets défend les intérêts essentiels de leur classe contre les grandes démocraties ploutocratiques. Pour cette raison les bulletins de l'Armée rouge passionnent les travailleurs de tous les pays dans la même mesure que les bulletins de Napoléon passionnaient les Français au début du XIXe siècle.

On commettrait une grave erreur si l'on cherchait à construire la IIIe Internationale sur le modèle de la Seconde. Il est nécessaire de considérer les statuts, les ordres du jour votés par les Congrès, les actes des comités permanents comme autant d'obstacles que les politiciens ont élevé de manière artificielle pour empêcher le mouvement historique naturel du prolétariat (*il movimento storico naturale del proletariato*). La guerre nous a débarrassés de cette parodie des institutions catholiques. Les vrais socialistes n'ont pas besoin des symboles de la foi pour se reconnaître: tous les travailleurs qui manifestent de la sympathie pour le bolchevisme se retrouvent dans un corps unique; peu importe que des pédants les qualifient d'anarchistes! Au temps de la Seconde Internationale, les congrès socialistes nommaient des commissions afin de rédiger des motions capables de concilier les opinions émises par les divers chefs de partis; leur travail n'avait d'autre objectif que de réduire les différentes thèses à des abstractions étrangères à la réalité, d'autant plus faciles à admettre qu'elles étaient plus obscures. Aujourd'hui, au contraire, il conviendrait de donner aux conceptions individuelles tout le développement qu'elles méritent, même lorsqu'elles risqueraient d'entraîner des conséquences hétérogènes.

Les événements russes ont donné à l'idée de révolution une valeur concrète, qu'elle ne possédait plus depuis longtemps dans la littérature socialiste. Toutes les notions contenues dans les doctrines socialistes devront désormais être corrigées, pour mettre en évidence les relations qu'elles possèdent avec le bolchevisme. Le grand objectif que doivent se fixer les socialistes sérieux est de préparer une nouvelle philosophie vraiment révolutionnaire. Un tel résultat ne pourra être atteint qu'avec le temps et le concours de nombreux chercheurs et à la suite de nombreuses tentatives. La grande question est pour le moment de se mettre au travail dans le sens que j'ai déjà indiqué.

Il y a peu de temps je me suis demandé quelle force extérieure serait capable de venir en aide aux énergies nationales, comme le romantisme l'avait fait avec la Révolution. Il me semble probable que les idées que créera le bolchevisme pourront avoir cet objectif. Pour cette raison tous ceux qui se préoccupent de l'avenir de la France devraient s'intéresser à la révolution russe. Ce ne seront pas les médiocres fanatiques de Maurice Barrès qui sauront donner au pays la force neuve dont il a tant besoin pour se régénérer.

II

Je crois que si l'on commençait par établir quels sont les caractères essentiels des deux formes schématiques correspondant à la réalité dans l'histoire sociale moderne, les recherches concernant les mouvements actuels de la classe ouvrière pourraient être beaucoup plus satisfaisantes. Ces mouvements se manifestent selon deux voies: ou les groupes, qui se trouvent au bas de l'échelle du monde économique, politique, moral, cherchent à s'élever pour concurrencer l'oligarchie devenue influente de longue date; ou les pauvres désirent se révolter violemment contre un régime dont le fonctionnement normal leur donne la conviction qu'il les précipite dans un abîme de misère, devant lequel ils sont pris de terreur. Les mouvements qui ont surtout occupé les écrivains du XIXe siècle sont de la première espèce. Alors que la littérature romantique eut découvert que le Moyen-Age peut être comparé à la Grèce archaïque du point de vue épique, on étudie avec passion la vie des populations, que les philosophes du XVIIIe siècle avaient jugé indignes d'occuper leur attention. On croyait ainsi découvrir, dans la lutte soutenue par les classes opprimées contre les seigneurs médiévaux, les premières lueurs de la civilisation de l'époque libérale: l'esclavage ayant disparu avant l'avènement de l'ère moderne, sous la pression des forces existantes au Moyen-Age, on se plaisait à croire que peut-être la notion de progrès pouvait s'appliquer aussi à cette période historique et beaucoup d'hypothèses furent émises sur les conditions du travail en ce temps.

Ces questions n'offraient pas seulement un grand intérêt pour le savant, pour l'économiste et le moraliste; elles présentaient aussi un singulier caractère d'actualité, parce que les souffrances des ouvriers de la grande industrie semblaient analogues à celles des serfs; de nombreuses âmes généreuses se demandaient si la civilisation des pays les plus riches était condamnée à supporter une régression des classes pauvres. Alors que la liberté bourgeoise était toujours davantage garantie par les constitutions, comment admettre l'absence de liberté du prolétariat? Ceux qui se préoccuperont de l'émancipation des travailleurs modernes demanderont aux historiens de les éclairer, et de leur fournir les moyens de comprendre le mécanisme de l'émancipation des serfs.

La révolte des travailleurs des temps passés avait obtenu des résultats si peu durables que l'on aurait eu au contraire le droit d'invoquer l'espérance du Moyen-Age pour repousser l'hypothèse d'une émancipation révolutionnaire future de notre prolétariat industriel; l'histoire de ces événements fut longtemps très obscure et le prestige de la Révolution française, a favorisé chez les écrivains des interprétations abusives des anciennes luttes syndicales, ainsi que des fantaisies relatives à l'avenir des classes pauvres. Les philosophes libéraux étaient persuadés que la chute de l'Ancien Régime ouvrait une ère nouvelle dans laquelle le droit régnerait souverainement. Beaucoup d'écrivains à l'âme ardente pensèrent que les ouvriers, un jour ou l'autre, seraient amenés à imiter les bourgeois qui supprimèrent de 1789 à 1799 les privilèges de la noblesse et du clergé. Cette façon de voir se trouve dans le *Manifeste des communistes* écrit par Marx en 1847 pour les exilés allemands, qui ne connaissaient notre révolution que sous la forme de légendes.

Contre la doctrine adoptée par Marx on peut invoquer, en premier lieu, une forte présomption (*prezunzione*) fournie par la littérature utopiste. Ces hommes qui, au début du XIXe siècle, protesteront avec une extrême énergie contre les abus du capitalisme, avaient connu les gouvernements jacobins; ils pouvaient donc se faire une idée plus exacte d'une révolution sociale que celle qui satisfaisait l'imagination des communistes allemands de 1847. Pourquoi s'épuiseront-ils pour composer (*comporre*) des schémas d'un futur ordre social au lieu de se fier aux instincts révolutionnaires du peuple? Parce qu'ils avaient vu de trop près les jacobins pour avoir la plus petite confiance dans les aventuriers de la politique, placés au premières charges de l'Etat par les incidents d'une secousse, l'enthousiasme irréfléchi des assemblées populaires ou les hasards électoraux. Les utopistes cherchaient à convaincre leurs contemporains que leurs projets de reconstruction économique étaient une conséquence de la psychologie scientifique et du besoin de donner satisfaction aux sentiments les plus tendres qui existent dans chaque société civile; de telle manière qu'ils s'approchaient beaucoup des doctrinaires du libéralisme, qui tentaient d'imposer leurs doctrines constitutionnelles aux réactionnaires au moyen d'un mouvement d'opinion. Les uns et les autres étaient persuadés que dans un siècle, où les lumières de la science brillaient comme jamais, la raison était destinée à triompher des préjugés, de la mauvaise volonté des intérêts matériels opposés.

Dans le dernier chapitre du *Manifeste*, Marx déplore qu'en Angleterre owenistes et chartistes s'opposent, de même qu'en France fouriéristes et partisans de la réforme électorale. Il attribue cela au fait que les premiers seraient trop restés fidèles aux idées de leurs maîtres; alors que le développement historique du prolétariat aurait dépassé les prévisions des premiers utopistes. Ceux-ci n'auraient eu qu'une connaissance absolument insuffisante de la lutte de classes, qu'ils considéraient comme un accident déplaisant, qui disparaitrait facilement au moyen des réformes sociales.

Les fondateurs des vieilles sectes socialistes avaient horreur des excès, auxquels conduisaient les antagonismes de classe; ils croyaient avoir observé que les jacobins, dans leurs discours relatifs aux antagonismes économiques, entretenaient dans le peuple les pires illusions. Bien loin de négliger les antagoniosmes actuels, ils sont plutôt disposés à en exagérer les inconvénients psychologiques. Les utopistes voulaient éviter au peuple la dictature des charlatans jacobins, analogue à celle qu'ils avaient connu. Ils se trompaient en pensant que l'intelligence a la force d'imposer à l'histoire la suppression d'un mal, et leur erreur ne pouvait être corrigée par des disciples trop esclaves de l'intellectualisme, de l'optimisme et de l'humanitarisme, dont a été prénétrée la première moitié du XIXe siècle.

Peu de temps après la publication du *Manifeste communiste*, une nouvelle expérience conduira à renforcer l'autorité de la littérature des utopistes contre l'hypothèse d'une émancipation révolutionnaire du prolétarait. La tradition robespierriste n'était pas complètement morte en France, la Révolution de 1848 abandonnant le pouvoir aux héritiers des jacobins, dont la préoccupation était seulement de répéter. Bien que les hommes de la seconde République aient été en général très supérieurs à leurs prédécesseurs, toutefois leur gouvernement fut aussi déplorable que celui des premiers jacobins, qui avait atterré les utopistes. Dans un ordre du jour du 3 avril 1848 aux électeurs du Doubs, Proudhon disait: « Le gouvernement provisoire s'est mis à promettre, à effrayer, à dicter des lois, à faire des réformes et des décrets à tort et à travers, sans se faire la plus petite idée de son devoir, sans comprendre l'esprit de la nouvelle révolution, sans aucune connaissance des formidables questions soulevées par les événements du 24 février. » Et plus loin: « J'accuse le gouvernement provisoire d'avoir fomenté avec ses actes, sans utilité ni motif et sans justice, la division entre la classe ouvrière et la classe bourgeoise, et compromis, avec cette détestable politique, non seulement la tranquillité de la patrie, mais l'avenir de la révolution. » Proudhon voyait arriver, dès ce moment, l'ouragan qui devait éclater à la fin de juin. On peut dire que l'expérience de 1848 avait démontré que la tradition de la Révolution française ne pouvait fournir aux hommes de la moitié du XIXe siècle aucune lumière pour résoudre les problèmes sociaux; Proudhon prêchait alors dans le désert; aujourd'hui nous pouvons être plus explicite que lui. La Révolution française ne doit plus être considérée comme la grande frontière historique qui sépare deux époques; c'est à 1848 qu'il convient de rattacher les prémisses du socialisme: les idéologies jacobines sont absolument inadaptées pour apprécier les mouvements du prolétariat contemporain.

III

L'année 1848 marque un si grand changement dans l'orientation du penseur français [il s'agit de Proudhon, Y. G.], que nous avons de la peine à comprendre aujourd'hui comment les énormités inventées par les utopistes, ont pu être prises au sérieux par des personnes de talent pendant toute la première moitié du XIXe siècle. Voltaire, qui a composé des opuscules si merveilleux contre ceux qui avaient heurté son bon sens avec leurs prétentions scientifiques, aurait trouvé dans les écrits fouriéristes et saint-simoniens d'innombrables prétextes à son ironie. Mais la Révolution française avait supprimé une bonne partie de l'aristocratie moqueuse pour laquelle il avait travaillé. La victoire sanguinaire du jacobinisme fit passer le flambeau spirituel des mains de Voltaire à celles de Rousseau; on ne prêtait plus attention qu'à l'auteur de la *Nouvelle Héloise*, de l'*Emile*, du *Contrat social*, qui n'est pas toujours plein de bon sens. La chute de l'Ancien Régime pour un demi-siècle assura la direction de l'esprit français à des personnes pour lesquelles le bon sens n'avait pas de valeur décisive. L'odieux, l'invraisemblable, même l'absurde, précédemment proscrit par Boileau, furent admis à l'honneur d'une nouvelle esthétique: les élans d'un cœur passionné justifièrent tous les délires de l'esprit; tourner en ridicule les folies idylliques des réformateurs du monde devait sembler alors le signe d'une nature corrompue par l'esprit mauvais de la société dont Rousseau avait tant souffert! Les utopies avaient le droit d'obtenir une place considérable dans la littérature. Il est utile de rappeler deux jugements de Flaubert sur Jean-Jacques. « Bien que j'appartienne au troupeau de ses descendants, cet homme me choque. Je pense qu'il a eu une influence néfaste. Il fut le fondateur de la démocratie envieuse et tyrannique. Les nuages de sa mélancolie ont masqué dans les cerveaux français l'idée du droit. Voilà où nous en sommes - au cléricalisme absolu. Cela est le résultat de la bestialité démocratique. Si on avait suivi la grande route tracée par Voltaire, au lieu de suivre avec Jean-Jacques le néo-catholicisme, le gothique et la fraternité, nous n'en serions pas arrivé là. » (*Correspondance*, 13 nov. 1867 et 18 déc.).

Après la révolution de 1848, la nouvelle économie des chemins de fer, des grandes sociétés de crédit, de la Bourse, a fait sentir à la France la nécessité de se libérer des illusions qu'avait engendré la littérature des utopistes et les légendes jacobines. Avec une intuition exacte des destins prochains de la France, Proudhon écrivait le 29 août 1848 dans *le Représentant du Peuple*: « L'épopée est terminée pour nous quoiqu'on en dise. La révolution de 1848, révolution économique, est ce qui peut être de plus bourgeois: voilà les laboratoires, les bureaux, les entreprises familiales, les caisses, les choses les plus prosaïques et qui se prêtent le moins à l'énergie révolutionnaire et aux grandes paroles... Organiser la circulation et le crédit, augmenter la production, lui trouver des débouchés, créer les nouvelles formes de la société industrielle; tout cela ne correspond pas au tempérament de 93. » Non seulement la tradition jacobine apparaît désormais comme une fantaisie archéologique, aussi bête que le néo-gothique; mais toute la littérature anti-jacobine des plus illustres utopistes fut abandonnée aux revendeurs de cartes postales, parce que désormais inutile. Sous le Second Empire, Considérant n'était perçu que comme un original, sans importance; de tous les hommes de 1848, seul Proudhon survit.

Depuis son premier mémoire sur la propriété, écrit en 1840, Proudhon combattait les utopistes au nom du droit; et il n'a jamais cessé de signaler l'opposition qui existe entre leurs hypothèses et les principes qui lui étaient chers. Il me semble assez probable que si les doctrines proudhoniennes ne sont pas davantage diffusées parmi nous, la raison en est de la suprématie trop facilement accordée par les Français au « sentiment » sur le droit. On ne doit pas trop s'étonner si certaines utopies ont pu renaître durant les années de la grande prospérité économique qui ont précédé la Grande Guerre; beaucoup de littérateurs de l'époque ont gagné leur renommée en jonglant avec des paradoxes considérés comme inoffensifs; combien de fois agitèrent-ils des problèmes sociaux pour distraire les désœuvrés. Les hommes qui ont confiance dans le droit ne s'abandonnent pas à de tels exercices de gymnastique intellectuelle.

Marx ne fut pas hostile aux utopistes pour les mêmes motifs que Proudhon. Les préoccupations juridiques n'ont pas eu, selon moi, beaucoup d'importance pour lui, mais il est légitime de se demander si les préjugés métaphysiques ne l'ont pas subjugué. Bernstein, par exemple, a soutenu qu'un respect superstitieux pour la dialectique hégélienne le conduira à préférer aux constructions des utopistes des thèses révolutionnaires assez proches de la tradition jacobine, babouviste ou blanquiste. Si cette interprétation était exacte on ne comprendrait pas pourquoi le *Manifeste communiste* ne parle pas de la littérature babouviste, que Marx connaissait certainement. C. Andler affirme que Marx fait une allusion pleine de mépris pour la Conjuration des Egaux, quand il parle de l'ascétisme universel et grossier que l'on rencontre dans les plus anciennes revendications prolétariennes depuis la Révolution. Je crois que Marx a montré pour les dévots de la Terreur le même mépris que pour les utopistes, précisément pour des raisons déduites de la philosophie de l'Histoire.

Il semble que Marx n'ait jamais pu se détacher complètement de l'idée hégélienne de l'Histoire, selon laquelle diverses périodes de l'Humanité se sont succédées, selon l'ordre de développement de l'Esprit, qui s'efforce d'atteindre la parfaite réalisation de la raison universelle. A la doctrine de son maître, il ajoute celle de la lutte des classes; quoique les hommes ne connaissent que les guerres sociales vers quoi les poussent leurs antagonismes économiques, ils participent inconsciemment à une œuvre que seul le métaphysicien conçoit.

Ce serait une vraie stupidité contre la philosophie de l'Histoire d'imaginer que le cheminement du monde peut être contraint à se conformer à des plans élaborés par des romanciers. Peu importe que cette perturbation dans l'ordre du développement puisse être le résultat d'une dictature plus ou moins terroriste des jacobins ou d'une propagande pacifique des utopistes; le vrai est que seuls des esprits légers, ignorants de la pensée hégélienne et égarés par une confiance orgueilleuse en leur propre volonté, peuvent s'élever contre la nécessité imposée aux individus par la raison universelle. Il convient de bien insister sur ce fanatisme métaphysicien, parce que, sans son intervention on ne peut comprendre le mépris avec lequel l'école marxiste a pendant longtemps considéré les grandes efforts effectués au XIXe siècle pour améliorer les conditions économiques du prolétariat au moyen des coopératives, de la mutualité et des syndicats. Beaucoup d'écrivains pensaient que ces organisations devaient se rattacher aux conceptions des anciens utopistes. Par une singulière ironie de l'histoire les prévisions du socialisme dit scientifique, relatives à la grande Révolution, qui aurait dû suivre la première grande crise des intérêts mondiaux (*interessi mondiali*), se sont révélées des illusions, tandis que les illusions des prédécesseurs de Marx auraient pu conduire à des réalités très importantes. Les doctrinaires de la social-démocratie, sans pour autant peut-être comprendre parfaitement les raisons qui avaient inspiré à Marx son fanatisme historique, ont considéré les associations ouvrières comme des accidents qu'il convenait de surveiller, parce qu'elles étaient capables de détourner le prolétariat de sa route, qui devait selon la doctrine du maître le conduire à la libération.

Parmi les analogies qui existent entre les anciennes utopies et les organisations ouvrières actuelles il en existe quelques unes qui sont particulièrement instructives.

Le *Manifeste communiste* avait souligné comme une erreur fondamentale des utopistes leur espérance de pouvoir prouver à leurs contemporains, la valeur de leurs propres investigations au moyen d'hypothèses faites sur une petite échelle. Marx estimait qu'il était nécessaire de poser le problème du prolétariat sous une forme universelle; C'est la raison pour laquelle le *Manifeste* s'achève sur la fameuse formule: « Prolétaires de tous pays unissez-vous. » La localisation, tant méprisée par les marxistes, a été une des causes du succès des associations ouvrières; elles ont regroupé les bonnes volontés des personnes habituées à s'y retrouver; leurs initiateurs ont apporté la preuve de beaucoup d'habileté, découvrant les forces psychologiques susceptibles de faire passer dans la réalité la solidarité rêvée par les utopistes. Imitant ceux-ci, les organisateurs des coopératives, des organisations mutualistes, des syndicats, ont cherché à se concilier l'opinion des bourgeois philanthropes. Ceux-ci se sont souvent félicités d'avoir agi comme si les classes qui occupent une situation supérieure aux conditions de vie prolé-tarienne constituaient un tribunal devant lequel la classe ouvrière devait défendre sa propre cause; l'histoire de nombreuses grèves anglaises a démontré que l'opinion des personnes neutres, étrangères aux conflits soulevés entre patrons et ouvriers, peut avoir une influence décisive.

Les utopistes étaient étonnés par la puissance de quelques unes des grandes sociétés capitalistes qui existaient de leur temps; ils voyaient que souvent les gouvernements étaient obligés de traiter avec des groupes de commerçants comme avec des Etats; de là devait surgir l'idée qu'en associant beaucoup de petits centres locaux prospères il deviendrait possible d'imposer au monde moderne les plus profondes réformes. La même illusion se retrouve parmi presque tous les admirateurs actuels des organisations ouvrières; ceux-ci ne comprennent pas que les gigantesques trusts imaginés par eux aboutiraient seulement à étouffer les forces qui avaient permis le succès des forces locales. Présentement en Angleterre les chefs des grands trade-unions perdent beaucoup de leur autorité subdivisée entre les hommes de confiance des diverses sections.

Ces considérations, sont me semble-t-il propres à faire comprendre encore mieux la mission historique des coopératives, des organisations mutualistes et des syndicats. Je propose de considérer ces institutions comme des manufactures morales (*manifatture morali*), qui travaillent pour améliorer le sort des travailleurs, comme les manufactures matérielles (*manifatture materiali*) ont enrichi de nombreux capitalistes. Celles-ci ont prospéré sous la direction d'un état-major de prolétaires qui possèdent fréquemment une intelligence, qui n'a rien à envier à ceux qui composent l'état-major de l'industrie.

Dans les pays où l'opinion publique accorde beaucoup d'honneur aux hommes qui réussissent dans les affaires, il est tout à fait naturel que les directeurs des manufactures morales soient considérés autant que les directeurs des grandes entreprises. Une démocratie avisée doit savoir reconnaître les deux genres de compétence dont il est question; cela impose donc aux hommes politiques de tenir le plus grand compte de ceux dont la capacité a été reconnue dans l'économie sous une forme ou sous une autre.

Selon l'opinion de beaucoup d'écrivains bourgeois, la prospérité des associations ouvrières pourrait conduire les travailleurs intelligents à reconnaître que l'avenir du prolétariat se trouve dans la collaboration des classes. Les philosophes sociaux considèrent comme une grave erreur de la part des gouvernements capitalistes, de s'opposer au développement libre de ce que j'ai appelé ici des manufactures morales (qui méritent d'être encouragées comme les entreprises); ils considèrent comme criminels les socialistes qui avec la prédication de leurs doctrines sur la lutte des clases, travaillent pour ruiner l'ordre naturel des choses.

IV

Les mouvements ouvriers de la seconde espèce sont assez favorables au développement de la volonté révolutionnaire, comme on peut facilement le comprendre en observant l'histoire de France durant la première moitié du XIXe siècle. Durant le Premier Empire, les officiers, les acquéreurs de biens nationaux, les nouveaux riches, craignaient assez une restauration de l'*Ancien Régime* qui leur aurait fait redescendre à un rang inférieur à celui auquel ils avaient la chance de s'élever. En vain Napoléon faisait de l'Eglise un service public, créait une noblesse avec les majorats, copiée sur les anciens apanages, rétablissait les plus odieuses pratiques de la police royale: la majorité des Français voyait en lui un « Robespierre botté », que la cruauté, la malfaisance des puissances réactionnaires (des derniers Bourbons italiens et espagnols, du Pape, du Tsar et surtout de l'oligarchie anglaise) contraignait à porter la guerre dans tous les royaumes d'Europe. C'est pourquoi ils ne ménageaient pas leur sang pour l'homme de génie qui protégeait les conquêtes de la Révolution. Après la chute de l'Empereur, les mêmes préoccupations pousseront de nombreux libéraux à conspirer contre les Bourbons, accusés de vouloir faire ressurgir les privilèges de la noblesse et du clergé, et la montée sur le trône de Louis-Philippe ne réussit pas à ramener le calme dans les esprits profondément perturbés par cette inquiétude, laquelle ne disparut qu'après la tempête de 1848.

Un autre reflet de ces mouvements de masse se trouve dans le changement curieux que l'on rencontre chez Marx à la fin de l'année 1850. Au mois de mars, il avait signé un manifeste des communistes réfugiés à Londres, dans lequel était tracé le programme d'une agitation révolutionnaire à entreprendre, en vue d'un profond bouleversement social. « A mesure qu'il étudiait l'histoire (dit C. Andler) une conviction se faisait jour en lui: la révolution, sortie de la crise économique de 1847, s'achevait avec elle. Aucun succès révolutionnaire n'était plus à espérer si une nouvelle crise ne surgissait pas. Or, les années qui suivirent 1848 connurent une prospérité sans équivalent. Manquait donc à la révolution projetée la première des conditions nécessaires: un prolétariat réduit au chômage et résolu à combattre. »

Pour faire aisément accepter aux ouvriers l'idée d'une catastrophe proche, les marxistes ont cherché à les épouvanter, leur affirmant que le capitalisme a pour but d'accroître chaque jour la misère: la peur de la misère toujours plus grave leur semblait capable de susciter des volontés révolutionnaires analogues à celles que l'on pouvait trouver dans les temps de crise économique. L'école marxiste a défendu avec une grande obstination cette théorie, dont l'efficacité était considérée comme sûre dans les comités de propagandistes.

Depuis la dernière guerre, les salariés ont été considérablement augmentés; les ouvriers ont pu se permettre beaucoup de commodités dont ils n'avaient pas l'idée auparavant. On dirait donc que selon les principes des apôtres de la paix sociale, les ouvriers auraient dû devenir des conservateurs. Cependant, il n'ont jamais été aussi turbulents, aussi prompts à se lancer dans la grève et aussi révolutionnaires. Cela provient de leur inquiétude sur leur avenir; ils craignent de retomber au niveau antérieur.

Dans aucun endroit peut-être l'agitation ouvrière du second type n'a autant dominé l'esprit comme cela a été le cas avec la petite bourgeoisie française au temps de Louis-Philippe. Les patrons qui employaient un petit nombre d'ouvriers, ne profitaient pas encore des avantages que le grand capitalisme moderne devait procurer plus tard à l'ensemble du pays; ils attribuaient les grandes difficultés au milieu desquelles ils se débattaient à la mauvaise foi de l'oligarchie financière, protégée par un gouvernement fondé sur le suffrage censitaire, et espéraient que leurs situation se trouverait améliorée à la suite d'une révolution politique qui permettrait au peuple de choisir ses chefs. Exception faite des journées de juin, les patrons parisiens ne sépareront pas leur cause de celle du prolétariat; jusqu'à la fin de 1848 les députés de la gauche se verront obligés de se déclarer socialistes (à contre-cœur) pour conserver leur ascendant sur leurs propres électeurs; en 1850 la petite bourgeoisie fut très hostile à la loi du 31 mai, qui, en même temps qu'elle retirait le droit de vote à beaucoup d'ouvriers, paraissait devoir favoriser la puissance politique de leurs patrons. Ce n'est que sous le second Empire que l'esprit de ce petit monde changea, après que la population parisienne eut largement profité de la prospérité générale créée en France au sein de la nouvelle économie.

Proudhon appartenait à cette partie de la bourgeoisie la plus proche du prolétariat; pour cela les marxistes ont pu l'accuser d'être un bourgeois tandis que les écrivains les plus sagaces le considéraient comme un admirable exemple de nos paysans et de nos artisans. Lui trouvait dans le monde, où il vivait, l'amour pour le travail, un sentiment héroïque de la justice et l'aversion pour les hiérarchies de toute espèce. Ses écrits ont surtout pour objet d'indiquer aux humbles les réformes adaptées à rendre leur situation économique plus sûre, à leur montrer la nécessité de fortifier les bonnes coutumes traditionnelles, et à leur faire voir comment pourrait fonctionner une vraie république fondée sur le droit et la liberté. Le lecteur actuel rencontre souvent des difficultés pour suivre toute la pensée de Proudhon, parce que nous n'avons plus aucune expé-rience du monde pour lequel il a travaillé. Il faut aussi ajouter que jusqu'à la fin de sa vie Proudhon sera un *homme antique*, qui croyait encore vivre avec les Français qu'il avait observés durant sa jeunesse. Bien peu de penseurs vraiment forts échappent à une telle illusion: au fur et à mesure que la société change, ils sont portés toujours plus à ne refléter que le temps où leur esprit s'éveillait. Il n'a peut-être jamais exprimé plus clairement les principes qui dirigeaient son activité sociale que dans une lettre du 31 décembre 1860 adressée à un commerçant parisien, à un moment où il hésitait à reprendre sa place d'apôtre de la révolution. « La petite bourgeoisie, disait-il, est au trois quarts ruinée, et personne ni parmi les hommes au pouvoir, qui la méprisent, ou dans l'aristocratie financière, industrielle, commerciale, possédante, ne sait lui dire une seule parole de consolation ou de salut. La petite bourgeoisie se prolétarise: c'est la grande plaie de la France. Tandis que *l'Opinion nationale*, par une vieille réminiscence, parle de l'émancipation ouvrière, tandis que le gouvernement fait bon visage au suffrage universel, personne ne se préoccupe de ces pauvres petits bourgeois. Pourtant c'est de ce côté qu'il faudrait se tourner; mais qui y pense? Qui sait seulement ce qu'il convient de dire à cette petite bourgeoisie? Prolétariat, salariat, souffrance, paupérisme, voilà les termes à la mode depuis que la France a été sauvée du spectre rouge et de la république sociale [....]. »

En raison de la modicité de leurs ressources, les paysans, les propriétaires des petites entreprises, les petits commerçants, sont obligés de défendre leurs intérêts devant les tribunaux. Un socialisme qui se propose de protéger les classes les plus pauvres est naturellement destiné à donner une grande importance à la sûreté du droit; une telle tendance est particulièrement forte aussi chez les écrivains qui comme Proudhon ont la tête pleine des souvenirs de la vie campagnarde. Le 19 juillet 1851, voulant rassurer Michelet épouvanté par certaines déclamations communistes de la presse révolutionnaire, il écrit: « J'ose croire que vous trouverez dans *L'Idée générale de la Révolution du XIXe siècle* la tentative de montrer concrètement l'un de vos vœux les plus chers: la liberté illimitée de l'homme, l'initiative populaire organisée en permanence; la propriété foncière assurée aux paysans et libérée de toutes les causes de désagrégation: le fermage, le métayage, l'hypothèque, en somme les abus, qui en ont fait une institution tout d'abord équivoque et ensuite franchement antirépublicaine et immorale. » Le livre que Proudhon recommandait à Michelet et dans lequel il ébauche tant de projets économiques, administratifs et politiques, est essentiellement lié à l'économie rurale.

Marx, dont l'attention était attirée surtout par les conséquences des grandes périodes de l'économie de la production, n'a pas cru qu'il lui fût nécessaire d'étudier les conditions dans lesquelles se formaient les idéologies populaires; il ne s'est pas demandé si les ouvriers, arrivés aux termes des luttes soutenues contre les patrons, ne manifestaient pas des velléités juridiques. Et comme ses disciples n'étaient pas en mesure d'affronter de tels problèmes, le marxisme est demeuré assez déficient du point de vue du droit. Il est extraordinaire que Bernstein, proposant une révision de la doctrine du maître, n'ait rien trouvé à dire sur la formation de l'esprit juridique du peuple. Quant à Kautsky, considéré comme le grand docteur de tant de congrès socialistes internationaux, il n'a pas le moindre soupçon de l'intérêt que présente la question.

La conclusion à laquelle je suis arrivé n'a rien de rassurant pour l'avenir de notre civilisation. Le socialisme sage des utopistes, des philanthropes, des professeurs, ne peut être une source d'idées juridiques; seul le socialisme révolutionnaire est en mesure de favoriser le développement du droit prolétarien. On ne déplorera jamais assez la part tenue par le marxisme dans la ruine des efforts faits par Proudhon dans ce domaine. Pour mon compte, je trouve ce résultat effrayant, parce que le sentiment du droit meurt aussi dans le monde bourgeois. Sommes-nous sur le point de retomber dans la barbarie? Peut-être, à mesure que l'on verra se former en Europe des institutions à l'imitation des soviets, une réaction se produira-t-elle, et il faudra une coalition des hommes de bonne volonté pour sauver l'idée du droit si chère à Proudhon. Aujourd'hui l'indifférence à l'égard du droit devrait être un délit.

On a aussi observé qu'il y a une grande différence entre les conceptions proudhoniennes du pouvoir et les courants socialistes plus ou moins proches des anciennes *utopies*. Plus haut j'ai proposé d'appeler *manufactures morales* les institutions constituées à l'imi-tation des utopistes, pour l'amélioration du sort des ouvriers. Dans ces cas, les chefs se considéraient comme les propriétaires de l'organisation, de la même manière que cela se passe dans les entreprises (*maniffature materiali*). Seule est prise en compte l'intelligence déployée au niveau des dirigeants; chaque manifestation d'individualisme est considérée comme un attentat contre la discipline nécessaire au bon fonctionnement de l'institution. Il en va différemment avec le syndicalisme révolutionnaire, qui considère les inégalités comme un simple accident. Les chefs populaires y sont donc appelés à commander seulement durant le temps où ils possèdent des qualités exceptionnelles d'initiative, et doivent occuper temporairement une direction, comme le font les inventeurs qui se succèdent à la tête d'une branche de production. Si tous les citoyens ne sont pas destinés à commander, le nombre de candidats capables de le faire surpasse de loin le nombre de ceux qui exercent une responsabilité (*funzionanti*). Rien n'est plus conforme aux principes révolutionnaires que d'établir une rotation:

au lieu de laisser les chefs mener une vie de chanoines, la république des soviets se propose de faire participer au gouvernement la grande masse des travailleurs, comme cela était dans les républiques grecques.

En conclusion, je ne crois pas qu'il faille se décourager à propos du destin du droit et de la liberté, parce que la révolution russe a réussi à faire naître des institutions qui se rapprochent de Proudhon plutôt que des écoles qui ont utilisé aussi mal l'héritage de Marx. Il est assez probable que des institutions de type soviétique et des doctrines néo-proudhoniennes rencontrent en France une plus grande résistance que n'en avait rencontré le romantisme. Les Bourbons, obstinés dans leur admiration pour le classicisme codifié sous Louis XIV, ne voulaient pas employer les ressources que les nouveaux modes de pensée venus d'Allemagne fournis-saient aux conservateurs. De la même manière aujourd'hui, nos socialistes officiels préfèrent voir échapper toute possibilité d'émancipation du prolétariat que d'abandonner les habitudes liées aux hiérarchies politiques. Mais la France n'exerce pas la dictature intellectuelle sur l'Europe.

De nombreuses raisons m'avaient conduit, il y a longtemps, à supposer que ce qu'un hégélien appellerait le *weltgeist* revient aujourd'hui à l'Italie. Grâce à l'Italie la lumière des temps nouveaux ne s'éteindra pas.

(traduction de l'italien par Y. Guchet)

*****

Bibliographie sommaire

La bibliographie des écrits de Sorel, publiés de 1886 à 1984, a été donnée par Shlomo Sand, dans *Georges Sorel en son temps*, Paris, Seuil, 1985. Le même Shlomo Sand a prolongé jusqu'en 1983 la bibliographie des œuvres consacrées à Sorel établie par Paul Delesalle en 1939. Celle-ci se trouve dans le n° 1 des *Cahiers Sorel* (p. 173-206). Il est évidemment inutile de reproduire ces bibliographies qui occupent de nombreuses pages et qui sont aisément accessibles. Seront indiquées ici les œuvres essentielles de Sorel et quelques travaux importants qui lui ont été consacrés.

Œuvres de Georges Sorel

« L'Ancienne et la nouvelle métaphysique », *L'Ere nouvelle*, 1894; publié en volume sous le titre *D'Aristote à Marx*, Paris, Rivière, 1935.

« Préface » à Labriola (A), *Essais sur la conception matérialiste de l'histoire*, Paris, Giard et Brière, 1897.

« Préface » à Saverio Merlino, *Formes et essence du socialisme*, Paris, Giard et Brière, 1898.

« L'avenir socialiste des syndicats », *L'Humanité nouvelle,* 1898, repris in Matériaux d'une théorie du prolétariat.

« L'éthique du socialisme », *Revue de métaphysique et de morale*, 1899.

« Préface » à N. Colajanni, Le socialisme, Paris, Giard et Brière, 1900, repris dans les *Matériaux du prolétariat.*

« L'Eglise et l'Etat », Revue socialiste, XXXIV, 1901, **La ruine du monde antique**, Paris, Jacques, 1902. Ouvrage réédité en 1925 chez Rivière.

Introduction à l'économie moderne, Paris, Jacques, 1903; rééd. Rivière, 1922.
Saggi di critica del marxismo, Palerme, Sandron; rééd. Edizioni Samonà e Savelli, Rome, 1970.
Le système historique de Renan, Paris, Jacques, 1906.
Réflexions sur la violence, *Le Mouvement socialiste*, 1906. L'ouvrage paraîtra en volume en 1908 aux éd. Pages libres. Il sera plusieurs fois réédité chez Rivière.
Les illusions du progrès, *Le Mouvement socialiste*, 1906. Rééditions chez Rivière.
La décomposition du marxisme, Paris, Rivière, 1908.
La Révolution dreyfusienne, Paris, Rivière, 1909.
Matériaux d'une théorie du prolétariat, Paris, Rivière, 1919.
« Da Proudhon à Lenin » e « l'Europa sotto la tormenta », Roma, Edizioni di storia e letteratura, 1973. Cette édition contient les lettres à Mario Missiroli
« Cher Camarade...» Georges Sorel à Agostino Lanzillo (1909-1921), Fondatione Michelleti, Brescia, 1994. Cette correspondance a été rassemblée par F. Germinario.

Travaux consacrés à Georges Sorel

Sous la direction de J. Julliard et Shlomo Sand, *Georges Sorel et son temps*, Paris, Seuil, 1985.
Georges Sorel, Ed. de l'Herne, dirigé par M. Charzat, 1986.
Cahiers Sorel, n°1 à 6.
Andreu (P), *Notre maître M. Sorel*, Paris, Grasset, rééd. Syros, 1982.
Angel (P), *Essais sur Georges Sorel*, Paris, Marcel Rivière, 1936.
Ascoli (M), *Georges Sorel*, Paris, Librairie Paul Delesalle, 1921.
Cavallari (G.), *Georges Sorel, Archeologia di un rivoluzionario*, Camerino, Jovene Editore, 1994.
Charzat (M.), *Georges Sorel et la Révolution au XXe siècle*, Paris, Hachette, 1977.

Furiozzi (J.-B.), *Sorel e l'Italia,* G. D'Anna, Messine-Florence, 1975.
Goisis (G)., *Sorel e i soreliani,* Venise, Editioni Helvetia, 1983.
Goriely (G.), *Le pluralisme dramatique de Georges Sorel*, Paris, Marcel Rivière, 1962.
Lasserre (P.), *Georges Sorel, théoricien de l'impérialisme*, Paris, L'artisan du livre, 1928.
Onufrio (S.), *Sorel e il marxismo*, Urbin, Argalia ed., 1979.
Pastori (P.), *Evoluzione e continuità in Proudhon e Sorel*, Giuffre Editore, 1980.
Petrucci (V.), *Socialismo aristocratico*, Paris, Edizioni scientifiche italiane, 1984.
Portis (L.), *Georges Sorel*, Paris, PCM, 1982.
Rennes (J), *Georges Sorel et le syndicalisme révolutionnaire*, Paris, Ed. Liberté, 1936.
Sand (S.), *L'illusion du politique*, Paris, La Découverte, 198
Sternhell (Z.), *La naissance de l'idéologie fasciste*, Paris, Fayard, 1989.

*

Table des matières

*****

Achevé d'imprimer par Book It !
sur rotative numérique
Dépôt légal : janvier 2001